鼏宅禹迹

——第三届秦文化论坛优秀论文集

天水市社会科学界联合会 编

蘭州大學出版社
LANZHOU UNIVERSITY PRESS

图书在版编目（CIP）数据

鼏宅禹迹 ：第三届秦文化论坛优秀论文集 / 雍际春主编. -- 兰州 ：兰州大学出版社，2025. 5. -- ISBN 978-7-311-06921-6

Ⅰ. K233.03-53

中国国家版本馆CIP数据核字第2025Q5R646号

责任编辑　锁晓梅
封面设计　肖　勇　程潇慧

书　　名　鼏宅禹迹——第三届秦文化论坛优秀论文集
　　　　　MIZHAI YUJI: DISANJIE QINWENHUA LUNTAN YOUXIU LUNWENJI
作　　者　雍际春　主编
　　　　　天水市社会科学界联合会　编
出版发行　兰州大学出版社　（地址:兰州市天水南路222号　730000）
电　　话　0931-8912613(总编办公室)　0931-8617156(营销中心)
网　　址　http://press.lzu.edu.cn
电子信箱　press@lzu.edu.cn
印　　刷　甘肃新华印刷厂
开　　本　710 mm×1020 mm　1/16
成品尺寸　170 mm×240 mm
印　　张　15.25(插页2)
字　　数　284千
版　　次　2025年5月第1版
印　　次　2025年5月第1次印刷
书　　号　ISBN 978-7-311-06921-6
定　　价　58.00元

序

秦朝在历史上只有15年，但秦人的一统观念，尤其是统一货币、统一文字、郡县制以及修驰道、堕壁垒、打破东西南北间交通障碍等举措，影响中国历史两千多年，形成中华民族牢固的民族一统观念。这些影响中国历史两千多年的举措是在什么情况下、什么样的社会历史环境中形成的，值得我们不断地探讨。

向前看，秦人的发展历史是很长的。《史记·秦本纪》载秦先祖中潏当在商代中期，“在西戎，保西垂”。直至西周后期周孝王时，“非子居犬丘，好马及畜，善养息之”。关于西垂的地望，王国维在《秦都邑考》中说：

> 《封禅书》言“秦襄公既侯，居西垂”……《水经·漾水注》以汉陇西郡之西县当之。其地距秦亭不远。使西垂而系地名，则郦说无以易矣。徐广曰：“今槐里也。”按：槐里之名犬丘，班固《汉书·地理志》、宋衷《世本注》均有此说。此乃周地之犬丘，非秦大骆、非子所居之犬丘。

接着又列出三条证据再加论证，然后说：

> 余疑犬丘、西垂本一地。自庄公居犬丘，号西垂大夫，后人因名西犬丘为西垂耳。①

秦人最早东迁居于陇右之西垂即西犬丘。周王朝将秦人西迁，为什么会想到这个地方？这里并非商、周最西边界，而是戎狄所居之地，很多人认为当时中原的人未必知道这个地方，秦人也未必会至此极偏远之地。《清华大学藏战国竹简（贰）》公布了一部失传的文献《系年》。其第三章云：

① 王国雅：《观堂集林》第十二卷，载《王国维遗书》第一卷，上海古籍出版社，1983，第543-544页。

> 武王既克殷，乃设三监于殷。武王陟，商邑兴反，杀三监而立彔子耿。成王救伐商邑，杀彔子耿，飞廉东逃于商盖氏。成王伐商盖，杀飞廉，西迁商盖之民邾圉，以御奴虞之戎，是秦先人。①

时间在武王卒、周公听政之年。商盖即史书中记载的商奄，地在今山东曲阜以东。因商曾建都于此，商亡之后商朝上层多逃之于奄，故周公杀秦人首领飞廉，而迁秦人、奄人于朱圉。“朱圉”即朱圉山，为今甘谷县南部与礼县北部相连的大山，其南面下临西汉水。由此可以说明，秦人确是被迁至陇右的，而且至迟在西周初年被迁至西汉水上游的朱圉山。

那么，为什么周公要将秦人与商奄人迁到这里呢？这与伏羲氏、炎帝、黄帝均起于这一带，而且他们都是在壮大之后东迁，然后在中原以至整个中华大地起到文化引领作用有关。所以陇右西垂之地在中原及周边部族中留下了深刻的印象。

秦人先祖中潏在商代中期已“在西戎，保西垂”，则早在周公听政之前秦人已迁于汉水上游之地。祝中熹先生认为，尧之时执掌司日之职的羲部族与和部族，即阳鸟图腾部族，为秦人远祖。和叔受命“宅西”，即居于“西”。他认为秦人最早迁于今西汉水上游，在尧舜之时。②

《尚书·尧典》记载尧命羲叔、羲仲、和叔、和仲敬重天象的变化，观测日、月、星的运行规律，以定历法，分别居最东、最南、最西、最北之地以测定日之出没、一年中昼夜长短的变化。其中说：

> 分命和仲，宅西，曰昧谷。寅饯纳日，平秩西成。

这是说命令和仲移居于西方昧谷之地，以便于测定、总结太阳西落的时间变化规律。

我以为秦人之所以很早就对日月运行规律有所关注，是因其最早居于山东靠海，能看到广阔的天宇，晨昏之际无论是走到海边还是坐船在海上行，都常看到映入海面的星辰倒影，人们对日月的起落和一些显眼的星辰的运行规律有较细致的观察。至今人们喜欢在海上看日出、在泰山看日出，也多少说明了这一带在日月运行观察上的习俗特征与优势。因为秦人对天象的变化特征认识较

---

① 清华大学出土文献研究与保护中心编《清华大学藏战国竹简(贰)》，中西书局，2011，第141页。

② 参见祝中熹《阳鸟崇拜与西邑的历史地位》一文。祝中熹：《秦史求知录》，上海古籍出版社，2012，第28-43页。

早，已有一定的经验总结，所以被派遣到西垂测定一年中日月的运行规律。

关于秦人最早迁于西面的具体地点，在早期文献中有所记载。《太平御览》卷三引《淮南子》佚文中说：

> 日入崦嵫，经细柳，入虞泉之池；……日西垂，景（影）在树端，谓之桑榆。

关于崦嵫所在的大体方位，《山海经·西山经》中说在鸟鼠山附近。郭璞注："日所入山也。"同《淮南子》所说一致。《离骚》中说"望崦嵫而勿迫"，王逸注也说："日所入山也。"关于崦嵫山的具体所在，古今文献多称在天水西南。[①]可知作为地名的"西垂"是由"日西垂"而来的。

"崦嵫"即古之西垂。崦嵫之得名，应是奄人曾居于此之故，"崦嵫"两字的"山"字旁为后人所加。可知秦先人在尧舜之时已迁于此，至西周初年周公又迁秦人与奄人于此（上古所迁只是上层部族）。

这就更引起人们的疑惑：为什么尧舜时代中原部落联盟的首领一定要在陇山以西定一个观察日西落的基点？而且在一千余年之后，周公同样迁秦人于此？

在没有文字、交通也极不发达的远古时代，人们对以前事情的了解和较远之地的认识，一是来自迁徙人群的口头传播，二是源于标志性山川和遗迹同传说的综合参照。一些重大历史事件在一个民族、一个很大的群体中被时时称说，形成一种群体记忆。有的甚至同一些习俗或特殊的活动联系起来，无形中代代相传，形成一个共同的观念。群体记忆的可靠性甚至超过文字记载，因为没有发生的事情要成为很多人意识中的存在，是不可能的，而文字记载有时反而会被有意改变。从尧舜至夏商千年左右尚保留关于西垂的群体记忆，必然是上古、远古历史上的重大事件，而这个群体记忆和传说所依托的，便是汉水、西垂、朱圉山。[②]

我以为，这同伏羲氏和黄帝都起于天水一带，同华夏各族中关于这两位在中华远古史上具有重大影响的氏族首领的群体记忆、广泛传说有关。

---

①《山海经·西山经》于"鸟鼠同穴之山"一条云："渭水出焉，而东流注于河。"山在今渭源县。其下云："西南三百六十里，曰崦嵫之山"，"西"当为"东"字残损误识造成。

② 西汉水、东汉水本为一条水，大约在秦汉时期由于地震的原因形成淤塞，其上游在略阳以北合嘉陵江后南流入长江。可参见拙文《汉水、天汉、天水》，载《七夕文化透视》，人民出版社，2022，第35-36。

题为“江汉”的诗作，“江汉”也指汉水。诗的开头即为“江汉滔滔”[①]。又有《云汉》，也指银河，其开头云：“倬彼云汉，昭回于天。”秦人将天汉以西最亮的一颗星（零等星）命名为“织女星”，以纪念其始祖女修以“织”名留青史。

由于周秦文化的交融，早期周人也将天河东侧一颗亮星（一等星）命名为“牵牛星”，以纪念其始祖——后稷的孙子叔均。《山海经·海内经》中说：

稷之孙曰叔均，始作牛耕。

《大荒西经》中又说：“叔均是代其父及稷播百谷，始作耕。”周人兴起于陇东。周秦相邻，周秦文化的交融形成了“牵牛织女”的传说。[②]我以为《诗经·周南·汉广》和《秦风·蒹葭》都写的是在汉水的一侧，一个男子追寻对岸女子，就是反映“牵牛织女”传说的情节。[③]

综上所述，秦人迁于汉水上游（即今西汉水上游）的朱圉山是有原因的。我们应通过早期秦人的发展过程来认识中华民族在文明初始阶段的情况。

秦文化论坛由宝鸡、陇南、天水三地社科界共同发起，致力于推动地方历史文化传承发展。如上所说，炎黄的早期活动也在这一片地方，我们应拓展对秦文化研究的范围，以便对秦人的兴起除其杰出首领及地域、自然条件方面的因素之外，对其在继承历史文化方面的原因也有一定的了解。

首届秦文化论坛于2019年在陇南召开。第二届于2022年在宝鸡接续。第三届论坛于2024年9月在天水举办，适逢中华人民共和国成立75周年之际。此次论坛以“秦文化与中华民族现代文明建设”为主题，汇聚两省三市的专家学者，通过跨学科对话开辟研究新境。论坛获得中国社会科学院、西北师范大学等机构的鼎力支持，天水师范学院全程参与学术组织，最终收到陕甘两省学者论文70余篇，创历届论文数量之最。这些成果既深化了秦文化认知体系、丰富了研究成果，也为后续研究提供了参考与启示。

“帅秉明德，万民是敕。”习近平总书记深刻指出，中华文明承载着中华民族的精神基因，是文化自信的源头活水。秦文化作为中华优秀传统文化的重要组成部分，既继承了伏羲、黄帝以来几千年中积累的文化传统，又在法治观念等方面有所探索和推进。所以说，对秦文化的研究要在新时代实现创造性转

① 今本《毛诗》作“江汉浮浮，武夫滔滔”。王引之《经义述闻》、陈奂《诗毛氏传疏·毛诗音》都认为当作“江汉滔滔，武夫浮浮”。引《三家诗》与《毛传》为证。《毛传》：“浮浮，众强貌。滔滔，广大貌。”其说是。为明了，今作调整。

② 参见拙著《“牛郎织女”传说研究》，人民出版社，2022。

③ 参见拙著《七夕文化透视》，人民出版社，2021。

化，重要的是要明白它的形成过程，揭示其同中华更早文化根源的关系，然后激活其精神基因以滋养当代文明建设。这是我们致力于秦文化研究的学者们的时代命题。

第三届秦文化论坛邀请我做大会主题发言。今根据会上所谈写出一点看法，作为小序，以为本论文集各位精彩论文的小引。

为继承中华民族优秀文化遗产，更清晰地认识我们的祖先千年来走过的路程，以增强民族自信心，希望我们在秦文化研究上有更多的成果问世！

赵逵夫

乙巳年三月清明之日于西北师范大学

目 录

绪 论

在中华民族5000多年历史发展和文明演进的时空坐标中，有两个至关重要的历史转折点：其一是秦统一中国，完成了中华文明由古典时代向传统时代的过渡；其二是中华人民共和国成立，开启了中华文明由传统时代跨入现代文明的新阶段。两次重要转折在中华文明史上无疑书写了光辉的一页。就前一次转折而言，学界既有充分的讨论和肯定，也存在一些争议和需要进一步探究的问题。因此，从20世纪80年代起，随着秦人发祥地甘肃东部和陕西宝鸡地区一批秦文化特别是秦早期文化遗址的相继发现和发掘，学界出现了重新认识和评价秦文化的热潮，推动秦文化研究不断走向深入。

正是在这一背景下，甘肃天水、陇南和陕西宝鸡三市社科联出于历史责任和文化发展的现实考量，于2020年联合创办“秦文化论坛”学术平台，定期轮流举办秦文化学术研讨会。继首届论坛在陇南市举办、第二届论坛在宝鸡市举办之后，第三届论坛于2024年9月在天水市举办。本次论坛以“秦文化与中华民族现代文明建设”为主题，来自陇南市、宝鸡市、天水市及国内其他城市学者、文博工作者80余人与会，提交论文70余篇，主要围绕秦人与秦文化、秦祭祀文化、秦都邑地名、秦系文字、秦文化资源开发等专题进行了交流和探讨。大家立足新材料、新理论、新方法和考古新发现，发挥秦人故里的地域优势，就上述专题提出了许多新观点、新认识和新结论，深化了对秦人历史与文化，特别是秦早期历史与文化的研究。为了加强交流，增进合作，繁荣学术，扩大影响，推动两省三市合作开展秦文化研究开发工作持续深化，讲好秦文化故事，传承弘扬中华优秀传统文化，增强文化自觉和文化自信，我们决定将参会的优秀论文结集出版。

探讨秦王朝和秦文化，就不能不追溯秦人的起源和秦文化的形成。在中国历史上，秦王朝虽然很短暂，但其兴起经历了漫长而曲折的历程。天水、陇南、宝鸡三市正是秦人兴起和成就霸业之地。20世纪80年代以来，甘肃省天水市甘谷县磐安镇毛家坪、麦积区董家坪秦人早期遗址的首次发现，拉开了借助考古新发现探索秦人早期历史与文化的序幕；甘肃省天水市清水县李崖遗址为目前所见时代最早的秦文化遗存，为证实秦人首领非子受封附庸并建城秦邑提供了有力支撑。陇南礼县大堡子山秦公陵园与古城遗址、西山墓葬与古城遗址等一批秦早期文化遗址的发现，成为商末周初中潏西迁“在西戎，保西垂”的直接佐证，也为确定其中心居邑西犬丘和秦王朝的建立提供了关键线索。宝鸡秦都雍城的考古发现，秦公大墓、血池祭天、孙家南头和魏家崖等一大批春秋时期秦人都邑和墓葬遗址的发掘，是秦人东进关中崛起称霸的见证。这些考古新发现和重要遗址的发现，构成了秦人族体形成、受封获姓、秦国建立、东进关中和崛起称霸的完整链条，是商末周初秦人西迁陇右以来早期活动的历史印记，也是见证秦人从附庸到诸侯国，最终建立统一帝国的崛起历程的物质载体，为探索秦人早期历史和揭示秦文化生成提供了第一手资料。本次参会的部分学者基于上述考古新发现和新材料，通过微观剖析和宏观建构，对秦人族源与文化基因、文化特质、文化形态、文化优势，以及秦文化中统一思想与中华民族共同体意识的渊源等问题展开深入讨论。水有源，树有根，从秦人早期历史演进历程中探索秦人、秦文化的原始状态，梳理其原初面貌和内涵构成，是揭示其深层逻辑和文化特质、精神品格最为有效的途径。本次会议对上述问题的新探讨，将有助于深化对秦统一与秦文化历史价值和文明史意义的认识。

文化的发展和繁荣既需要不断创新注入新的活力，更离不开汲取传统营养的历史传承，也就是说，文化的历史传承和不断创新是其繁荣发展的两翼，缺一不可。在传统文化中，丧葬礼仪和祭祀文化是最具传承性的方面。在甘肃天水、陇南和陕西宝鸡已发现、发掘的秦人早期文化遗址，以墓葬和祭祀遗址居多，如秦公陵园、秦公大墓和贵族墓葬，特别是礼县鸾亭山西畤遗址和四角坪秦统一后礼制性建筑基址，以及宝鸡雍四畤和血池祭天遗址的发掘，为揭示秦人早期丧葬习俗和祭祀传统提供了丰富的材料。从秦襄公建立秦国时创建西畤祠白帝，首开畤祭天帝，到雍四畤的设置，再到西汉五畤祭祀体系的形成，不仅反映了秦汉天地五帝祭祀传统形成的完整过程，其中又蕴含着秦人先祖崇拜的文化记忆。再如秦人墓葬中的铲形袋足鬲、西首墓和秦人上层流行直肢葬而下层为屈肢葬等葬俗，对于了解秦民族构成和多元文化成分至关重要。部分与会学者充分借助新发现的秦墓葬和祭祀文化资料，对秦人祖先崇拜和礼制建筑进行探究，丰富和深化了对秦文化特点及历史传承的研究。

在秦早期历史研究中，都邑地名占有重要地位，这是由秦人特殊的经历和复杂的历史所决定的。秦人西迁及秦人早期的活动地域与范围，都与相关地名、都邑紧密相连。如“犬丘”这一地名，在西周春秋时期竟有宋国犬丘（今山东曹县）、卫国犬丘（今河南永城）、关中犬丘（今陕西西成新区沣西新城）和西犬丘（今甘肃礼县）四处。一般认为，犬丘为东夷九夷中的一支——畎夷——的都城或中心居邑，而秦人早期正是跟随畎夷一路西进。所以，犬丘地名由东向西的变迁，正与秦人西迁路线相联系。东方“犬丘”又称为“垂”，系一地两名，而西犬丘又称为西垂。学界对中潏“在西戎，保西垂”之西垂，又有确切地名和泛指地域（西部边陲）的不同认识。再如非子居犬丘，究为兴平犬丘还是西犬丘之简称，非子受封附庸所邑之“秦”地望何在，等等，对这些地名、都邑及其范围位置的理解和确认，关乎对秦人族源及其早期历史文化的认识和建构。近年来礼县大堡子山遗址、西山遗址、清水县李崖遗址、宝鸡市魏家崖遗址等考古新发现，为进一步探究上述地名及其相互关系提供了第一手资料，从而使科学构建秦人早期历史发展的时空框架成为可能。本次会议不少学者结合考古新发现，对西畤、犬丘、汧渭之会，羽阳宫以及交通道路等问题进行了新的阐释和探讨，无疑对深化秦人与秦文化早期面貌的探究大有裨益。

“书同文”即文字的统一，对“大一统”国家观的形成和多元文化的整合和对中华民族的文化认同产生了巨大影响。秦王朝对文字的统一是以秦国文字为主，在整合六国文字基础上实现的，而秦国文字又是在周文字的基础上加以创新发展而来的，人们习称为“秦系文字”。西周后期至春秋时期正是秦系文字形成的关键期，在甘肃天水、陇南和陕西宝鸡出土的青铜器铭文和石鼓文等，是我们据以认识和探索秦系文字形成与演变的关键材料。人们把不其簋、秦公簋、大堡子山“秦公作铸”诸器、秦武公钟、秦景公石磬、石鼓文等铭文文字的演进，作为秦系文字形成发展历程中传承有序的标志性范例，显示了其文字从模仿传承到自成风格的历史足迹。这些文字也是留存至今的有关秦人早期的历史与文化的珍贵资料。部分与会学者从石鼓文、《诗经·秦风》、秦货币和放马滩《日书》文字切入，考释字义，训释名物制度，探究文化内涵，揭示历史真相，从文字学视角深化了对秦人与秦文化的研究。

三市一批秦文化遗址的发现和发掘，既成为秦人文化特别是其早期历史与文化的物质载体，也是重要的历史文化资源。在我们传承和弘扬中华优秀传统文化、建设中华民族现代文明、加快中国式现代化建设、实现民族伟大复兴的新时代，这些独特且特色鲜明的秦文化资源，无论对于揭示秦文化丰富内涵及其精神遗产，还是推进中华优秀传统文化的创造性转化和创新性发展，都具有不可替代的显著优势。三市作为秦人长期活动和兴起之地，留下了丰厚的文化遗存和精神遗产，举凡都邑墓葬、宗教信仰、车马兵器、农牧文化、秦戎交错融合等遗存，无不蕴含着秦人兴起、秦文化形成的内在要素和基因密码，值得深入发掘和科学阐释。与会学者从地域优势和宏观角度，对秦文化资源的开发利用、资源特色与文物价值、秦文化的历史传承与当代创新、立足秦文化打造国潮文化等问题展开了广泛而深入的探讨，显示出学者们经世致用，从传统文化和秦文化中汲取营养，实现传统文化与现代文化的有机对接融通，增强历史自信、文化自信的鲜明追求。

习近平总书记对马克思主义同中国具体实际相结合，同中国优秀传统文化相结合的重要论述，既揭示了马克思主义实现中国化的文化逻辑，也指明了中华优秀传统文化现代化的路径方向。本次秦文化论坛，正是甘肃天水、陇南和陕西宝鸡三市立足地域文化特色资源优势，以秦文化为切入点，传承中华优秀传统文化，创造性转化、创新性发展秦文化资源的实践探索和有益尝试。编辑出版本论文集的初衷即在于此。其是否能达到预期效果，尚有待广大读者的检验和评价。

试论秦文化的精神特质

霍彦儒

在中国历史上，秦人是继周人之后中国又一个伟大的古代族群。秦人在其两千多年的发展中，由小到大，由弱到强，由一个避居西陲的小族发展成为一个一统天下的强大的封建帝国，创造出了自己特有的文化和精神。

一、开拓精神

秦人原属一个东夷小族，因始祖伯益（翳）给舜驯养鸟兽而被舜帝赏识赐姓嬴，后又因佐禹治水有功而被禹看重，禹欲让位于他，但因拘押启而被启所杀。其后裔分为两支，一支在中原发展，一支在西部发展。在中原发展的，后因造父精于驾车而被周王赐以赵城，建立了赵国；在西部发展的（畎夷），因助商扫除夏残余势力而进入邠岐之间，即渭河中上游，替商守护西土边陲（今陕西关中一带）。后中潏归周，迁于陇山以西，为周防守西北边陲（今甘肃天水礼县一带）。从伯益失国到非子取得“秦嬴”封号，经过了1200多年，非子因给周王养马而获得其信任，居汧渭之间。其后裔庄公因讨伐西戎有功而被周宣王封为西陲大夫，并将嬴氏一支的领地犬丘赏赐给庄公。这时的秦人在西陲有了稳固的地盘。秦襄公即位后，因护送周平王东徙而受封岐、丰之地，开始与东方各国平起平坐。秦文公即位后，毕生征战西戎，收复了岐、丰之地，其地域扩展至关中中部地区。后经宪公、武公不断征讨西戎和经营岐、丰，将关陇连成一片。德公即位，迁都于雍。秦国在此先后建都近300年。在此300年间，虽有盛有衰，但这一阶段在秦人历史上是很重要的历史阶段，为以后秦人的发展强盛奠定了基础。秦穆公励精图治，在位的39年间，多次争夺中原，虽收获甚少（仅得河西八城），但秦人的顽强、开拓精神可见一斑。随后仅用一年时间，“益国十二，开地千里，遂霸西戎”（《史记·秦本纪》）。以后到秦孝公的15位国君期间，秦国总的来说是积弱积贫，但其间也有秦哀公救楚、秦厉共公开拓疆土、秦惠公夺取南郑等作为。秦献公即位后，力主改革，重振秦国。首先迁都栎阳，采取战略进攻之势。秦孝公即位，重用商鞅，推行变法，经过多次征战，秦国收复了河西之地，打开了东进的门户。自此，秦拥有了整个关中和陕北大部。其后，经过秦惠文王到秦王政百年的征战，秦国终于统一天下，建立了大一统的秦帝国专制政权。从以上简述的秦人历史可以看出，秦人在其2000多年尤其是后期500多年的发展中，始终处在征战、讨伐的状态。在其不断的征战、讨伐中，秦人表现出不屈不挠的拼搏开拓精神。正是这种精神，才使秦人一步一步走向强盛，最后夺取天下。

二、创新精神

创新是民族之魂、生存之本，也是一个民族发展的不竭动力。也就是说只有民族的创新，才有民族的发展和壮大，才能立于不败之地。秦人之所以后来者居上，一统天下，其中一个重要原因就是具有很强的创新精神。秦人的创新精神主要表现在四个方面：一是在国家政治体制方面。秦武公十年（公元前688年）间，“伐邽、冀戎（今天水一带），初县之”。第二年，又在杜（今长安）、郑（今西安鄠邑区）等地设立县制（《史记·秦本纪》）。秦人一改周人的分封制，开始实行县制。这与东方诸国相比是比较早的。可以说，这是秦人国家政治制度创新的开始，为以后秦始皇在全国推行郡县制奠定了基础。秦始皇又建立起一套完整的国家集权专制制度。这种制度保证了在当时历史条件下国家政权的统一和土地的完整，避免了国家因分封而导致割据势力之间的相互攻伐和吞并。这种国家政治体制，在中国历史上推行实施了2000余年。如谭嗣同所说，中国“二千年来之政，秦政也”（谭嗣同：《仁学》）。这是秦人在国家政治体制方面的重大创新。二是在国家制度文化方面。国家的统一，必须有统一的国家制度文化作保证。秦人在治国理念上，自孝公起，重视法家人物，推行法治，依法治国，使秦国逐步走向富强，成为七国之首。在秦人统一六国后，在继续推行法治文化的同时，又进行其他文化制度的改革和创新，下令全国必须推行书同文、车同轨、统一度量衡和货币等。虽然这反映的是一种社会文化生活，但实质上反映的是国家的政治制度，是维护“大一统”国家政权的重要举措。正如王国维先生总结秦人在国家体制和制度文化方面的改革、创新时所说：“秦之政治文化皆自用而不徇人，主今而不师古。”（王国维：《观堂集林·说文“今叙篆文合以古籀说》）三是在精神文化方面。秦人在吸收、整合周文化、戎狄文化等多种文化，以及继承自身文化的基础上，创造了自己独有的精神文化。这种独有的精神文化主要表现在石鼓文、《诗经》中的《秦风》、天文、医药、小篆以及宗教等方面。石鼓文反映了秦人两方面的创新精神：一方面，反映了秦人在文学上的成就，它与《诗经》中的《秦风》一样开创了春秋战国时代新的诗风；另一方面，反映了秦人的书法成就，其书写文字是介于金文和小篆之间的一种新字体，被称为籀文，为以后文字的统一奠定了基础。这是历史上的第一次石刻文字。所以被誉为“天下第一古物”和“天下第一书法”。至春秋末期，“秦国成为当时医学科学最发达的地区之一”[①]，出现了两位著名医学家——缓与和，他们当时被称为“良医”，提出了人身上有阴、阳、风、雨、晦、明六气致病的理论，对医学的贡献流传至今。在天文方面，秦人在继承周人天文知识的基础上，发明了“伏日”[②]这一节令，即“六月伏日初也”（《汉书·郊祀志》）。秦人提出的“初伏”超过了周人，且传至今日仍在使用。在宗教信仰上，秦人未受殷人、周人的影响，而主要是信奉原始的、多元的拜物教。秦人的畤祭，是秦人所独有的，先后建立了西畤、鄜畤、密畤、上畤、下畤、畦畤等多处，以祭祀白帝、青帝、黄帝、炎帝。其中密畤、上畤、下畤已被考古学证实。此外还建有多处祠，如怒特祠、凤女祠、虎侯山祠等。这说明在秦国建立后很长时期还在“维持其多神崇拜的较为原始的宗教”[③]。四是在物质文化方面，秦人在战国时期有着先进的手工业，其中的冶炼技术特别发达，有其独到之处，如对兵器的铬化处理，即使在地下随葬两千年多年也是不蚀不锈，光耀夺目，锋利如新。这种技术在德国和美国，分别于1937年和1950年才正式被列为专利。在铁器、青铜器、陶器等制造业上，虽不是最发达的，但也是发达的地区之一。可见，正是秦人的这种创新精神，才使秦人迅速赶上或在某些方面超过了其他国家，跻身齐、晋、楚等强国之列。

三、尚贤精神

秦人的崛起、强大以至于一统天下，从某种意义上说，是得力于尚贤、重贤、尊贤和用贤，即善于招揽人才、重用人才。在这方面，最为明显的例子就是秦穆公、秦孝公、秦惠文王以及秦始皇等统治时期所行的尚贤之举。秦穆公执政期间，先后招揽和重用百里奚、蹇叔、由余等人；秦孝公招揽和重用商鞅；秦惠文王招揽和重用张仪；秦庄襄王重用吕不韦；秦始皇招揽和重用李斯、尉缭、郑国等人。从这几个国君执政的时间看，可以说均为秦人历史上的重要时期，社会各方面都有较快发展，民富国强，这是与善于招揽和重用人才分不开的。考察秦人的尚贤之道，归纳起来大概有几个特点：一是不论其身

① 林剑鸣：《秦史稿》，中国人民大学出版社，2009，第73页。

② 同上书，第75页。

③ 同上书，第77页。

份。如秦穆公重用的百里奚是一个被楚人俘虏的“亡国之臣”，以“五羖羊皮赎之”（《史记·秦本纪》）。二是不论其地位。如蹇叔，其地位低下，经百里奚推荐，秦穆公封其为上大夫。三是不论其族属。如被秦穆公委以重任的由余，原为戎人。四是不论其国别。上面提到的人都不是秦人，有的来自魏国，有的来自楚国，有的来自宋国，等等。五是不论其年龄。如秦穆公招揽和重用的蹇叔、百里奚，都已是六七十岁的老人。六是用人不疑。尽管这些人来自不同国家和族属，有着不同身份、地位和背景，但到了秦国都会委以重任。最典型的例子就是李斯在《谏逐客书》中的分析。当郑国修渠欲削弱秦国的人力、物力和财力，牵制秦东进的目的暴露后，群臣纷纷建议秦王对他下逐客令驱逐出境。为此李斯给秦王写了一封信，劝秦王不要逐客。他说：“我听说群臣议论逐客，这是错误的。从前秦穆公求贤人，从西方的戎族请来由余，从东方的楚国请来百里奚，从宋国迎来蹇叔，任用从晋国来的丕豹、公孙支。秦穆公任用了这五个人，兼并了二十国，称霸西戎。秦孝公重用商鞅，实行新法，移风易俗，国家富强，打败楚、魏，扩地千里，秦国强大起来。秦惠文王采用张仪计谋，拆散了六国的合纵抗秦，迫使各国服从秦国。秦昭王得到范雎，削弱贵戚力量，加强了王权，蚕食诸侯，秦成帝业。这四代王都是由于任用客卿，才对秦国做出了贡献。客卿有什么对不起秦国的呢？如果这四位君王也下令逐客，只会使国家没有富利之实，秦国也没有强大之名。”李斯还以秦王的珍珠、宝玉都不产于秦国，美女、好马、财宝也都是来自东方各国作比喻：如果秦国只是对有的东西才要的话，那么许多好东西也就没有了。李斯还在信中反问：为什么这些东西可用而外来客卿就要被驱逐？看起来大王只是看重了一些东西，而对人才却不能重用，其结果是增强了各国的力量，却不利于秦国的统一大业。秦王看了李斯的信，明辨是非，果断地采纳了李斯的建议，立即取消了逐客令，李斯仍然受到重用，被封为廷尉，郑国也免遭杀害。秦人招揽和重用的人才，不仅在秦国统一天下的过程中发挥了重要作用，而且对秦朝建立后经济、政治、军事、文化的迅速发展发挥了重要作用。如秦始皇所重用的桓齮、茅焦、尉缭、王翦、李斯、王贲、李信、王离、蒙恬等，无不为秦朝的统一做出了重要贡献。

四、包容精神

包容，是一种胸襟、一种气度、一种涵养。此语出于《汉书·五行志下》：“言上不宽大包容臣下，则不能居圣位。”包容，用《易经》的话说就是“厚德载物”，即一个人的品德、胸怀像大地一样厚重、广阔，能容载万事万物。包容精神，不仅小至个人需要，而且大至一个民族、一个国家也同样需要。秦人的包容精神不仅反映在上面已说到的对人才的重视，而且还反映在其他几个方面。一是宽免“犯罪”之人，不予以追究。最典型的事例就是“岐下野人”食马肉一事。据《史记·秦本纪》记载，秦穆公曾有一匹宝马丢失，找来找去，最后发现被一帮居住在雍城之外的“野人”宰杀吃了。参与吃马肉的有300多人，官府便把他们捉来关押起来，按照秦律对他们当斩。秦穆公知道此事后，不但不杀他们，还给他们酒喝，以解因吃马肉而患病之苦。二是不计前嫌，救困济贫。如两次救助晋国粮荒。晋惠公四年（公元前647年），晋国发生饥荒，仓廪空虚，便派人前来秦国借粮。尽管秦穆公因晋惠公夷吾有负于秦而产生犹豫，但在蹇叔、百里奚、公孙支的力主下，穆公还是答应了。这就是历史上有名的“泛舟之役”。三是宽容手下败将，继续加以重用。例如“殽之役”，秦穆公在袭郑回程中，被晋国伏兵袭击大败，孟明视等三将被虏而归。穆公不但没有责备，反而“素服郊迎”，且哭着说：“我没有听从百里奚、蹇叔的话而辱没了你们三人，你们三人何罪之有？”随即恢复了三人的原职务，愈加看重这三人。在其三十七年，穆公“复益厚孟明等，使将兵伐郑”（《史记·秦本纪》）。四是不听信谗言，能重用他国之人。除前面已经说过的收回“逐客令”外，还有一例。当郑国帮秦修渠的目的暴露后，即将被杀的郑国向秦王进言：韩国让秦国大兴水利建设工程，当初的目的是消耗秦国实力，但水渠修成之后，对秦国也是有利的。尽管兴修水利，减轻了秦国对东方各国的压力，让韩国多存在几年，但修好渠却“为秦建万代之功”。秦王觉得郑国的话有道理，决定不杀郑国，让他继续领导修完水渠，这就是后来闻名于世的“郑国渠”，它对繁荣秦国经济起到了一定的作用。五是收留“周余民”为己所用。秦人进入关中“以兵伐戎”，戎人失败逃走后，对留下的异族周人，不是驱逐或杀掉，而是采取招揽和收留的政策，为己所用。秦人通过向周人学习，逐步掌握了先进的农耕和手工业技术，促进了秦国农业和手工业的较快发展。六是纳谏、敢于认错和谢罪。这里举一个例子。秦始皇欲伐楚，问李信需要多少兵力。李信说二十万人即可；问王翦，王翦说非六十万人不可。秦始皇听信了李信的话，让李信、蒙恬率兵二十万伐楚。结果秦军伤亡惨重，大败而归。秦始皇后悔听信了李信的话，亲自到频阳向王翦谢罪，说：“寡人以不用将军计，李信果辱秦军。今闻荆兵日进而西，将军虽病，独忍弃寡人乎？”秦始皇一再谢罪，请王翦出山。在王翦的坚持下，秦始皇不仅答应了王翦“非六十万人不可”的要求，而且出发时还到灞上为王翦送行。（《史记·白起王翦列传》）至于秦始皇后来“天下之事无大小，皆决于上”，甚至“焚书坑儒”，那是后话，另当别论。七是善于吸收、融合多国多种文化，编著《吕氏春秋》。秦人在文化上采取了兼容并蓄的态度。《吕氏春秋》一书就是其兼容并蓄、吸收多种文化的结果。《汉书·艺文志》说《吕氏春秋》是“兼儒、墨，合名、法”，“备天地万物古今之事”。总之，秦人的包容精神表现是多方面的。这也是秦人不断走向强大的重要原因。

五、变革精神

春秋尤其是战国时期，各国之间战争不断，且规模大、持续时间长、双方参战的兵力多。在这激烈兼并、称霸、统一的战争中，要求得生存，取得战争的胜利，就必须进行积极的变革。相对于其他东方诸国，秦国的变革可以说是比较晚的，但变革的力度与成效却比其他国家更强更显著。战国初期，秦人逐渐加快了变革的步伐。秦简公在位时，实行“令吏初带剑”“令百姓初带剑”“初租禾”（《史记·秦本纪》）等措施。秦献公在位时，“止从死”“城栎阳”“为户籍相伍”“初行为市”和推广设县制度等，其变革的幅度更大。到了秦孝公即位时，周室微，诸侯力政，争相并。（《史记·秦本纪》）面对如此激烈的竞争局面，秦人不能再处在“诸侯卑秦，丑莫大焉”（《史记·秦始皇本纪》）的地位生存，而在富国、强兵、称霸的心理驱使下，其变革思想更为强烈。秦孝公发布《求贤令》：“宾客群臣有能出奇计强秦者，吾且尊官，与之分土。”（《史记·秦本纪》）而商鞅的思想与秦孝公思想相吻合，便得到了秦孝公的重用。秦孝公采用了商鞅的变法思想：一是建立新的社会制度以改变社会风俗。其目的就是建立高度统一的社会成员价值观，形成与富国强兵相适应的心理情感和行为模式。社会成员一致的价值观有利于凝聚社会力量，实现政治的高度统一。以此强化君主权威，巩固君主专制统治。二是在军事制度建设上，推行的主要制度有：一是什伍、县制，建立军事化的行政组织。二是实行分户令，以分割宗族组织，增加兵员和赋税收入。三是鼓励农耕，为军事活动奠定坚实的经济基础。通过这些制度，将国家置于高度军事化的基础之上。四是推行尚功思想。“秦国实行斩首为功，以功授爵，使功变成精确的、可计算的东西。没有战争的时间，军队按照以时间计算的劳绩计算功劳。”①这种变革一直从秦孝公延续至秦始皇统治时期。正是秦人的这种变革精神，使其一步步走向强大，最后统一六国，开创了中国历史上第一个封建帝国。

---

① 田延峰:《中华帝制的精神源头——秦思想的发展历程》,人民出版社,2011,第171页。

六、功利精神

秦人的功利主义价值观形成的具体时间一般认为在商鞅变法以后。其实，它形成的整个过程与秦人建国历程有着密不可分的关系。[①]秦国建立的过程充满了战争和血腥，充满了刀光和杀戮。在一次次的征战和讨伐中，秦人也一步步地崛起、壮大。秦人在一系列的争斗中，逐步地认识到，"一切所求目标的实现及其所获得的利益与其自身的努力是成正比的，生活中更注重的是一种真实的存在。长此以往，急功近利的功利主义价值观形成了，功利成为秦人努力追求的目标"。[②]商鞅变法之所以能得到秦孝公的支持，是因为它与秦人已开始形成的功利意识相吻合。商鞅变法使秦人这种意识更为强烈和成熟，不仅成为统治阶级的主要价值取向，而且成为社会成员的一种广泛的价值取向：一切以功利为目的。统治者一味地追求霸权政治，对权力和国土有着不断增长的追求欲。不管是在用人实现自己的价值理想上，还是在推行自己的统治政策时，都是以谋求"霸权"为核心的。因此，秦人在政治上表现单一，在形式上亦是单一的，以尊法为最高原则。因为法家的霸权思想与其政治目标是一致的，所以，法家思想在秦国得到了最充分的发展。国家的基本国策是论功行赏、重战重农。在这种国策导向下，社会成员不论是地位高的贵族阶层，还是身世低微的平民百姓，都将功利看作追求的目标，也就是说只有在战场上多杀敌才能加官进爵。《商君书·境内第十九》规定："能攻城围邑，斩首八千已上，则盈论；野战斩首二千，则盈论；吏自操及校以上大将尽赏。"反之，将永无出头之日。荀子认为，秦"使天下之民，所以要利于上者，非斗无由也"（《荀子·仪兵》）。《吕氏春秋·高义》说："秦之野人，以小利之故，弟兄相狱，亲戚相忍。"意思是说秦国的乡野之人，因小利而兄弟互相打官司，亲人互相残杀。可见，功利主义价值观对社会影响之深之广。秦人的功利主义价值观，有其积极的一面，也有其消极的一面。积极的一面是，对秦人的领土扩张产生了直接影响，推动了秦国霸权事业的发展，并最终促使秦王政成就霸业，统一天下，建立了中国历史上第一个统一多民族的封建王朝。消极的一面是，由于秦人过分地追求功利，唯利是图，以"利"为社会价值观，以致仁义淡化，道德缺失，盗贼蜂起。这也是秦王朝速亡的原因之一。

---

① 彭文：《略论秦、齐两国的功利主义价值观》，载《秦文化论丛》第六辑，西北大学出版社，1998，第116页。

② 同上书，第117页。

七、尚武精神

纵观秦人的发展史，可以说是一部战争史。因频繁作战，秦人逐渐形成了一种尚武精神。秦人从商朝的诸侯国沦为周王室“附庸”，到周王室封“秦仲为大夫”，到秦襄公立国，再到秦穆公“遂霸西戎”，在这一百多年间，秦人是在不断地同周围戎、狄的斗争中发展、壮大起来的。在这长期的争斗中，秦人通过学习戎、狄的骑射技术，学习中原地区的车战、骑战战术，逐渐成为与齐、晋平起平坐的诸侯国。再者，由东而西长期为商、周人“守边陲”、牧马，同时通过与戎、狄人长期杂居相处、交往交流，又由西而东，进入关中，统一天下，在不断的征战中逐渐形成了朴实、粗犷、剽悍、勇猛的“马”的性格特征，即崇尚武功的精神。这种精神不仅保证了秦人征战的不断胜利，使其成为西方霸主，而且得到了统治者的庇护和推行，因而成为整个秦人的精神。除了形成秦人尚武精神的历史原因外，其政治导向也是这种精神形成的重要因素。如有学者所说：“尚武精神真正成为一种民族精神在秦国树立起来，应该始于秦孝公时期。商鞅变法提出的重农重战政策和军功爵制，强调了统治者必须用爵禄赏赐来鼓励人民从事战争，并将其立法使其成为全国人民都必须遵守的法律。”[①]《商君书·农战》云：“国之所以兴者，农战也”，“国待农战而安，主待农战而尊”。强调实行农战的重要性，并提出以官爵奖励农战，实行“利禄官爵抟出于兵”的“壹赏”政策（指利益、俸禄、官职、爵位都一律根据在战争中的功绩统一予以奖赏），这样，不论是聪明的还是愚昧的，高贵的还是低贱的，勇敢的还是怯懦的，贤良的还是不肖的，“皆尽其胸臆之知，竭其股肱之力，出死而为上用也”，做到“兵无敌而令行于天下”（《商君书·赏刑》）。不仅如此，还制定了专门的法令，建立军队组织，让战士之间相互监督，对作战不力的，或逃跑后退的处以重刑，对其家庭施以连坐，其目的在于使人民憎恶的战争变成人民乐于从事的事业。统治者的政治导向进而影响到民风民俗，而一种民俗一旦形成，又会反过来影响、作用于人们的思想观念。秦人通过这一系列的变法，使尚武精神最终成为一种人们崇尚的风气，进而影响到秦的整个社会生活。秦朝建立后继续沿用这一制度，使之不仅成为一种社会风气，而且成为秦人的精神支柱，为秦人急功近利价值观的形成提供了土壤。可以说，秦人的尚武精神和功利精神互为因果，在一定程度上促进了秦国在战国晚期获

① 彭文、党焕英：《秦人齐人尚武精神》，载《秦文化论丛》第五辑，西北大学出版社，1997，第266页。

得较快发展，成为秦人最后取得胜利的重要因素之一。

总之，秦文化所表现出的精神特质是多方面的。若将这多种精神特质归于一点，即“一统天下”之精神。正是这种“一统天下”之精神支撑着秦人的崛起和强大，使秦人演绎出一部波澜壮阔的立国、发展、统一史，为建立统一的多民族国家做出了重大贡献，在中华民族历史上留下了光辉灿烂的一页。从秦人的立国、发展、统一史中，我们可以得到深刻的启示：一个国家、一个民族的发展、繁荣和强大，需要多种文化精神的支撑，也就是说只有在多种文化精神的合力作用下，才能走向繁荣和强大。

霍彦儒工作单位：宝鸡炎帝与周秦文化研究会

秦文化的是与非

高 强

秦亡之后，秦始皇和秦王朝成为批判对象，甚至被妖魔化，是为“过秦”“非秦”，西汉贾谊、近人谭嗣同为其代表。也有为秦始皇和秦王朝鸣冤叫屈的，此为“扬秦”“是秦”，明代李贽、近人章太炎为其代表。两千年来，“过秦”无疑是主流。其实“过秦”也好，“是秦”也罢，大多从政治层面切入，不免流于表象。即便涉及文化层面，往往也是凸显秦文化的某些方面，或褒或贬。黄留珠认为，秦文化可以概括为三个“主义”，即集权主义、拿来主义、功利主义①。王子今认为，创新理念、进取精神、开放胸怀、实用意识、技术追求，是秦文化具有积极意义的特点②。田延峰认为，进取、创新、功利、兼融、同一，是秦的精神气质③。这些看法是正确的，对于认识秦文化颇有启示。本文认为，秦文化具有统一性、创新性、包容性、军事性、功利性、专制性等特性，其利弊互见，功过相参，既成就了秦人的统一伟业，也导致了秦王朝的迅速覆亡，还对中国文化产生了巨大影响。因此值得悉心探究，有所扬弃。

一、“包举宇内”“并吞八荒”：秦文化的统一性

中国人普遍具有“统一情结”，“未统一时，梦想一统；既一统时，庆幸一统；一统受迫害时，便表示无限的愤慨”④。杨向奎指出：“一统和大一统思想，三千年来浸润着我国人民的思想感情，这是一种向心力，是一种回归的力量。这种力量的源泉不是狭隘的民族观念，而是一种内容丰富，包括有政治、经济、文化各种要素在内的‘实体’，而文化的要素有时更占重要地位。……它要求人们统一于‘华夏’，统一于‘中国’，这‘华夏’与‘中国’不能理解

① 黄留珠：《秦文化琐议》，载黄留珠《秦汉历史文化论稿》，三秦出版社，2002，第109页。

② 王子今主编《秦史与秦文化研究丛书·总序》，西北大学出版社，2021，第8页。

③ 田延峰：《中华帝制的精神源头——秦思想的发展历程》，人民出版社，2011，第440页。

④ 林文光选编《傅斯年文选》，四川文艺出版社，2009，第176页。

为大民族主义或者是一种强大的征服力量，它是一种理想，一种自民族、国家实体升华了的境界。”[①]中国之所以广袤辽阔，中华民族之所以生生不息，中华文化之所以绵延不绝，大一统思想造就的向心力、凝聚力厥功至伟。

春秋战国时期是大一统思想形成的关键时期，诸子虽然在谁来统一、怎样统一的问题上聚讼不休，但却普遍向往大一统。《诗经·小雅·北山》：“溥天之下，莫非王土。率土之滨，莫非王臣。”《墨子·尚同》：“天子唯能壹同天下之义，是以天下治也。”《论语·颜渊》：“四海之内，皆兄弟也。”《荀子·议兵》：“四海之内若一家。”《荀子·致士》：“隆一而治。”《孟子·梁惠王上》：“定于一。”《管子·地数》引黄帝言：“吾欲陶天下而以为一家？”吕不韦主持编纂的《吕氏春秋》：“兼儒、墨，合名、法”（《汉书·艺文志》），“是对先秦经典及诸子百家的大综合”[②]。杨宽指出：《吕氏春秋》“主要选取儒家、法家、兵家、农家、阴阳家的部分学说，加以综合，构成一套政治主张，准备用来作为完成统一的指导思想，并作为新创建的统一王朝的施政纲要的”[③]。《吕氏春秋·审分览·不二》：“故一则治，异则乱；一则安，异则危。”《吕氏春秋·序意》：“尝得学黄帝之所以诲颛顼矣。”颛顼是黄帝的孙子，是黄帝大一统伟业的继承者。吕不韦借用“黄帝诲颛顼”的说法，旨在表明秦始皇要像颛顼继承黄帝大一统功业那样统一天下。

秦国顺应历史大势，完成统一大业。孔子认为，秦穆公时，“秦，国虽小，其志大，处虽僻，行中正”。“以此取之，虽王可也，其霸小矣。”（《史记·孔子世家》）贾谊称赞孝公“有席卷天下、包举宇内、囊括四海之意，并吞八荒之心”（《新书·过秦上》）。秦国从穆公称霸到献公复强，再从孝公变法到始皇统一，历经坎坷，矢志不渝，终于实现了大一统。一部秦史实际上就是秦人追求统一的历史。秦人的都邑从西犬丘（礼县）到汧邑（陇县）、汧渭之会（魏家崖）、平阳（阳平）、雍（凤翔），再到泾阳、栎阳，最后到咸阳，不断东移。秦人执着于东进的原因一是眷恋故土，二是谋求发展，三是向往统一。秦国、楚国同样被东方诸国视为蛮夷戎狄，楚自称蛮夷，秦自称华夏，这体现出秦人向华夏文化看齐的大一统意识。

秦人统一，确立了中国版图，抟成了中国民族，创建了中国政治制度，奠定了中国学术思想。[④]秦统一前，“分为七国，田畴异亩，车涂异轨，律令异

① 杨向奎：《大一统与儒家思想》，北京出版社，2011，第1页。

② 转引自葛兆光《中国思想史》第一卷，复旦大学出版社，2004，第233页。

③ 杨宽：《战国史》，上海人民出版社，2016，第450页。

④ 钱穆：《国史大纲》（修订本）上册，商务印书馆，1996，第116-118页。

法，衣冠异制，言语异声，文字异形”（《说文解字·序》）。秦统一后，“车同轨，书同文，行同伦”（《礼记·中庸》），为各族群提供了共同的生活地域、经济环境、政治环境、文字工具和价值观念，促进了各族群的交往交流交融，促进了中华民族的形成。秦的兼并列国，建立统一的新王朝，“使秦文化成为后来辉煌的汉代文化的基础”①。秦汉时期，中国形成了以中央集权制度为标志的政治一统，以辽阔的帝国统治版图为基础的疆域一统，以农耕生产为特色的经济一统，以华夏族群为凝聚核心的民族一统，以杂糅了诸子学说的儒家思想为核心的文化一统。

二、“自用而不徇人，主今而不师古”：秦文化的创新性

“秦之政治文化皆自用而不徇人，主今而不师古。”②何止是政治文化，秦文化的创新性体现在制度、祭祀、技术等方方面面。在制度创新方面，秦人创立了中央集权制，实行郡县制，推行军功爵制，不恪守嫡长子继承制，统一全国文字和度量衡，兹不赘述。在技术创新方面，可以以铸铁技术为例。《诗经·秦风·驷驖》：“驷驖孔阜，六辔在手。公之媚子，从公于狩。”郭沫若认为，“驖”即“铁”。宝鸡凤翔秦景公墓和秦宗庙遗址出土10余件铁臿、铁铲③，宝鸡市益门村2号秦墓出土金柄铁剑3件、金首铁剑17件④。目前已知冶铁始于西亚两河流域，属于块炼铁，尚未将铁矿石熔化成铁水，只能把海绵状的铁矿石反复锻打成器物，因而韧性不够，极易折断。秦人在雍城时期将块炼铁技术发展为液态铸铁技术，提高了铁器的质量，提高了农业生产力水平，为秦统一奠定了坚实的物质基础。

在祭祀创新方面，可以以畤祭为例。秦人继承雍州天帝祭祀的传统，开创了独特的畤祭体系。《说文解字》释畤：“天地五帝所基址，祭地。”《史记·索隐》：“畤，止也，言神灵之所依止也。亦音市，谓为坛以祭天也。”“畤”为祭祀天地的场所。《史记·封禅书》：“自古以雍州积高，神明之隩，故立畤郊上帝，诸神祠皆聚云。盖黄帝时尝用事，虽晚周亦郊焉。”可见雍州畤祭古已有之。秦人没有照抄照搬畤祭传统，而是颇有创新，尤其是在畤祭对象和场所上。秦“畤”的出现与逐步完备，体现出秦人在发展进程中追求宏大，追求完

① 李学勤:《东周与秦代文明》,上海人民出版社,2007,第11页。

② 王国维:《观堂集林》上册,中华书局,1959,第318页。

③ 韩伟:《凤翔马家庄一号建筑群选址发掘简报》,《文物》1985年第2期,第1–30页。

④ 宝鸡市考古工作队:《宝鸡市益门村二号春秋墓发掘简报》,《文物》1993年第10期,第1–14页。

美，力争创新，力争进取的积极的文化精神。①

秦襄公建西畤，祠白帝；文公设鄜畤，祭白帝；宣公设密畤，祭青帝；灵公建吴阳上畤，祭黄帝；建下畤，祭炎帝；献公建畦畤，祀白帝。秦先后设有六畤。近年来畤祭考古取得了重大进展，证实雍州是秦汉时期祭祀天帝的中心。甘肃礼县鸾亭山遗址或为西畤，宝鸡陈仓下站遗址或为密畤。宝鸡陈仓吴山遗址，每个祭祀坑里都有农具铁臿，或为祭祀炎帝的下畤。宝鸡凤翔雍山血池遗址发现了刻有“上畤”字样的汉代陶片，或为祭祀黄帝的上畤，抑或为集中了六畤的汉代畤祭中心。从襄公建西畤到献公建畦畤，时间跨越了400年，地点东移了800里，与秦人东进的节奏一致。《史记·封禅书》：“秦灵公作吴阳上畤，祭黄帝；作下畤，祭炎帝。”这是首次有确切记载的帝王祭祀炎黄的活动，时间是秦灵公三年（前422年）。秦人整合天帝祭祀系统，集各族祖先畤祭于一体，表明秦人包容八方、一统天下的胸襟。

儒家“法先王”，尊古贱今，恪守祖宗之法，难免因循守旧。法家“法后王”，厚今薄古，主张与时俱进，创新性相对较强。李斯曾批评淳于越等博士“不师今而学古”，“语皆道古以害今”（《史记·李斯列传》），虽然不无道理，却因此而“禁私学、焚诗书”，实行文化专制，结果走向了创新的反面。

三、“杂戎狄之俗”“收周余民”：秦文化的包容性

秦文化的包容性是由秦族群的多元性决定的。“秦之先，帝颛顼之苗裔”（《史记·秦本纪》）。秦人的第二代先祖大费（伯益）协助大禹治水有功，大禹认为“非予能成，亦大费为辅”（《史记·秦本纪》）。舜赐姓大费为嬴氏，大禹选择伯益为接班人，禹的儿子启却攻杀伯益。嬴氏因此失去建立中国第一个王朝的机会，也与夏人结下仇怨。嬴氏帮助商人灭夏，有商一代，“嬴姓多显”（《史记·秦本纪》）。殷商末年，飞廉、恶来等嬴氏贵族助纣为虐。“飞廉东逃于商盖氏。成王伐商盖，杀飞廉，西迁商盖之民邾圉，以御奴虘之戎，是秦先人。”（《清华大学藏战国竹简（贰）·系年》）

西周初年，嬴氏参与三监之乱，被流放至陕甘边地，为周王室保西垂。秦人首领非子在汧渭之间为周孝王养马有功，“邑之秦”，得名秦。秦人长期与西戎（西部游牧族群的统称）杂处，“今秦杂戎翟之俗”（《史记·六国年表序》），其屈肢葬、洞室墓、铲脚袋足鬲都与西戎文化有关。考古发现，秦文化由两种不同特质的文化构成，“一种是嬴秦贵族、高级贵族们使用的，以直肢葬、竖穴土圹墓、周系铜陶礼器为代表的主流文化；另一种是西北土著民出

① 王子今：《秦人的信仰世界》，中国社会科学出版社，2023，第19-20页。

身的底层民众使用的，以屈肢葬、袋足鬲、双耳罐为代表的非主流文化”[①]。公元前750年，秦文公打败西戎，占据岐地，“收周余民”（《史记·秦本纪》），把平王东迁后留在周原地区的周人融入秦人族群，提高了秦人的农耕水平和文化实力。秦人不可避免地受到当时渭水流域主流文化——周文化的影响，这无论是在秦人墓葬里陶器的组合形态上，在秦人铸造的青铜器造型与纹饰上，还是在秦人立国之后使用的礼仪制度上，都有所体现。“秦文化有多个源头，既接受了周文化的影响，又继承了甘青古文化的因素”[②]。

公元前623年，秦穆公大举进攻西戎，“益国十二，开地千里，遂霸西戎”（《史记·秦本纪》）。称霸西戎使得秦国稳定了西部，为日后东进奠定了基础。更重要的是，促进了西北地区经济、文化的交流，加速了秦人与西戎的交融，为中华民族的形成做出了贡献。习近平总书记指出：“我们悠久的历史是各民族共同书写的。早在先秦时期，我国就逐渐形成了以炎黄华夏为凝聚核心、‘五方之民’共天下的交融格局。”[③]秦人是彼时中国西部地区各族群融合的核心。战国时期，秦人完成了族群交融，成为嬴秦、西戎、周余民的交融体，秦文化成为东夷文化、周文化、西戎文化的综合体，多元性和包容性成为秦文化的基本特性。

黄留珠曾将秦文化的发展过程划分为三大时期五个阶段：第一期是秦族时期，以非子为界分为传说阶段和实证阶段；第二期是秦国时期，以孝公为界分为周化阶段和法家化阶段；第三期是秦朝时期，是秦文化传布全国的阶段[④]。孝公以前，秦文化以儒家礼乐文化为主；孝公以后，以法家功利文化为主，商鞅变法是秦文化的转折点。秦文化始终是开放、包容的文化，被归于“杂学”，集诸子学说之大成的《吕氏春秋》，便是这种包容性的缩影。

四、“虎狼之秦”“虎狼之国”：秦文化的军事性

“如果把军事性作为贯穿秦国与秦朝文化的一条主线，显然是较为合适的”[⑤]。秦文化的军事性是在秦人为了生存而奋斗的过程中养成的。顾颉刚指出：“秦之致强盛，得周王畿之西部，建立大国，一也；以五百年之努力，逐

---

① 陈洪：《秦文化之考古学研究》，科学出版社，2016，第249页。

② 王学理、梁云：《秦文化》，文物出版社，2001，第131页。

③ 习近平：《在全国民族团结进步表彰大会上的讲话》，人民出版社，2019，第4–5页。

④ 黄留珠：《秦文化琐议》，载黄留珠《秦汉历史文化论稿》，三秦出版社，2002，第106–108页。

⑤ 黄留珠：《重新认识秦文化》，《西北大学学报（哲学社会科学版）》1996年第2期，第1–5页。

渐融化邻近诸戎族，增益人民，二也；灭巴与蜀，以奠定经济基础，三也。”[①]周伟洲认为：“秦国称霸西戎的过程，是其开疆拓土、日益强盛的过程，也是秦人及其所并诸戎逐渐融入华夏族的过程。”[②]西戎是秦人崛起的磨剑石。在与西戎的长期对抗中，秦人习染了勇武之气，磨炼了坚韧意志，将自身这把宝剑磨砺得日益锋利。

耕战是春秋战国时期所有诸侯国关注的首要大事，因为农耕是生存和争雄的经济基础，战争是生存和争雄的主要手段，但没有哪一个诸侯国像秦国一样把耕战政策执行得如此坚决。商鞅变法的核心内容是奖励耕战，设立二十等军功爵，“有军功者，各以率受上爵”，“宗室非有军功者，不得为属籍”（《史记 · 商君列传》），这一政策极大地调动了广大秦人投身战争的积极性。秦国“民之见战也，如饿狼之见肉”（《商君书 · 画策》）；“民闻战而相贺也，起居饮食所歌谣者，战也”（《商君书 · 赏刑》）；“出其父母怀衽之中，生未尝见寇耳，闻战，顿足徒裼。犯白刃，蹈炉炭，断死于前者，皆是也”（《韩非子 · 初见秦》）。为何如此？盖因“官爵之迁与斩首之功相称也”（《韩非子 · 定法》）。战争意味着有机会杀敌斩首、封官加爵，可以改变普通秦人的命运。

商鞅变法使得秦文化的军事性大大增强，秦人“一可以胜十，十可以胜百，百可以胜千，千可以胜万，万可以胜天下矣”（《战国策 · 秦策》）。秦终成“虎狼之国”“虎狼之秦”，秦军终成“虎狼之师”，各国“谈秦色变”。据统计，自孝公以后至始皇十三年（公元前234年）止，秦国军队共斩杀六国士卒165.5万人，其中白起率军斩杀92万人[③]。长平一战，秦军坑杀赵国降卒40万人，人称白起为“人屠”。后来白起遭到范雎陷害，被昭襄王赐死。自刎前白起说：“我固当死，长平之战，赵卒降者数十万人，我诈而尽阬之，是足以死。”（《史记 · 白起王翦列传》）可见白起自知罪孽深重。战争是统一的重要手段，甚至在某种意义上说是人类社会发展的助推器，但是坑杀放下武器的俘虏，无论如何都应当谴责。

“秦王朝多以军人为吏，必然使各级行政机构都容易形成集权专制的特点，使行政管理和经济管理都具有军事化的形制，又使统一后不久即应结束的军事管制阶段在实际上无限延长，终于酿成暴政。”[④]秦帝国是靠军事征服建立和支撑起来的，刺刀下的统治终究难以长久。反观清帝国之所以能够统治200多年，

---

① 顾颉刚:《史林杂识初编》,中华书局,1963,第57页。

② 郭琦、史念海、张岂之主编《陕西通史·民族卷》,陕西师范大学出版社,1997,第36页。

③ 林剑鸣:《秦史稿》,中国人民大学出版社,2009,第215页。

④ 王子今主编《秦史与秦文化研究丛书·总序》,西北大学出版社,2021,第5页。

就是因为在军事征服的同时，大量吸收和借鉴了儒家文化，增加了思想文化软控制的成分，这就如同在坚硬的砖石之间加入了水泥，会变得更加坚固。

鸦片战争以降，中国屡战屡败，国势日渐衰微。新文化运动中，国人痛苦反思，比较中西文明，找寻失败原因。李大钊认为，中西文明“一为自然的，一为人为的；一为安息的，一为战争的”[①]。陈独秀认为，“西洋民族以战争为本位，东洋民族以安息为本位。儒者不尚力争，何况于战”[②]。他们强调战争之重要，鼓吹尚武之精神。在此情势下，尚武好战的秦文化、威震四海的秦始皇重新受到青睐也就不足为奇了。

五、“寡义而趋利”“高力而尚功”：秦文化的功利性

“秦国之俗，贪狼强力，寡义而趋利”（《淮南子·要略》）；“崇利而简义，高力而尚功”（《盐铁论校注·非鞅》）。功利性是秦文化公认的特性之一。“汉儒区分的‘诸子十家’——儒墨道法、纵横名辩、阴阳农杂以及小说家，无一发生于秦。但是，若从历史实践的层面看问题，就‘诸子十家’的践行来说，秦无疑排在各国的前列。在一定意义上，秦可以说是各家思想的实验场”；“商鞅变法以后，诸子之学在秦国的应用，都是其他各国所不可比拟的。当然，这里的‘应用’是选择性的，是以富国强兵为前提的实用主义，是为了‘霸业’而兼收并蓄”[③]。

秦国立国君时“择勇猛者立之”（《公羊传·昭公五年》何休注），并不囿于嫡长子继承制，从襄公到穆公的九位国君中有七位非长子。“《春秋》之中，弑君三十六，亡国五十二，诸侯奔走不得保其社稷”（《史记·太史公自序》）。秦国虽有“厉、躁、简公、出子之不宁”，但内耗相对较轻。雍城时期，死于非命的秦君仅怀公和出子二人；而同时期晋国有怀公、灵公、厉公、出公、幽公五人；楚国有庄敖、成王、郏敖、灵王、声王五人；齐国有桓公、懿公、庄公、晏孺子、悼公、简公六人；另外还有无诡、舍两位无谥的遇害齐君。雍城时期虽然像秦穆公那样出类拔萃的秦公不多，但像楚平王、晋灵公那样昏庸暴虐的基本没有，总体素质较好[④]。秦国在人才使用上也不拘一格，百里奚、范雎、张仪、李斯、吕不韦等客卿发挥了重要作用。“秦人既不曾把血缘关系的原则固定化、制度化、神圣化，又以强有力的措施涤荡着血缘关系的

① 李大钊：《李大钊全集》，中国李大钊研究会编注，人民出版社，2013，第308页。

② 陈独秀：《陈独秀文集》，人民出版社，2013，第126页。

③ 臧知非：《秦思想与政治研究·代序》，西北大学出版社，2021，第6页。

④ 高强：《居雍秦公述论》，《宝鸡文理学院学报》2014年第2期，第41-46页。

残余，这当然就要影响到他们的用人方针。不走任人唯亲道路，而比较注重任人唯贤，原应属于合乎情理之事”[①]。“择勇猛者立之”和重用客卿是秦国君臣整体素质优于列国的主要原因，也是秦文化功利性的具体体现。

公元前688年，秦武公“初县之”，在秦国边地设上邽县（今天水），后又设杜（今长安）、郑（今华县）等县，这是地缘政治对血缘宗法制的稀释和荡涤。以畤祭为代表的“秦之宗教祭祀系统，体现出多神性和包容性的特点。其中原因，可能与秦文化中的其他方面一样，都体现了秦文化的实用主义特质”[②]。崇尚法制也是功利主义的一种表现，秦律最多时有30多种，几乎涵盖了各个方面。墨家为秦国统一提供了技术支持，其作用隐而不显。墨家的价值观与秦文化的实用性、军事性、统一性十分契合，“墨子的理想与秦国的现实无疑是合一的，墨者事秦无论是从理想追求，还是价值观念，还是施展特长，都是逻辑上的必然”[③]。

实用功利固然有利于驱动竞争，后来居上，但却抑制理性，缺乏远见，激发恶欲，加剧内卷。“秦文化高度务实的倾向在特定历史条件下的积极作用得以突出显现。但是另一方面，推崇‘实用’之学至于极端，自然不利于理论思考和思辨能力的提升”[④]。桓宽指责商鞅“知其为秦开帝业，不知其为秦致亡道也”（《盐铁论·非鞅》）。物极必反，过犹不及。当秦文化的功利性发挥到极致时，就是秦国横扫六国、一统天下之时，同时也是秦王朝濒临崩溃、行将就木之时。

六、“焚书坑儒”“仁义不施”：秦文化的专制性

专制性是秦文化最被人诟病的特性。贾谊说秦始皇“废王道而立私爱，焚文书而酷刑法，先诈力而后仁义，以暴虐为天下始”（《新书·过秦论》）。徐乐批评秦“民困而主不恤，下怨而上不知，俗已乱而政不修”（《汉书·徐乐传》）。其实专制性非秦王朝独有，“中国二千年来之政，秦政也，皆大盗也”[⑤]，“自秦以来，凡为帝王者皆贼也”[⑥]，“秦以来之为君，正所谓大盗窃国

① 赵世超：《瓦缶集》，人民出版社，2003，第290页。

② 史党社：《秦祭祀研究》，西北大学出版社，2021，第8页。

③ 臧知非：《秦思想与政治研究》，第58页。

④ 王子今：《秦扩张史》，上海古籍出版社，2023，第297页。

⑤ 谭嗣同：《仁学》，华夏出版社，2002，第96页。

⑥ 唐甄：《潜书》，古籍出版社，1955，第196页。

者耳。国谁窃？转相窃之于民而已”[①]。只不过秦王朝开专制集权之先河，确实难辞其咎。

秦始皇的最大过失在于“仁义不施”（《新书·过秦上》），好大喜功，只行霸道，不行王道。秦始皇“马上得天下”，还想“马上治天下”，结果是“马上失天下”。“焚书坑儒”“匡饬异俗”和大兴土木是“仁义不施”的三个例证。秦始皇采纳李斯建议：“史官非秦记皆烧之，非博士官所职，天下敢有藏《诗》《书》、百家语者，悉诣守、尉杂烧之，有敢偶语《诗》《书》者弃市。以古非今者族。吏见知不举者与同罪。令下三十日不烧，黥为城旦。所不去者，医药、卜筮、种树之书。若欲有学法令，以吏为师。”（《史记·秦始皇本纪》）“收天下书不中用者尽去之”（《史记·秦始皇本纪》）。秦始皇下令坑杀了460余名儒生，其中既有是古非今的儒生，也有妖言惑众的方士，后者更多，故而西汉中期以前并无“坑儒”一词，而是“坑术士”“杀术士”。秦始皇用“焚书坑儒”的方式对付异己言论，无疑是中国文化专制主义的始作俑者。“焚书坑儒”是秦统一后各种文化思想矛盾冲突的产物。“焚书坑儒”“既体现了权势对思想的控制、认同与冲突，也体现了秦文化与六国文化——特别是齐鲁文化的认同与冲突”[②]。

“匡饬异俗”旨在推行秦法秦俗，消弭地区差异，实现“远迩同度”（《史记·秦始皇本纪》）。本意不错，但方式有误。昔日姜太公在齐地并未强力推行周礼，而是“因其俗，简其礼”（《史记·齐太公世家》），大获成功。秦始皇没有借鉴姜太公的成功经验，在关东地区强制推行秦法秦俗，葬俗亦然，结果遭到六国遗民的激烈反对。“昔秦法繁于秋荼，而网密于凝脂”（《盐铁论·刑德》），百姓动辄得咎。秦始皇好大喜功，大兴土木，征发一百多万青壮年“北筑长城”“南戍五岭”，修建驰道、直道、阿房宫、始皇陵等大型工程，百姓不堪重负，“天下苦秦久矣”（《史记·陈涉世家》）。

马克思指出：“专制制度必然具有兽性，并且和人性是不相容的。兽的关系只能靠兽性来维持。”[③]“君主独裁则愈演愈烈，其原因不能仅仅归结为帝王强化权力的私欲，背后还有秦制对维护国家大一统及社会控制的实效性在强劲地发挥作用。故秦汉以降两千年历朝历代，咒骂秦政暴虐的言论频出，而真正限抑秦暴、变更秦制者势小力微，原因在于产生秦政的文化生态未变，于是秦

① 严复:《严复集》第一册,中华书局,1986,第35页。

② 臧知非:《秦思想与政治研究》,第45页。

③ 马克思、恩格斯:《马克思恩格斯全集》第一卷,中共中央马克思恩格斯列宁斯大林著作编译局编译,人民出版社,1972,第414页。

政之弊一再重演，后人‘笑’前人，‘哀’前人，却不肯引为鉴戒”①。“过秦”与“秦暴”在中国历史上交替上演。

七、余论：“非兵不强，非德不昌”

公元前774年，周太史史伯对郑桓公说：“夫成天地之大功者，其子孙未尝不章，虞、夏、商、周是也。……姜，伯夷之后也，嬴，伯益之后也。伯夷能礼於神以佐尧者也，伯益能议百物以佐舜者也。其后皆不失祀而未有兴者，周衰其将至矣。”桓公问史伯：“姜、嬴其孰兴？”史伯说：“夫国大而有德者近兴，秦仲、齐侯，姜、嬴之隽也，且大，其将兴乎？”（《国语·郑语》）史伯认为嬴秦将兴，理由是嬴为“能仪百物以佐舜”的伯益之后，且“国大而有德”。彼时距离襄公立国尚有4年，距离秦始皇统一六国尚有553年，嬴秦何大之有？何德之有？史伯准确地预言了嬴秦将兴的事实，却未能阐明嬴秦将兴的原因。嬴秦顺应大势，地利人和，积极进取，务实功利，勇于变革，善于借鉴，内部动乱相对较少，外部压力相对较小，故而能够发挥后发优势，后来居上，成就统一大业。

公元前338年，赵良对商鞅说：“恃德者昌，恃力者亡。”（《史记·商君列传》）他批评商鞅推行严刑峻法，失去人心，劝说商鞅归还封地，弃力从德。商鞅不从。汉初，儒生陆贾赞美诗书礼义，刘邦斥之，认为汉朝江山是马上所得，与诗书无涉。陆贾说：“居马上得之，宁可以马上治之乎？且汤、武逆取而以顺守之，文武并用，长久之术也。”他反问刘邦如果秦并天下后“行仁义，法先圣，陛下安得而有之？”（《史记·郦生陆贾列传》）刘邦听后面露惭色，让陆贾总结秦亡原因及三代成败得失。陆贾作《新语》十二篇，刘邦每称善。正因为汉初统治者吸取了秦亡之教训，轻徭薄赋，休养生息，才有了文景之治，才有了两百多年的西汉江山。汉宣帝时，太子建言“宜用儒生”，纯用王道。宣帝大怒，训诫太子：“汉家自有制度，本以霸王道杂之，奈何纯（任）德教，用周政乎？”（《汉书·元帝纪》）真可谓深得帝王统治之奥秘。汉制是秦制、楚制、周制的结合，既避免了王道的柔弱，又防止了霸道的酷烈。司马迁说：“非兵不强，非德不昌。”（《史记·太史公自序》）诚哉斯言，硬实力和软实力缺一不可。忘战必危，好战必亡，能战则安，德隆祚长。

秦始皇被妖魔化，既与六国贵族的亡国之恨有关，又与儒家的王道思想和民本思想有关，也与近代以来传入中国的西方民主思想有关。古代士人大多

① 冯天瑜：《周制与秦制》，商务印书馆，2024，第558页。

“过秦”，当代文人亦然，此即孔鲋所言“秦非吾友”（《资治通鉴·秦纪二》）。秦文化自强不息有余，厚德载物不足，是一种严重失衡的文化。秦文化成就了秦人的统一伟业，但也导致了秦王朝的迅速覆亡。秦朝短祚，秦人不朽。秦鉴不远，秦风犹存。

秦文化的特性之间有互渗之处，譬如畤祭，既可以说是秦人对祭祀系统的创新，也可以说是秦人实用主义的表现，还可以说是秦文化多元包容的例证。秦文化的积极性和消极性同样鲜明。简言之，秦文化的统一性、创新性、包容性与中华文明的特性一致，值得肯定和传承。军事性、功利性利弊相参，军事性既是秦人崛起、统一中国的保障，也是穷兵黩武、野蛮屠戮的因缘；功利性既是不拘陈法、善于借鉴的根源，也是轻视礼治、失之严酷的原因。专制性则是秦文化最大的弊端。今人不必苛求秦人、苛责秦文化，而应摒弃其专制性，重塑其军事性、功利性，弘扬其统一性、创新性、包容性，使之融入当代中国文化，助推中国式现代化。

高强工作单位：宝鸡文理学院

秦早期文化的形态特征

雍际春

秦文化萌芽于商末周初中潏西迁天水至非子邑秦之前，非子至襄公建国是秦文化的形成期，文公东迁至德公迁雍之前是秦早期文化的大发展时期。秦文化的来源是多元的，既有东夷本族文化思想观念的固守，亦有夏商文化的传习，更有周文化的洗礼和大量引进，也有对西戎等部族畜牧文化的广泛吸收和移植，并经过秦人创造性的消化和融汇，最终形成了具有自身风格的新型文化——秦文化。这一文化具有开放兼容、功利进取、尚武强悍、质朴实用的鲜明特点。在此基础上，秦人及其早期文化由于其多元交融与农牧并举的鲜明风格，在观念形态、生态结构和发展模式上具有三大形态特征。

一、东方意识和华夏认同的精神观念

秦人的东方意识首先体现在东向发展上。嬴秦西迁天水之后，经八代艰苦卓绝的经营发展，至非子时被周孝王征召至汧渭之间养马有功而获封附庸并复嬴姓受封，由此为起点，秦人始终按照东向发展的既定目标而致力于发展和扩张。无论是襄公建国还是文公东迁，抑或是反击西戎或者东向谋求称霸，都是东向发展目标的付诸实施。这一意识在战国时期表现得尤为鲜明。秦武王曾说："寡人欲容车通三川，窥周室，死不恨矣。"张仪也曾说："'争名者于朝，争利者于市'。今三川、周室，天下之市朝也。"[①]建议秦惠文王"据九鼎，案图籍，挟天子以令天下"。秦人也正是在这一目标的感召下，经过500多年曲折而辉煌的崛起，由陇右而关中，由关中而一统天下。

秦人的东方意识还体现在其固有信仰观念的坚守和传承上。他们的鸟图腾崇拜，陈宝祠的创设，设畤以祠白帝少昊，对少昊、颛顼的崇拜和祭祀，墓葬盛行西首墓等，都是其典型表征。秦人的东方意识还体现在对东夷习俗的保留上。秦

① 何建章：《战国策注释》卷三《秦策一》，中华书局，2006，第102页。

人在墓葬形制和殉人、殉狗习俗的盛行，包括车马与善御，显然是殷商以及东夷丧葬礼俗的孑遗和保留，也是秦人为东方部族在其民俗习尚上的自然流露。

与东方意识相联系，秦人又具有强烈的华夏认同观念。东夷部族及其文化是最早与炎黄族及其文化交融的，甚至可以说是炎黄部族文化与东夷部族文化交融共同孕育了华夏族及其文化。至迟自少昊、颛顼始，华夏与东夷部族的交流融合即已广泛展开，少昊、颛顼被列入五帝系统就是最有说服力的史实。作为东夷族的成员，嬴秦也很早就开始了与华夏族的交往融合，其始祖大业娶少典之子女华为妻，舜赐姚姓玉女为大费之妻，商王太戊赐婚孟戏与中衍等，可以说嬴秦是通过姻亲关系与华夏族交融。而嬴秦很早离开故土，辅佐尧、舜、禹并为股肱之臣，又长期活动于夏、商政权的地域内，或为其大臣，或为商王“御”，或建立诸侯国等，广泛参与了夏商王朝的政权建设和文化发展活动。所以，从某种程度上说，嬴秦既是华夏文化创造发展的参与者，也是华夏文化的受惠者。

因此，嬴秦并不因族出东夷而自认为华夏之外的异族，而是将自己与华夏族等同看待，或者说已认同了华夏文化。商末周初嬴秦西迁天水之后，又积极主动接受和学习周文化及其礼乐文明，而毫无抵抗、排斥之举，这也是华夏认同观念支配下的必然行为。秦公簋等器铭文所谓的“鼏宅禹迹”，显然秦人是以大禹继承者自居，这是典型的华夏观念的体现。在人类文化学的意义上，“一个族群并非完全由文化传播与生物性繁衍所‘生成’，而是在特定的环境中，由人群对内对外的互动关系所‘造成’。在‘造成’民族的过程中，最重要的是重组历史记忆，以及重新界定一些族称的内涵”①。秦人及其先祖正是在长期与三代政权合作交往的特定环境和参与其文化发展内外互动关系中，逐渐重组了自己认同华夏的历史记忆。尽管秦人曾历经磨难与迁徙，又在与西戎杂处中深受其文化和习俗熏染，但是，“秦人在落后的文化生活当中，却原是‘中原本位’的”②。伍士谦认为，秦民族起源于东方，是华夏族属，绝不是西方的戎族。是殷民族的同族属国，殷灭亡以后，乃西迁至秦陇。但因以后僻处西垂，“在秦孝公以前，未能与主要诸侯会盟，于是目为夷翟，其实追本溯源，秦绝非西戎或夷翟，仍是华夏族属”③。这一观点是比较客观准确的。

秦人并非戎族，而以华夏自居，这不仅是秦人的自我定位，也是周人、东方诸侯国共同的看法。《睡虎地秦简·法律问答》载：“何谓‘夏’？欲去秦属是谓‘夏’”的记载，清楚地表明秦人自以华夏族自居。有人曾以秦人自称颛

① 王明坷：《华夏边缘：历史记忆与族群认同》，社会科学文献出版社，2006，第44页。

② 陈秀文：《秦族考》，《文理学报》1944年第1卷第2期，第33页。

③ 伍仕谦：《读〈秦本纪〉札记》，《四川大学学报（哲学社会科学版）》1981年第2期，第62页。

项之后是伪造来历，日本学者泷川资言指出："古重氏族，托名圣贤，以华其所自出者，不独秦嬴。"[①]所以，秦人自称颛顼之后，目的在于证明自己也是华夏一脉，而不是时人所鄙薄的戎狄之后。秦文公时，"初有史以纪事，民多化者"。秦人修史编订《秦记》，以教化民众，表明秦人对以周文化为代表的华夏文化的认同已深入核心的精神层面，修史纪事正是秦人讲述先祖、整合文化、重组历史记忆的具体反映，也就是其以华夏自居或认同华夏的重要举措。

由此可见，秦人强烈的东方意识和华夏认同观念，既是秦人不忘自己族出东方的反映，也是其心灵深处渴望崛起、回归中原的意识流露。这种家园意识和精神观念，随着其命运的起伏而愈益强烈，进而内化为一种信念和力量，激发出秦人那种开放兼容、功利进取、刚毅勇猛和质朴实用的新型强势文化。

二、华戎交汇与农牧并举的文化生态

天水地区是中华文明的起源地之一，以距今约7800年的大地湾文化为代表，西山坪和师赵村等古遗址所揭示的文化信息表明，当地原始先民创造了堪称发达的史前文明；而古史传说系统中那些文化英雄如伏羲、女娲、黄帝亦出自这块神奇的土地。至于与中原仰韶文化、龙山文化前后相当的马家窑文化、齐家文化，则是中原文化在甘陇一带的地域文化。此后的辛店文化等属于夏商时期的羌戎文化。这说明，在中华文明肇启之际，陇右天水一带已是一个各族杂处、文明交汇和农牧文化相互碰撞之地。郑玄在《毛诗谱》中云："秦者，陇西谷名，于《禹贡》近雍州鸟鼠之山。尧时有伯翳者，实皋陶之子，佐禹治水，水土既平，舜命作虞官，掌上下草木鸟兽，赐姓曰嬴，历夏商兴衰亦世有人焉。周孝王使其末孙非子养马于汧、渭之间，孝王为伯翳能知禽兽之言，子孙不绝，故封非子为附庸，邑之于秦谷，至曾孙秦仲，宣王又命作大夫，始有车马、礼乐、侍御之好，国人美之，秦之变风始作。秦仲之孙襄公，平王之初，兴兵讨西戎以救周，平王东迁王城，乃以岐丰之地赐之，始列为诸侯。遂横有周西都宗周畿内八百里之地。其封域，东至迆山，在荆岐终南惇物之野。至玄孙德公又徙于雍云。"秦人迁入这块具有深厚文化土壤与多元文化背景的土地上，不可避免地要受到当地人文环境的熏染和塑造，从而使秦文化具有鲜明的地域特色。

秦人在天水地区的重新兴起和文化创造，是在一种极为险恶的生存环境中起步的。陇右天水一带东隔陇山与周室王畿之地相邻，其西、北两面广布戎、

① 〔日〕泷川资言:《史记会注考证》,杨海诤整理,上海古籍出版社,2015,第239页。

狄，西垂正处于周人与戎狄的夹缝之中。西北戎狄部族长期以来一直威胁着周王室的西部边界，秦人入居天水，在群戎包围的形势下要定居下来，并争取生存空间，无异于与虎谋皮，困难重重；与此同时，天水地区群山溪谷、山原广布、林茂草丰的自然环境，也与秦人原在中原的自然面貌大异其趣，这同样是一种新的挑战。好在秦人历经变故与磨难，又有农牧兼长的生产经验，在新的生存环境中，一面主动与西戎友好交往、虚心学习并通婚融合，开创了与西戎和睦相处的新局面，从而广泛吸收了戎狄文化的异质养料，为秦文化的再生注入了活力与新鲜血液；这也使秦人赢得了西戎的认可，在西垂站稳了脚跟；而且秦人也通过戎人的周旋与周王室改善了关系。另一方面，秦人因地制宜、趋利避害，发挥农牧兼长的优势，筚路蓝缕、披荆斩棘发展生产，种植黍、粟和养马牧畜均获得成功，出现了农牧两旺的景象，为秦人的兴起和文化创造奠定了基本的物质基础。从天水市毛家坪与董家坪发现的西周时期秦墓遗址文化层表明，秦人屈肢葬、西首墓等葬俗，显然是秦人受西戎文化影响的结果，而农业定居与随葬礼义等又是秦人生活“周式化”的反映。实际上，人们习惯所称的秦人生活与文化的农耕文明因素，与其说是秦人“周式化”的产物，毋宁说是秦人在天水对此前中原农耕文化的保留与继承。总之，自中潏至非子八代秦人在天水地区艰苦卓绝的创业活动，终于使秦人开始摆脱困境、走向复兴，而秦文化也由此产生。

秦文化的产生和形成，既是秦人在殷商和东夷固有东方文化基因基础之上的新生，更是他们西迁天水入乡随俗之后的再创造。秦人在天水一带，充分利用当地既宜农耕又适畜牧的环境条件，将其本来农牧兼长的优势发挥到了极致。一方面，作为周室的属族，他们积极主动地接受其农耕礼乐文明，在先进周文化的引领下，在社会和文化两个方面快速进步；另一方面，秦人又从与之杂处毗邻的西戎及其游牧文明中不断汲取精华和营养，不仅使其畜牧、车马、骑战和冶金等技术迅速强化，而且塑造了秦人刚毅、强悍和勇猛的习俗与风尚。这两种文明与文化通过秦人的创造性吸收和有机融通形成了以华戎交汇、农牧并举为特征的一种新型或复合型文化——秦文化。作为一种农牧兼长的新型文化，它因为源源不断地吸纳先进而发达的周文化而具有稳定性和持久性，又由于有效吸纳西戎文化并深受西戎习俗影响而具有实用性和灵活性。所以，“从某种意义上或别一个角度来说，秦统一乃是草原文化精神向中原全面推进的一大杰作。汉承秦制（汉武是秦皇真正意义上的“继体”之君），从而秦汉帝国的辉煌是游牧文化和农耕文化首度融合共同打造的辉煌。正是这一番辉煌，为此后两千年中国古典社会砍出了轮廓，铺设了道路。”①

① 艾荫范:《北狄、东夷和华夏传统文明建构》,光明日报出版社,2011,第111页。

根植于陕甘黄土高原过渡性地理环境和人文氛围这一独特文化生态之上的秦早期文化，兼取农耕、游牧两种文明之长，开放、包容、灵活、刚健，具有极强的可塑性，又富有生命活力。因此，它较周文化更具进取精神和刚健气质，较西戎文化又更为丰富发达和稳定。秦人正是凭借这种文化优势及其强大势能，一举由西北小族壮大进而一匡天下，会通三代文化。西周的衰落和灭亡，西戎被逐出关中并被秦人所征服，春秋时期周、西戎与秦三方实力的消长变化，已经在实际较量中显示了秦文化的优势和力量。

三、多元融通与开拓创新的发展模式

如前所论，秦文化的形成，与秦人漫长曲折的起源、西迁以及夏、商、西周政权均有密切关系，也深受西戎乃至北狄文化及其习俗的影响，由此而形成的秦文化，具有鲜明的风格与特点。王子今曾将秦文化特点总结为创新理念、进取精神、开放胸怀、实用意识、技术追求，并认为秦文化的这些具有积极因素的特点，大致可以以“英雄主义”和“科学精神”来简要概括。[①]这一观点大致揭示了秦文化最具本质的特点和优势。秦文化之所以具有这样的特点与优势，就在于它是多民族、多元文化融通并不断开拓创新这一发展模式的产物。

“秦人”族体的形成是多元的。嬴秦西迁天水，可谓地小民寡，力量弱小，而秦人族体的形成也正是在定居天水之后才开始的。如前所述，嬴秦西迁直接到达陇右的是商末中潏归周而西迁西垂和周公东征迁商奄之民于朱圉，这两次西迁的嬴秦族人无疑就是后来秦人的主体。除此之外，在帝尧时随和仲来到西土昧谷（即今礼县）测日的东夷人中，部分定居于此的嬴姓人也是构成秦人的一部分。这三部分嬴姓人就是我们所能知道的民族血缘意义上秦人构成的全部线索。当秦人族体形成之后，血缘意义上的秦人概念随着时间的延续，以及秦人势力的崛起，让文化意义上的秦人概念随之继起，而且秦人数量也急剧增加。例如，秦庄公伐戎，周宣王支援军队七千人，秦文公入关后伐戎获胜而收岐西的周余民，这是西周及其故地居民的入秦。人们公认屈肢葬为秦人下层流行的丧葬习俗，这一丧葬习俗又与陇右西戎有关，盛行屈肢葬的秦人下层主要为归顺秦人的戎族民众，而秦人通过通婚、战争征服和开拓疆土，不少戎族民众也归入秦人之中。随着春秋时期秦国疆土的进一步扩展和文化整合，那些周余民和戎族部众已逐步融入秦文化之中，尽管在秦国内部族体之间的区别可能

① 王子今：《秦文化的超地域特征和跨时代意义》，《长安大学学报(社会科学版)》2010年第3期，第1–5页。

依然存在，但是，在东方各国眼中，他们已经被统统视为秦人。所以，当文化意义上的秦人出现并被认可之际，也就是秦人构成上多元融通开始形成之时。当然，这一过程既是复杂的，也是一直存在的。

由于文化意义上的秦人族体构成本来就是多元融通的结果，基于这一基础之上的文化构成多元化，乃是水到渠成。如前所论，秦文化的形成，是秦人在坚守东夷固有观念意识基础上，以广泛吸纳商周文化特别是周文化为主体，又融入不少戎狄文化成分而形成的以华戎交汇、农牧并举为特征的新型文化，这一文化的成分要素与结构形态，无疑是多元融汇的复合型文化。

一个国家或民族发展模式的选择，是其历史条件、文化背景、社会结构、政治生态、生存环境、现实发展需要和统治者抱负等多重因素共同作用的结果。秦人族出东夷又远离故土、长期流徙动荡而最终落脚于群戎环伺的西部边陲的历史背景，由发达的东夷文化创造者而被迫在起伏不居中长期参与夏、商、周王朝建设活动的文化背景，偏居西垂、地狭民寡、实力弱小、失姓亡氏的政治生态，在西周与西戎夹缝中致力崛起的生存环境，后起而又要跻身大国并回归华夏的心理渴求，共同塑造和孕育了开放兼容、功利进取的秦文化。基于这样一种背景而产生的秦文化，以致力崛起和回归华夏为追求，通过广泛吸收周文化、西戎文化，以加快发展步伐。赵世超曾指出："秦人在接受华夏文化时，并没有简单地生吞活剥，更没有将自己的传统弃若敝屣。洞室墓、曲肢葬和带铲型足端的袋足鬲等三大文化现象，不仅继续保持，甚至还影响到了华夏族，而强悍的民风和丰富的养马经验更在战争形势下进一步得到发扬。"[①]在对待周文化与西戎文化的态度上，他们既不因周文化发达先进而照搬照抄、生吞活剥，而是有所选择取舍和提炼。他们也不以戎狄文化为异端而加以排斥，而是积极引进其有益的成分和养料为己所用，兼容并蓄，有容乃大。在这种文化支配下，秦人在国家建设和发展模式上，也秉持了多元荟萃、开拓进取、功利实用的态度，通过不断改革创新和汲取别国成功的实践经验，秦人建构了灵活高效、务求实用、以加快发展为目标的发展模式。

这一发展模式，复与农牧并举的文化生态、回归华夏的心理追求有机结合，使秦文化具有了旺盛的生命活力和极强的包容同化功能，从而成为六国文化中最具冲击力的强势文化。秦人正是凭借这一文化优势而一路高歌猛进，所向披靡，一统华夏。

雍际春工作单位：天水师范学院

① 赵世超:《秦国用人的得失和秦文化》,《文史知识》1992年第10期,第67页。

早期秦人的生物学基因与文化基因

苏海洋

秦在中国多民族国家的形成和推动民族交融的过程中起了重要作用。近年来，随着科技考古在秦文化考古中的运用，原来单纯依靠文献、考古类型学的传统方法获得的研究结论受到挑战，学界对旧有研究成果的认识或有所改变，或不断加深。本文将文献学、体质人类学和考古类型学方法结合，就秦人的生物学起源和文化起源问题谈一谈个人的见解。

一、体质人类学揭开秦人的身世之谜

关于秦人的起源问题是秦史研究的重要问题之一。早在二十世纪二三十年代，对这一问题就有两种不同的观点，即西方说和东方说。王国维在《秦都邑考》中认为"秦之祖先，起于戎狄"，蒙文通在《秦之社会》《秦为戎族考》中明确说秦人起源于西戎，即西方说；卫聚贤在《中国民族的来源》中提出秦人起源于山东，即东方说。直到20世纪70年代末，有关这方面的研究仍局限于利用文献资料的讨论。20世纪80年代以来，随着秦文化考古学研究的深入，研究者注重了文献资料与考古学的综合研究，在探讨秦文化渊源的基础上，也对秦人的起源做了有益探索，不过这种综合性研究现在还比较少，对秦文化渊源和秦人的起源问题仍未取得一致意见。

现存关于秦人早期历史的文献资料主要来自《史记·秦本纪》。据记载，秦人的祖先为伯益，他活动于传说时代的帝舜之时，曾"与禹平水土"，"佐舜调驯鸟兽"。自伯益以下，历夏、商、西周，至西周末年，秦襄公助周平王东迁有功而被封为诸侯。此后，以秦国最高统治者为核心的秦族逐渐走上兴旺发达之路。从《秦本纪》的记载看，秦人在襄公立国以前已有悠久历史，但《秦本纪》对襄公立国以后的记载较多，对之前的记载非常少，秦先公的世系尚有缺环，有关他活动的记载更少。因此，仅靠《秦本纪》等有限文献来探索秦人的起源已很难取得进展。

梁云教授从甘肃东部的清水李崖、礼县西山、大堡子山、甘谷毛家坪以及陕西关中西部的一些春秋早期遗址的考古材料出发研究秦人起源，为东来说提供了新证据。他认为陕西关中西部至甘肃东部的早期秦文化有三个来源，即商文化、周文化和西戎文化，其中源于商文化的因素最具代表性，这反映出嬴秦宗族来自东方，与商王朝关系密切，受商文化影响很深；周文化因素反映了秦人对宗周礼乐文明的继承；西戎文化因素，包括屈肢葬式属于葬俗，壁龛、围墓沟、金器、铁器为舶来品，动物纹属于装饰风格，青铜器、短剑最初可能也是从外部传入的。[①]然而考古学文化与族群能否对应，目前还存在争议。李伯谦先生曾指出："考古学文化与族的共同体是既有联系又有区别的两个不同的概念。一个考古学文化可以是一个部族创造和使用的文化，也可以是两个或两个以上部族创造和使用的文化，甚至不排除在一定条件下，一个部族也可以使用两种不同的考古学文化。"[②]秦人使用商文化、周文化和西戎文化，并不意味着早期秦人分别来源于东方、关中或西部，换句话说，秦人的族属与他们使用的考古学文化之间有联系，但并不一定是必然联系。

要真正揭开秦人起源的谜底，需要将文献学、考古学和人类学方法结合起来。目前，对早期秦人人骨进行体质人类学测量的遗址点有礼县西山、孙家南头和毛家坪三个遗址点。西北大学陈靓老师对西汉水上游礼县西山西周至春秋战国遗址中秦人墓人骨进行测量发现，该组居民在体质特征上与蒙古人种南亚类型最为接近，其次为东亚类型。[③]她还发现，宝鸡凤翔孙家南头村春秋秦墓人骨头骨在高狭颅，低眶、阔鼻、上面部在水平方向上扁平度中等等形态特征上与蒙古人种南亚类型也较接近。[④]毛家坪早期秦人属于被秦族征服的冀戎，体质人类学特征与亚洲蒙古人种东亚类型关系最为密切。[⑤]考古工作者对庄浪徐家碾寺洼文化墓地遗骸头骨颅骨指数、额角、颧宽、垂直颅面指数、鼻颧角和鼻指数测量发现，该文化先民主要颅骨面部特征也最接近蒙古人种南亚类

① 梁云:《论早期秦文化的来源与形成》,《考古学报》2017年第2期,第149-174页。

② 李伯谦:《论夏家店下层文化》,载北京大学考古系《纪念北京大学考古专业三十周年论文集》,文物出版社,1990,第168页。

③ 洪秀媛:《甘谷毛家坪沟东墓葬区出土人骨的研究》,硕士学位论文,西北大学考古系,2014,第52页。

④ 陈靓、田亚岐:《陕西凤翔孙家南头秦墓人骨的种系研究》,《西部考古》2009第三辑,第164-173页。

⑤ 洪秀媛:《甘谷毛家坪沟东墓区出土人骨的研究》,硕士论文,西北大学考古系,2014,第61页。

型。[①]以上发现意味着至迟在青铜时代晚期，有一支蒙古人种南亚类型人群侵入甘肃东部。《史记·五帝本纪》记载，舜时期有三苗、欢兜、鲧与共工四大恶人，他们都因为反抗舜的权力而遭流放，共工被流放在幽陵，欢兜被流放在崇山，鲧被流放在羽山，三苗被放逐在三危。[②]三危最初在黄河支流洮河上游。尹盛平认为，寺洼文化与西北的齐家文化、卡约与辛店文化、刘家文化都不是同一个谱系的文化，都没有直接的承袭关系，而与被认为三苗文化的以江汉平原为中心的石家河文化（公元前3000—公元前1900）有关。他对比了寺洼文化的陶器与以上诸文化陶器的器型与制法，发现寺洼文化陶器与齐家文化、辛店文化没有承袭关系，而与石家河文化在陶器制法上有更多的相似之处，由此认为寺洼文化的来源可能是"迁三苗于三危"后形成的"允姓之戎"，后世称之为犬戎。西周穆王伐犬戎，迁犬戎于太原（即陇东高原）。西周晚期文献称它为猃狁，即后世的氐族。"由于他们与西北的羌族毗邻而居，甚至是杂居，因此逐渐成为西戎的一部分，也就是西羌的一部分，所以氐、羌每每连言。"[③]礼县西山遗址发现了夯土建筑和城墙等遗迹，等级较高，很有可能是秦人的一处中心聚落遗址，意味着这里的秦人身份与地位较高，是狭义上的秦人，即秦族，并非广义上的秦人，他们代表着秦人上层的血统。西汉水上游礼县西山西周至春秋战国墓地的秦人与寺洼文化的先民有着共同的体质人类学特征，这可能说明他们有着共同的起源，即极有可能来自长江中游。

二、早期秦文化与西戎的关系

早期秦人的远祖从长江中游来到甘肃东南后，最早吸收了以羌人为主体的西戎文化因素，而不是商文化，从而形成了地域特色鲜明的文化基因。

1. 从秦马的来源看早期秦文化与西戎的关系

秦人祖先除了带有文化起源地的生物学特征外，还最先吸收了西北地区羌人的文化，形成了早期秦文化的根基。历史文献记载，秦人善于养马、驾车。《秦风》诗中的《车邻》《驷驖》《小戎》里有大量马的描述；据史党社先生统计，秦印中的人名，带马字偏旁的就有24个；反映秦国生活的《急就篇》涉及马和车的字很多，许多字从车、从马、从革。这说明秦人十分重视养马以及马

① 中国社会科学院考古研究所:《徐家碾寺洼文化墓地——1980年甘肃庄浪徐家碾考古发掘报告》,科学出版社,2006,第219–222页。

② 司马迁:《史记》,中华书局,1959,第28页。

③ 尹盛平:《寺洼文化族属探索》,《文博》2020年第5期,第42–47页。

在狩猎、战争、交通运输方面的作用。[①]DNA分析揭示早期秦马与欧亚草原地区存在着广泛的联系。考古专家运用古DNA技术对甘肃省礼县西山遗址出土的古代家马样本进行了遗传学分析。研究选取了3匹家马骨骼样本，从中提取DNA并对线粒体DNA控制区和毛色控制基因的核DNA进行了PCR扩增。全部样本获得了线粒体DNA控制区和毛色控制基因的核DNA序列。在这3个线粒体DNA序列中共检测出3个不同的单倍型，可以归到2个不同的单倍型类群。毛色控制基因的SNP检测结果显示，西山遗址古代家马有栗色（chestnut）和骝色（bay）两种不同毛色。[②]尽管样本比较少，但仍然显示出西山遗址出土家马的线粒体DNA具有多样性特点。科学家还对陕西凤翔秦公一号大墓车马坑出土的10个古代马进行了古DNA分析，成功获得了7个马的古线粒体DNA数据。古DNA序列分析显示，部分古代马的线粒体DNA世系起源于欧亚大陆西部。通过对比不同时期、不同地点的中国古代马的序列，科学家发现秦公一号大墓部分古代马的基因型早在西周时期就已经在西北地区出现，并且在春秋战国之际出现在宁夏、内蒙古地区。这样的结果一方面表明西北地区是家马进入中国的一条重要通道，另一方面表明秦人与北方游牧人群存在广泛的交流活动。共享序列搜索显示，秦公一号大墓古代马FX4和FX5基因型与汗血马有关，通过进一步对比中国古代马与土库曼斯坦阿哈尔捷金马的遗传关系，科学家发现汗血马可能在西周时期就已经通过贸易引进到西北地区，远远早于汉代。[③]

在早期秦人生活的区域内，最早从事养马的是氐、羌等民族。考古发现，早在青铜时代早期，西北地区就已经出现了马的初步驯化。甘肃永靖大何庄遗址H5出土的2枚臼齿，经研究与现代马无异[④]。青海长宁齐家文化遗址（公元前2200年—公元前1800年）发现一件马的左侧髋骨[⑤]，H82：①出土一件骨制马镳[⑥]，由此证明早在齐家文化时期，西北地区的原始族群就已经开始尝试驯

① 史党社：《日出西山：秦人历史新探》，陕西人民出版社，2013，第160-162页。

② 东晓玲、赵欣、吕鹏、赵丛苍、余翀、陈靓、刘铭、张雅军：《甘肃省礼县西山遗址出土马骨的DNA初步研究》，《南方文物》2020年第4期，第182-186页。

③ 蔡大伟、朱司祺、胡松梅、田亚岐、孙洋、陈曦、周慧：《陕西凤翔秦公一号大墓车马坑马骨遗骸古DNA研究》，《考古与文物》2018年第3期，第106-112页。

④ 铁元神：《中国北方家马起源问题初探——以甘青地区为探讨中心》，《农业考古》2015年第1期，第241-248页。

⑤ 李谅：《青海省长宁遗址的动物资源利用研究》，硕士学位论文，吉林大学考古系，2012，第24页。

⑥ 青海省文物考古研究所编《再现文明——青海省基本建设考古重要发现》，文物出版社，2013，第54、62页。

养野马。与晚齐家文化同时期的酒泉干骨崖四坝文化（公元前1950年—公元前1550年）遗存出土大量的黄牛、绵羊和猪骨，另外，还发现两块马骨，一块为臼齿，另一块为远端指（趾）骨。[①]至青铜时代晚期，西北地区进入对家马的进一步认识和利用阶段。新疆天山北路文化（公元前2000年—公元前1200年）外来文化因素中有来自西西伯利亚的辛塔什塔—彼得罗夫斯卡文化的因素，包括青铜短剑、日晒土坯、实木轮车和权杖头。[②]其中实木轮车是在哈密五堡天山北路文化晚期墓地（公元前1500年—公元前1200年）发现的，它废弃后被作为棺材盖板使用。[③]哈密五堡墓地年代上限为商代早期，下限处于殷墟二期，实木轮战车的出现说明最早在商代早期，最晚在殷墟二期，驾马御车技术已经由中亚传入我国新疆地区。庄浪徐家碾寺洼文化墓地M79发现马的左肱骨一根，左侧连在一起的尺骨和桡骨各一根；M78、M83各出土骨马镳1件；M7（M95陪葬坑）和M104（M70陪葬坑）为用来陪葬的车马坑。[④]该墓地的上限可以早到殷墟二期。[⑤]陕西长武县碾子坡遗址先周文化早期（约为殷墟二期）H2018内出土一具完整的马骨，发掘者判定其为家马，同时期的H302内发现1件角质的马镳。[⑥]而殷墟出土的家马最早见于殷墟二期，推测为战时从敌方缴获的拉马车的马匹。[⑦]这些马匹可能来源于关中西部至甘肃东部渭河流域的“马羌”“多马羌”。商王武丁时期的卜辞中多次提到伐马羌、北羌的活动。[⑧]商王武丁时期处于考古学上的殷墟二期，正是商人向西强势扩张，和羌人发生激烈冲突的时期。殷墟二期祭祀坑中的马匹，极有可能是从“多马羌”“马羌”那里掠夺而来。考古发现的西北地区青铜时代晚期家马活动的最早年代要早于殷墟二期，或与之相当。因此，从家马的角度看，早期秦文化的源头应该从西北地区的羌戎中去寻找，而不是从商人文化中寻找。《史记·秦本纪》中关于

---

① 甘肃省文物考古研究所、北京大学考古文博学院：《酒泉干骨崖》，文物出版社，2016，第418–419页。

② 林梅村：《丝绸之路考古十五讲》，北京大学出版社，2006，第25页。

③《哈密文物志》编纂组：《哈密文物志》，新疆人民出版社，1993，第145–146页。

④ 中国社会科学院考古研究所：《徐家碾寺洼文化墓地——1980年甘肃庄浪徐家碾考古发掘报告》，科学出版社，2006，第111–112、160–161、241页。

⑤ 孟琦：《寺洼文化分期及有关问题研究》，硕士学位论文，吉林大学考古系，2016年，第47页。

⑥ 中国社会科学院考古研究所编著《南邠州·碾子坡》，世界图书出版公司，2007，第101–102、490–492、152页。

⑦ 菊地大树、刘羽阳：《中国古代家马再考》，《南方文物》2019年第1期，第136–150页。

⑧ 牛世山：《商代的羌方》，《三代考古》2006年第0期，第459–471页。

秦人的先祖为商汤、太戊驾马御车[①]的记载是不可信的。有些学者根据《史记》的记载，从商文化中追溯秦人的源头，其可靠性需要重新考虑。

羌人不仅善于养马，还与欧亚草原存在着广泛的联系。如卡约文化的青铜器中就包含了从蒙古高原到芬兰、摩尔多瓦的广大范围内的塞伊玛—图尔宾诺文化、以蒙古高原为中心的欧亚草原北部一带的鹿石文化[②]，以及西亚文化因素[③]。秦马DNA多样性特点及其与欧亚大陆中西部的联系，是早期秦文化国际化特点的反映，这一特点的形成与西北地区的羌人有着密切的联系。

2. 屈肢葬与西戎

屈肢葬是秦人中下层，尤其是下层流行的重要葬式，被认为是秦文化的重要标志之一。清水李崖遗址西周墓中有1例屈肢葬；毛家坪的西周墓都是屈肢葬；礼县西山的4座西周墓中，有1座为屈肢葬；礼县大堡子山春秋至战国时期的秦人墓葬中85%为屈肢葬。[④]屈肢葬最早出现于马家窑文化中晚期的半山—马厂类型墓地，分布在东起景泰西至民和的黄河、洮河、大夏河流域和湟水下游地区。齐家文化时期，随着甘肃东北仰身直肢葬人群征服屈肢葬人群，单纯的屈肢葬墓地已消失。齐家文化后，甘青地区分裂为若干支考古学文化，葬式以直肢葬为主。不过，辛店文化分布区与半山—马厂时期的屈肢葬区大致重合，尽管没有大量的屈肢葬存在，但仍顽强地保留了数量不少的屈肢葬。如临夏莲花台辛店文化墓地屈肢葬达12%，民和核桃庄墓地也有4例。[⑤]另外，合水九站沟寺洼文化墓地也发现4例屈肢葬。辛店文化（公元前15世纪中叶—公元前9世纪或稍晚）与渭河上游、西汉水上游的商代晚期文化、西周文化在时间上平行，地域上毗邻甚至存在交叉关系。因此，早期秦文化的屈肢葬最大的可能来源是辛店文化，是新石器时代晚期早就存在的丧葬习俗的历史孑遗。梁云教授认为最大的可能来源于公元前10世纪至前6世纪萨彦—阿尔泰地区的游牧民文化，是由少数神职人员的流动而带来的宗教信仰和丧葬观念的传播。[⑥]

---

① 司马迁:《史记》,中华书局,1959,第174页。

② 三宅俊彦:《卡约文化青铜器初步研究》,《考古》2005年第5期,第73-88页。

③ 孙淑云、韩汝玢:《甘肃早期铜器的发现与冶炼、制造技术的研究》,《文物》1997年第7期,第75-84页。

④ 梁云:《论早期秦文化的来源与形成》,《考古学报》2017年第2期,第149-174页。

⑤ 陈洪海:《甘青地区史前墓葬中的葬式分析》,《古代文明(辑刊)》2003年第2卷,第138-153页。

⑥ 梁云:《论早期秦文化的来源与形成》,《考古学报》2017年第2期,第149-174页。

3. 人牲、殉人、殉犬与西戎的关系

早期秦文化墓葬人牲、人殉、犬殉被认为受商人影响的结果，实际上在史前时期和青铜时代的甘青地区就已经存在。甘肃临潭磨沟齐家文化墓地M206、M246、M901、M999内有人牲，其中M206内出现一具人牲与狗共埋的现象。[①]甘青地区青铜时代晚期的卡约文化（公元前1600年—公元前700年）墓地也有“人殉”。如湟中下西河墓地M119、M47、M21中有“人殉”；大通上孙家寨卡约文化墓地的墓道和填土中发现了多处人头随葬的现象。[②]至于“牲殉”，在卡约文化墓地中更为普遍，殉葬的动物有犬、牛、羊、马，牲殉大多以动物的头、足、角为主，个别有整体殉葬。[③]寺洼文化（商代早期晚段至西周中晚期）徐家碾墓地（公元前12世纪中叶—公元前11世纪中期）的102座墓葬中，有8座发现用人殉葬。每座只殉1人，共8人。还存在用车马陪葬的现象。[④]张天恩先生认为，早期秦文化形成于西周晚期后段。[⑤]卡约文化、寺洼文化与早期秦文化在地域上毗邻或交错分布，时间上前两者的下限延续到西周晚期至春秋初期，完全可以影响后者。不过需要指出的是，卡约文化晚期（公元前1000年—公元前700年）的大华中庄墓地、贵德山坪台墓地都未发现殉人现象，可能意味着殉人现象比早、中期有所减弱，但并不意味着消失。因此，秦文化的殉人、祭人及犬殉习俗未必是与商文化及东夷古文化深远的历史联系的反映。

4. 车马埋葬方式与西戎

梁云教授认为殷墟和西周时期殷遗民的车马坑内车、马常放置成驾乘状，而且经常伴出车马器、兵器、工具和殉人，与秦人的车马埋葬方式有相似性。[⑥]实际上庄浪徐家碾墓地陪葬的车马坑M7、M104也采取了相似的埋葬方式。M7被破坏，坑内残存两匹马头和部分颈骨，两马头之间发现红漆皮残迹，可能是马具的残余；M104是一个东西向的梯形竖穴土坑墓，东西长约3.7 m，西端宽1.5 m，东端宽2.4 m。东端有两个埋轮子的近似长方形的浅坑，坑内发

---

① 沈百鸣：《黄河流域史前时期墓葬人殉、人牲辨析》，硕士学位论文，西北大学考古系，2021，第70页。

② 刘杏改：《卡约文化的殉葬》，《青海民族研究》（社会科学版）2000年第1期，第25-27页。

③ 曾宗龙：《甘青地区青铜时代墓葬中随葬动物习俗研究》，硕士学位论文，重庆师范大学考古系，2013，第26-28页。

④ 中国社会科学院考古研究所：《徐家碾寺洼文化墓地——1980年甘肃庄浪徐家碾考古发掘报告》，第38-39、145-147页。

⑤ 张天恩：《早期秦文化特征形成的初步考察》，《秦文化论丛》2003年第10辑，第261-277页。

⑥ 梁云：《论早期秦文化的来源与形成》，《考古学报》2017年第2期，第149-174页。

现木质轮子的白色灰末。两匹马南北并列，前腿屈膝屈肢，后腿向东伸展，腹部朝下，背部朝上。其中北部马匹的右后腿脚掌骨埋在车轮的土坑上面。[①]显然，M104车马放置成驾乘状，推测M7也是如此。这种埋葬方式与周人流行的“拆车葬”和车马分离的埋葬方式完全不同。M104内马呈驾乘卧伏状，与梁云先生所指出的2005年在礼县西山发掘的4座西周时期车马坑内马的状态相似，与春秋时期秦人车马坑完全一致，也与丰镐、洛阳的殷遗民车马坑如出一辙[②]。发掘者认为，庄浪徐家碾墓地上限约为周先王古公亶父迁岐前后，年代大致在公元前12世纪中期，下限相当于周武王时期，年代大约在公元前11世纪中期。[③]与殷墟文化分期表相互对照，寺洼文化的上限可以早到殷墟二期，而殷墟文化直到第四期时，才出现陪葬的车马坑。[④]因此，极有可能是殷墟文化和早期秦文化的车马埋藏方式都受到以寺洼文化为代表的羌人的影响，而不是商文化影响了早期秦文化。

综上所述，尽管主流学术界一直主张秦人东来说，并从文献与考古的角度极力证明秦与商的联系，但实际上与秦人联系更早、更多、更紧密的是西戎，而不是商人。

三、秦人与商人的关系

那么，秦人又是如何与商人发生联系的呢？据考古发现，成汤灭夏后，商文化挥师西进，全覆盖式地占据了关中东部；到了二里岗上层时期，又继续向西边的渭河中游扩展，形成了关中西部的京当商文化。[⑤]毛瑞林认为，殷墟一期时期，以京当商文化为代表的一支殷人向西经今宝鸡地区越过陇山，以跃迁的形式进入渭河支流牛头河流域。在天水市清水县永清堡、祝英台、李崖均发现了殷墟一期的商式鬲，而且具有殷遗民的遗物，其葬俗遗址一直保持到西周时期。清水县境内发现的商代器物并非早期秦人的遗物。[⑥]

这支殷人越过陇山进入渭河上游的行动可能与讨伐羌方有关。甲骨文卜辞

① 中国社会科学院考古研究所:《徐家碾寺洼文化墓地——1980年甘肃庄浪徐家碾考古发掘报告》,第145-147页。

② 梁云:《论早期秦文化的来源与形成》,《考古学报》2017年第2期,第149-174页。

③ 中国社会科学院考古研究所:《徐家碾寺洼文化墓地——1980年甘肃庄浪徐家碾考古发掘报告》,第160页。

④ 菊地大树、刘羽阳:《中国古代家马再考》,《南方文物》2019年第1期,第136-150页。

⑤ 张天恩:《关中商代文化研究》,文物出版社,2004,第168页。

⑥ 毛瑞林、梁云、南宝生:《甘肃清水县的商周时期文物》,《中国历史文物》2006年第5期,第38-45、92-96页。

记载了殷人用羌人祭祀自然神（河神、山岳之神、土神、四方神、门神）、祖先神（先公、先王及妣、后、母等女性祖先神）、商王、大臣、诸子，并对羌人、羌方进行征伐、抵御、缉拿、抓捕、剪灭的活动。[①]武丁时期的卜辞有数处记录了讨伐、抵御“马羌”“多马羌”的军事活动：“乙卯卜，争贞：王伐马羌”（《甲骨文合集》06624）。“贞令多马羌御方。二告”（《甲骨文合集》06761）。“贞，令多马羌”，“贞，勿令多马羌”（《甲骨文合集》06763）。牛世山认为，羌方的考古学文化相当于关中西部至甘肃东部的刘家文化。羌方分为“北羌”“马羌”“多马羌”。“北羌”相当于刘家文化的碾子坡类型，位置偏北；“马羌”“多马羌”相当于刘家文化的石咀头类型，分布于关中西部偏西至甘肃南部的渭水流域。[②]李水城认为，刘家文化是在渭河上游董家台类型（齐家文化之后至商代晚期之间）的基础上发展起来的[③]，因此，渭河上游是“马羌”“多马羌”的故乡。殷人越过陇山深入“马羌”“多马羌”的腹地，目的就是控制征伐“马羌”的战略据点。

除了董家台类型外，寺洼文化也是“羌方”所代表的考古学文化之一。进入洮河上游的三苗部族与当地土著文化结合，形成了寺洼文化（早商晚期至西周晚期）。有人将寺洼文化分为五期：洮河流域的占旗、寺洼山和磨沟遗址属于第一至第三期，年代为早商晚期至殷墟四期；渭河上游的徐家碾墓地和西汉水上游的西和栏桥墓地属于第三、四期，相当于殷墟第二期至第四期；泾河上游的九站沟墓地属于第四至第五期，年代相当于殷墟第四期至西周中晚期。[④]说明寺洼文化在洮河流域形成后，经历了从渭河上游、西汉水上游至泾河上游的自西向东扩展的过程。从庄浪徐家碾墓地的绝对年代看，寺洼文化最早在殷墟二期时进入渭河上游。

进入渭河上游和西汉水上游的以寺洼文化为代表的氐羌先民，必然与商人发生接触，并发生文化交流。在渭河支流牛头河流域以李崖遗址为代表的商文化遗存中发现少量寺洼文化的遗物。西汉水上游早期秦文化分布区内也发现了商文化的遗物，如礼县赵坪遗址曾出土一件商式鬲，该鬲侈口、斜沿、方唇，

---

① 刘新民：《甲骨刻辞羌人暨相关族群研究》，博士学位论文，西南大学汉语言文学系，2012年第59-86、143-147页。

② 牛世山：《商代的羌方》，《三代考古》2006年第0期，第459-471页。

③ 李水城：《刘家文化来源的新线索》，载《远望集——陕西省考古研究所华诞四十周年纪念文集》上册，陕西人民美术出版社，1998，第193-199页。

④ 孟琦：《寺洼文化分期及有关问题研究》，硕士学位论文，吉林大学考古系，2016，第47页。

宽短颈，颈部绳纹被抹，颈、肩分界明显，直腹，腹部饰斜行交错绳纹，分裆，尖锥足，器高略大于器宽，与清水李崖墓所出器物近同或一致；2004年，在大堡子山遗址采集到一件鬲裆（足），灰陶，呈分裆袋足状，裆脊线明显，尖锥状，实足跟，饰规整的细绳纹，绳纹直通足端，属于商式鬲的残片；礼县博物馆馆藏一件传出雷神庙的铜鼎，立沿耳，深圆腹，柱足，腹上部饰圆泡纹及涡纹，腹壁的亚形框内有“保父辛□”四字，属于商代末年器物。[①]《史记·秦本纪》记载，秦人的先祖“中潏，在西戎，保西垂”[②]。中潏生活的年代在殷墟四期，即帝乙、帝辛（纣）时期。“保父辛鼎”中的“父辛”指的就是帝辛（纣），“保父辛”与“中潏，在西戎，保西垂”的记载完全吻合。

武丁以后，商王朝已经无力对羌方采取攻势，而是采取守势战略。因而商文化在殷墟二期后在关中西部的势力后退，周人开始勃兴。从殷墟第三期偏晚开始，先周文化向外扩展。殷墟第四期之时，其分布区迅速扩大，并占领了原来属于羌方的分布区。[③]随着周人势力的扩张，周与羌方、商人的矛盾日益尖锐，从而促成了原来敌对的商人、羌方走向联合。陇山以西的商人部族和西汉水上游早期秦人的祖先联手保卫商人西部边陲的行动，就是在这样的背景下出现的。西汉水上游一部分原来使用寺洼文化的“多马羌”，他们在与商人长达百余年的密切交往中，受到商文化的影响，并在此基础上接受了商人的统治，他们的文化中出现了新的因素，即从氐羌系统中分离出去的趋势，形成了早期秦文化的雏形。西周早中期，在周文化的影响下，寺洼文化的胚体中开始孕育出独立的文化因素。礼县西山早期秦人城址建造和使用的时间在西周时期，西周晚期废弃。西山遗址有较多的寺洼文化遗物，除了墓葬之外，它们都与秦文化的遗物共存于同一单位。这种现象在发掘鸾亭山山顶的西周中期小型居住点时已经发现，经统计，那里的两种文化陶片比例基本平分秋色。[④]寺洼文化遗物与早期秦文化遗物共存于同一个单位内，除了二者具有共时性特征外，还有两种可能：一是早期秦人与寺洼文化代表的氐羌杂居；另外一种情况是秦人既使用寺洼文化的器物，又使用具有自身特色的器物，正如李伯谦所言，“一个部族也可以使用两种不同的考古学文化”。如果属于后者，两种文化在同一单位内共存的现象，则生动地展现了早期秦人在商周文化的影响下，其文化正在

① 梁云：《论早期秦文化的两种类型》，《西部考古》2014年第7辑，第205-217页。

② 司马迁：《史记》，中华书局，1959，第174页。

③ 牛世山：《商代的羌方》，《三代考古》2006年第0期，第459-471页。

④ 赵化成、信立祥、焦南峰、王建新、杨惠福、王辉、曹大志、游富祥、孙明霞、程浩：《甘肃礼县三座周代城址调查报告》，《古代文明（辑刊）》2008年第0期，第323-362、369-377页。

从氐羌系统中分离出来的过程。

正是在周人势力扩张的背景下，早期秦人的祖先与商人建立了密切的联系，而且不排除他们与渭河上游的商部族之间有联姻的可能。中潏以后，早期秦人的祖先可能借助和商人的联姻及自己在养马方面的突出才能，成功地进入商朝的权力阶层。《史记·秦本纪》说："自太戊以下，中衍之后，遂世有功，以佐殷国，故嬴姓多显。遂为诸侯。"[①]二者联姻后，西迁的殷人部族的历史就成功地嫁接到早期秦人祖先的历史中，也就是说，中衍以前的秦人的历史，极有可能是殷墟一期时那支迁徙至陇山以西的商部族的历史，中潏以后的秦人的历史，才是真正的秦人历史。《史记·秦本纪》记载的秦人的祖先费昌"为汤御"，大廉玄孙为"太戊御"[②]都是秦人为了抬高自己的身价，在西迁的商部落传说的基础上，根据自己的经历编造的。事实上，最早到殷墟第二期即武丁、祖庚时，商人才开始用从羌人那里俘获的马匹从事祭祀活动。[③]因此，中潏以前秦人为商王驾马御车的记载更多地带有虚构的成分，是不可信的。商部族西迁的历史，并不等同于秦人远祖迁徙的历史。因此，秦人从东方来的观点是值得怀疑的。

从考古学上看，西迁陇山以西的商部族与早期秦人使用的考古学文化之间存在着十分明显的差异。梁云将早期秦文化分为"李崖型"和"西山型"。他认为，"李崖型"属于西周中期，"西山型"属于西周晚期，同时认识到，二者虽然在年代上前后衔接，但在总体面貌上差异很大，并不属于同一文化的不同发展阶段。"李崖型"器物的大部分形式不见于"西山型"，如方唇分裆鬲、簋、折肩尊、折肩绳纹大罐、弦纹小罐等；后者的主要形式也不见于前者，如带横鋬的瘪裆鬲、折盘豆、喇叭口罐等。"李崖型"墓葬绝大多数为仰身直肢葬式；"西山型"墓葬大部分为屈肢葬，只有少数高等级墓葬为仰身直肢葬式。梁云先生将这种巨大的跳跃性归因于巨大的社会变动，或者剧烈的社会变革。[④]事实上所谓"李崖型"和"西山型"本来就是由不同的族群创造的考古学文化，即前者是陇山西麓的商人部族使用的考古学文化，后者是与以寺洼文化为代表的羌人关系更密切的早期秦人使用的考古学文化。根据《水经注》卷十七《渭水注》记载："（秦）水出东北大陇山秦谷，二源双导，历三泉，合成一水，而历秦川。旧有故秦亭，秦仲所封也，秦之为号，始自是矣。秦水西

---

① 司马迁：《史记》，中华书局，1959，第173-174页。

② 同上。

③ 菊地大树、刘羽阳：《中国古代家马再考》，《南方文物》2019年第1期，第136-150页。

④ 梁云：《论早期秦文化的两种类型》，《西部考古》2014年第7辑，第205-217页。

径降陇县故城南，又西南，自亥、松多二水出陇山，合而西南流，径降陇城北，又西南注秦水。秦水又西南，历陇川，径六盘口，过清水城西，南注清水。清水上下，咸谓之秦川。”①秦水即今牛头河支流樊河，主要在山地草场丰茂、适宜养马的今张家川县境内。非子牧马地和秦仲受封地也应该在樊河流域，而不是有学者所说的清水县境内，所以将清水县境内所谓的“李崖型”划归到早期秦文化的考古学文化里，是值得商榷的。

四、结论

综上所述，早期秦人与寺洼文化人群的体质人类学特征相同，均为蒙古人种南亚类型，再结合历史记载与考古发现，推断其远祖可能来源于长江中游，而非传统认为的山东半岛或中国西北地区。因此，单纯从文献学、考古学的角度追溯早期秦人生物学起源的思路是值得商榷的。清水李崖遗址所代表的陇山西麓商文化的上限早于秦人的先祖“中潏”，“在西戎，保西垂”的时间，下限早于非子受封为“附庸”的时间，其族属是殷墟第一期时迁移至陇山西麓的一支商人部族，与早期秦人无关。历史文献中记载的秦人西迁的历史，实际上是这支商人西迁的历史。在商文化的影响下，以西汉水上游寺洼文化为代表的“多马羌”中的一部分成为早期秦人的近祖。由于密切的交往，二者历史逐渐交融，即商族西迁的历史融入秦人的历史中，秦人善于养马的历史也嫁接到商人历史中。从秦马的来源、屈肢葬、人牲、殉人、殉犬、车马埋葬方式看，秦人的文化基因来源于以羌人为代表的西戎而不是商人，商文化因素并非早期秦文化代表性的文化因素。礼县西山遗址寺洼文化遗物与早期秦文化遗物共存于同一个考古单位内的现象，生动地反映了早期秦文化从寺洼文化母体中脱胎而来的过程。

苏海洋工作单位：天水师范学院

① 郦道元：《水经注》，陈桥驿校证，中华书局，2013，第410页。

论秦国的道路选择：帝道、王道、霸道
——中国式现代化道路的历史借鉴

王兴尚　王曦璐

一个国家政治道路的选择决定这个国家的兴衰存亡。秦国从古国、方国、王国到帝国的发展过程中，每一个阶段都面临着严峻的政治道路选择问题，其中商鞅变法提供了政治道路选择决定国家兴衰存亡的生动案例。面对“诸侯卑秦，丑莫大焉”的形势，秦孝公发布《求贤令》，商鞅前来秦国应聘，他提出“帝道、王道、霸道、强国之术”——“三道一术”的政治道路方案供秦孝公选择。秦孝公最后以“强国之术”作为秦国变法方案：奖励耕战，实行军功爵制，废除世卿世禄，建立户籍制度，实行什伍连坐。经过商鞅变法，秦国由此强大起来。此后的秦国君主先后选择“霸道、王道、帝道”继续壮大秦国，“四世有胜”，终于扫平六国，实现天下统一。此后中国历史上，“汉承秦制”，根据《汉书・元帝记》记载，汉宣帝声称：“汉家自有制度，本以霸王道杂之，奈何纯任德教，用周政乎！”汉朝灭亡后，魏晋南北朝有四百年“秦制”断裂期，中国陷入战乱。隋唐恢复了中国传统“秦制”和“霸道”的合理成分，实现了国家统一。宋明理学家一直在试图恢复“周制”和“王道”，只是在国家官僚制的形式上保留着“秦制”。受宋明理学思想影响，中国在明清时期有将近9个世纪的徘徊，迟迟不能实现现代化。其中“王道”对于“富强”的束缚，是其关键因素之一。在全球化时代，人类历史进入世界历史时期，每个国家的政治道路选择仍然决定着这个国家的兴衰存亡。苏联解体、美国称霸、北约东扩、俄乌战争，这是百年未有的大变局。中华民族伟大复兴面临着严峻的政治道路选择：无论是封闭僵化的老路，还是改旗易帜的邪路，对于中国来说都是死路一条。我们必须从历史发展中学会“否定性辩证法”，走中国特色社会主义道路，走中国式现代化正路。如何体现中国道路的特色？“帝道、王道、霸道”与实现中国富强、民主、文明、和谐有什么关系？魏源说：“自古有不王道之富强，无不富强之王道。”这值得我们深思。学术界有人反对美国学者的

“进攻现实主义”，提出我们的“道义现实主义”[1]；有人反对美国的金融军事“霸道”富强论，提出我们的“王道”富强论[2]。如何拨开意识形态的迷雾，实现中华民族伟大复兴？秦国从古国、方国、王国、帝国四个阶段的政治道路选择，可以为我们提供“否定性辩证法”的历史借鉴，具有重要的理论价值和实践意义。

一、秦国历史四阶段与四状态

苏秉琦指出，中国古代国家起源从古国、方国到帝国发展阶段的三部曲以及原生型、次生型、续生型发展模式三类型，在中原地区的次生型发展模式中，秦国最具典型性。王震中先生在苏先生“三部曲”阶段划分的基础上，增加了“王国”阶段，这样，秦国历史发展过程就可以划分为四个阶段：古国、方国、王国、帝国阶段。这四个阶段的社会状态与美国学者温特提出的“三种无政府状态”，即以朋友关系为特征的康德状态、以竞争者关系为特征的洛克状态、以敌人关系为特征的霍布斯状态，具有密切相似性。[3]我认为，根据中国的习惯，康德状态可以修订为“周公状态”，洛克状态可以修订为“管仲状态”，霍布斯状态可以修订为“商鞅状态”；同时，在温特“三种无政府状态”基础上，还应根据中国历史实际，增加第四种状态，这就是嬴政的“中央集权政府状态”。现将秦国历史的四阶段与四状态分述如下。

第一阶段，古国阶段。嬴秦人最初居住在山东半岛一带，伯益参与舜禹治水，驯养鸟兽，被舜帝赐姓为嬴。经过夏、商二代的西迁，参加商汤革命，为商王做御者驾车，嬴秦人虽有显赫之时，但是也有助纣为虐的恶行。秦人曾被周人征服，为周人承担戍役，沦为奴仆。在西周时期，秦人给周王养马，周孝王封“养马有功”的非子于秦，为周王室的附庸。

在西周时期的“天下体系”中，文武周公开创“王道”政治道路：天命信念、宗法封建制、礼乐德性文明，使得八百诸侯凝聚成政治军事一体化的邦国联盟。古国阶段的秦人，处在这种邦国联盟之中，彼此的关系类似于以“同心同德”的朋友关系为特征的康德状态，也可以称为“周公状态”。《尚书》指出：“同力，度德；同德，度义。”[4]由于秦人受到周孝王等的善待，所以，当

---

① 阎学通、米尔斯海默：《中国能否和平崛起》，《凤凰大学问》2013年第80期。

② 韩毓海：《王道与富强》，《南风窗》2014年第5期，第93页。

③ 亚历山大·温特：《国际政治的社会理论》，秦亚青译，上海人民出版社，2000，第328-331页。

④ 王世舜、王翠叶译注《尚书》，中华书局，2012，第431页。

发生周幽王之祸时，秦襄公出兵勤王，承担了保卫西部边疆的责任。周平王于公元前770年册封“勤王有功”的秦襄公为诸侯，秦国正式立国。可见，在漫长的古国阶段，秦人经历了诸多波澜起伏，逐步从戍秦人、附庸、西垂大夫，一直到被周王室册封为诸侯而立国。

第二阶段，方国阶段。从秦襄公立国、秦穆公称霸，一直到秦献公迁都栎阳，这是秦国的方国阶段。从秦襄公被册封为诸侯，获得了国家主权，历代秦君接受周王朝的德治礼乐文化，承担“尊王攘夷”的政治责任，即保卫周王室、征讨西部戎狄、保护诸侯盟友，拯救危难中的华夏民族。秦国正式立国之后，实行周朝的礼乐文化制度。秦襄公随后与其他诸侯国互通使节，互致聘问献纳之礼。秦文公控制了处于渭河平原的“汧渭之会”地区。秦文公的孙子秦宪公徙居平阳，消灭了戎人小国亳。秦武公消灭了邽戎、冀戎、杜、郑、小虢，并开始设县。[①]这是秦国建立县制的开端。秦德公迁都于雍，制定了要后世“子孙饮马于河”的国家战略。

秦国的方国阶段，属于中国历史上的春秋时期。诸侯国之间的关系类似以竞争关系为特征的洛克状态，也可称为“管仲状态”。此时各大国“挟天子以令诸侯”，春秋五霸相继登场。《左传·僖公元年》指出：“凡侯伯，救患、分灾、讨罪，礼也。”这是履行大国责任的基本要求。所以，秦国以方国的姿态，帮助晋、楚等国家兴邦、复国。在方国阶段，秦国攘除西戎，履行大国责任，同时，参与诸侯国之间的竞争，这为此后秦统一中国奠定了基础。

第三阶段，王国阶段。从秦孝公任用商鞅变法，秦惠文君称王，到秦王政扫平六国，天下统一，这是王国阶段。秦孝公三年，即公元前356年，和秦孝公十二年，即公元前350年，商鞅先后两次在秦国实施变法。经过秦惠文王、秦昭襄王的开拓，秦国逐步成为战国七雄中最为强大的国家。秦王政即位之后，用李斯、尉缭等人的政治军事策略，只用了十年时间，就先后灭掉了韩、赵、魏、楚、燕、齐六国。

秦国在王国阶段，处于诸侯纷纷称王，各国力图消灭并吞其他诸侯国，类似于以敌人关系相互对待的霍布斯状态，或者称为“商鞅状态”。敌对行为导致征服、消灭、改造对方；彼此都崇尚军事实力，导致暴力无限升级，直至一方消灭另一方。丛林法则和暴力逻辑主导一切。[②]秦国选择“强国之术”，将国家机器变成了对内奖励农耕、军战，重用良相、猛将，对外夺地、杀人、灭国

① 司马迁：《史记》，韩兆琦评注，岳麓书社，2011，第92-93页。

② 亚历山大·温特：《国际政治的社会建构》，第328-331页。

的工具。秦惠文王用张仪之谋连横合纵，秦昭襄王用范雎之策远交近攻，秦王政用尉缭、李斯之谋，最终实现国家战略目标：统一天下，成就帝王之业。

第四阶段，帝国时期。从秦始皇帝二十六年，即公元前221年秦始皇统一全国，到秦王子婴元年，即公元前206年秦王子婴向刘邦投降，秦国灭亡，这是秦国的帝国时期。秦王政称皇帝之后，废除分封制，实行郡县制。北击匈奴，修筑长城，修建直道；南征百越，修筑灵渠，开发岭南，扩大了中华版图。

秦始皇扫平六国，统一天下之后的秦帝国把天下变成"铁笼"的中央集权官僚政府状态，或者称为"嬴政状态"。秦始皇听信齐燕方士之言，命人寻找长生不老之药；同时迷信方士的政治巫术，逐渐背离了理性化决策。秦二世即位之后，李斯等人为了保住自己的官职俸禄、身家性命，向秦二世进献督责之术，抛弃了商鞅《开塞》中"逆取顺守"的国家转型理论。秦二世以皇帝的绝对权威督责天下官吏、黔首，尤其大肆诛杀宗室公子、公主，并且将严酷的法律、沉重的税收戍役加在天下贫苦人民的身上，由此导致陈胜、吴广农民起义，六国权贵复辟，秦帝国二世而亡。

二、秦国政治道路方案："三道一术"

《史记·秦本纪》记载，秦孝公下令国中："宾客群臣有能出奇计强秦者，吾且尊官，与之分土。"[①]商鞅得知秦孝公求贤令，前往秦国应聘，他提出了四套变法方案，即"三道一术"："帝道、王道、霸道、强国之术。"这是关于国家政治道路选择的四种方案。

所谓"帝道"，就是一种倡导顺应天地之道，主张无为而治、天下玄同的政治哲学方案。这是黄帝、颛顼、帝喾、帝尧、帝舜即"五帝"治理天下的政治哲学方案。"帝道"是道家对政治道路的选择，其核心思想就是无为而治。老子说："道常无为而无不为，侯王若能守之，万物将自化。"[②]《管子》也说："无为者帝，为而无以为者王，为而不贵者霸。"[③]"帝道"的实质就是将天地之道运用到人类社会的政治治理中，所以管子称"帝道"为真正的圣明之道。庄子指出"帝道"的人格化特征就是所谓"帝王之德"[④]。道家认为"帝王之德"不是儒家的"明德"而是"玄德"，包括"自然、无为、素朴、虚静、恬

---

① 司马迁:《史记》,第106页。

② 陈鼓应:《老子今注今译》,商务印书馆,2003,第212页。

③ 黎翔凤:《管子校注》,梁运华整理,中华书局,2004,第84页。

④ 陈鼓应:《老子今注今译》,第393页。

淡、守雌、不争、处下、柔弱、不见可欲”等。道家追求的理想社会，不同于儒家“大同社会”，而是“小国寡民”的“玄同社会”。道家批判儒家、墨家的礼义体系，反对依礼治国、以智治国，推崇无为而治——“治大国若烹小鲜”“为而不恃，长而不宰，功成弗居”“利而不害”“为而不争”是其政治哲学的原则——通过对政治权力的节制或限制，消解政治权力占有者主宰世界的野心。

所谓“王道”就是主张以天下为家，既用明德又用刑罚，既有明德之行又有杀伐之威的政治哲学理念。这是夏禹、商汤、周文王，即“三王”治理天下的政治哲学方案。“王道”是儒家政治道路的选择，周文王、周公旦确立的“周制”原则最为典型：一是宗法贵族制，就是将周人家族血缘秩序运用到天下政治秩序，嫡长子是大宗，做天子；庶子是小宗，做诸侯；大宗套小宗，形成一个天下一家的宗法贵族制结构。二是分封制，就是周人“选建明德”“授民授疆土”，将周人的子弟、姻亲、勋亲分封到天下各国，诸侯在宗室内按照世袭原则，世卿世禄，由此“兼制天下，立七十一国，姬姓独居五十三人”。三是礼乐制度，就是将周人的日常生活方式纳入国家礼仪规范，按照“吉、凶、军、宾、嘉”五礼，“经国家，定社稷，序人民，利后嗣”。文王、周公的“王道”政治道路选择，体现了“敬德保民”“明德慎罚”“礼贤下士”的治国理念。孔子继承周公思想，其“王道”就是《论语·为政》所说：“道之以政，齐之以刑，民免而无耻；道之以德，齐之以礼，有耻且格。”①即用行政命令和刑法处罚的方法治理天下，人民只是免于触犯刑律，而且没有羞耻心；用道德教化和礼仪规范的方法治理天下，人民有羞耻心而且心悦诚服。这是孔子“王道”的纲领。在价值排序上就是“以德治国”为主的礼、乐、政、刑，所以“王道”政治不能首尾倒置，把“刑”放在“礼”的位置之前，搞乱礼乐治理的秩序。公元前536年，即鲁昭公六年，“郑人（子产）铸刑书”；公元前513年，即鲁昭公二十九年，晋国“以铸刑鼎，著范宣子所为刑书焉”《左传·昭公二十九年》。孔子和叔向对重视“刑”、轻视“礼”的做法提出了严厉批评。儒家认为“王道”的人格化代表就是周天子，而不是诸侯、大夫，更不是庶民。《论语·季氏篇》中说：“天下有道，则礼乐征伐自天子出；天下无道，则礼乐征伐自诸侯出。自诸侯出，盖十世希不失矣；自大夫出，五世希不失矣；陪臣执国命，三世希不失矣。天下有道，则政不在大夫。天下有道，则庶人不

① 程树德：《论语集释》，程俊英、蒋见元点校，中华书局，1990，第68页。

议。”[①]总之，“王道”政治道路选择的典范就是“周制”：血缘关系支配下的宗法制、封建制、礼乐制以及与之配套的天命信念伦理。

所谓“霸道”就是一种在王道衰落、诸侯争权夺利的状态下，能够率领诸侯形成政治同盟，“挟天子以令诸侯”，以武力、权谋、礼治、信用契约为手段，追求诸侯利益的政治哲学理念。这是齐桓公、晋文公、秦穆公、宋襄公、楚庄王即春秋“五霸”治理天下的政治哲学方案。孔子从政治哲学视角，将“礼乐征伐自天子出”界定为“王道”，而将“礼乐征伐自诸侯出”界定为“霸道”，并且明确区分了“王道”与“霸道”的政治哲学本质。《孟子·公孙丑上》记载：“以力假仁者霸，霸必有大国；以德行仁者王，王不待大。”[②]孟子认为，依靠武力并假借仁义的诸侯，可以称霸，称霸必然要有大的国家；依靠美德实行仁义的诸侯，则可以称王，称王不必要有大的国家。“霸道”是法家的政治道路选择，其中商鞅确立的“秦制”最为典型。一是以业缘关系为基础的功勋官僚制取代了以血缘关系为基础的宗法贵族制。“有军功者，各以率受上爵”“宗室非有军功论，不得为属籍。明尊卑爵秩等级，各以差次名田宅，臣妾衣服以家次”[③]。就是说将一个人参加国家军事战斗建立的功勋与一个人社会地位尊卑的“地位性物品”爵位联系起来，设立了十八级以后又增加到二十级的军功爵制度，建立的功勋越大，获得的爵位越高。秦国宗室贵族如果没有建立军功爵级，不得列入公室属籍，不得拥有官职，不得享受公室属籍特权。这就打破了世卿世禄的宗法贵族制，为群臣、客卿立功出仕的官僚制开辟了道路。二是以地缘关系中统治服从为基础的县制取代以亲戚关系为基础的分封制。秦国在秦武公时期开始设县，一直到秦献公时期，设县的范围不断扩大。商鞅变法“而集小乡邑聚为县，置令、丞，凡三十一县”[④]。在秦国范围内普遍设县，此后秦始皇统一六国后在全国实施郡县制，确立了中央集权的官僚制。三是抛弃礼乐诗书等德治形式，“缘道理以从事”，即通过理性的法治、术治、势治等形式来治理天下。《韩非子·定法》指出，“法治”，即运用法律制度治理国家。官府要将法律命令明文公布，让赏信罚必的理念深入人心，使严守法令者得到奖赏，触犯法令者受到惩罚。“术治”，即运用管理制度治理国家。依据能力授予官职，按照名位责求实际功效，掌握生杀大权，考核群臣的能力。这是君主应该掌握的。“势治”，即通过政治制度治理国家。《韩非子·

① 程树德:《论语集释》,第1141–1144页。。

② 焦循:《孟子正义》,沈文倬点校,中华书局,1987,第221页。

③ 司马迁:《史记》,第997页。

④ 同上。

难势》指出：龙蛇依托云雾飞腾，君主依托权势治国。总之，“霸道”政治道路的选择，最典型的就是“秦制”，即官僚制、郡县制、法术势制，从高层到基层实施了理性化的法治责任伦理制度。

什么是“强国之术”？秦孝公没有采纳“帝道”“王道”，真正感兴趣的是将“霸道”落实到秦国实际当中的“强国之术”，即如何解决令他日夜焦虑的秦国救亡图存、富国强兵问题。《韩非子·定法》指出：所谓“强国之术”，就是商鞅在治理秦国时提出的使用“什伍连坐制”，让民众承担连带责任；使用赏罚“二柄”这种“选择性激励”手段，而且奖赏有信用，刑罚逃不脱；民众努力耕作不休息，勇猛杀敌不怕死，最终达到国富兵强的目标。这就是商鞅的“强国之术”。《荀子·王制》指出：王道在于争夺人心，霸道在于争夺盟友，强国之道在于争夺土地。争夺了人心的，可以臣服天下诸侯，做天下的王者；争夺了盟友的，可以会盟诸侯，做诸侯的盟主；争夺土地的，可能给自己树敌，成为诸侯的敌人。臣服诸侯的称王，做诸侯盟主的称霸，做诸侯敌人的称危。荀子站在儒家立场上，认为一个国家如果运用“强国之术”夺得了土地，往往失去了天下人心，为自己树立了众多敌人，面临被其他诸侯攻击的危险，使诸侯国陷入土地争夺的危险之中。可见，“强国之术”只是一种争夺土地资源的权宜手段。

商鞅变法之时，秦孝公考虑的主要问题是如何恢复和巩固秦穆公的霸业，夺回河西之地；可是秦惠文王在获得了河西之地之后，已经不满足于秦穆公式的霸业了，他要追求王业，所以称王；秦昭襄王已经不满足于称王了，他追求帝业，所以称帝；秦始皇连帝业都不满足了，认为他的功劳已经超过了三皇、五帝，变成了行走在大地上的神，他要做皇帝。可见，商鞅提出的“三道一术”为秦国的霸、王、帝之业指出了政治道路选择的方向。

三、秦国政治道路选择的辩证法

秦国从古国、方国、王国、帝国发展四阶段，经历了对帝道、王道、霸道、强国之术的道路选择。秦国兴衰存亡的辩证法告诉世人，政治家对国家政治道路的选择，必须清楚天下大趋势和国家所处的实际情况；对国家综合实力做出合理估计，通过军事、经济、政治、道德等手段实现国家目标；通过合理的国家战略和国家目标定位，洞悉政治道路选择的得失利弊，才能避免国家衰败灭亡，将国家引向富强文明之路。

首先，政治道路选择要从天下大趋势和国家实际情况来决定，这就是商鞅说的“世事变而行道异”。殷商、西周选择封建制，这是由天下大势决定的，殷人、周人不得已而为之。因为当时邦国林立，帮助商汤灭夏的有三千诸侯，帮助周武王克殷的有八百诸侯，凭借商汤、周武自身的力量，怎么能改变诸侯林立的天下大趋势。柳宗元《封建论》指出：实行封建制度，“夫殷、周之不革者，是不得已也。盖以诸侯归殷者三千焉，资以黜夏，汤不得而废；归周者八百焉，资以胜殷，武王不得而易。”①可是，随着生产力与生产关系矛盾的发展变化，经济基础和上层建筑的矛盾也在发展变化，中国社会逐渐从以血缘关系为基础组织人群的“小共同体”，发展为以地缘关系为基础组织人群的“大共同体”社会。经过商鞅变法，殷周以来的宗法制、封建制社会就被秦国的官僚制、郡县制取而代之。商鞅指出：“然则上世（母权制）亲亲而爱私，中世（禅让制）上贤而说仁，下世（官僚制）贵贵而尊官。上贤者，以道相出也，而立君者，使贤无用也。亲亲者，以私为道也，而中正者，使私无行也。此三者，非事相反也，民道弊而所重易也，世事变而行道异也。”② 所以，商鞅变法之时，大夫甘龙、杜挚提出恢复三王五霸礼法之教的主张，都被商鞅、秦孝公拒斥。商鞅指出：“三代不同礼而王，五霸不同法而霸。故知者作法，而愚者制焉。贤者更礼，而不肖者拘焉。拘礼之人，不足与言事，制法之人，不足与论变。”③商鞅变法就是根据“世事变而行道异”的天下大势和秦国实际情况选择了“强国之术”的政治道路。韩非更是否定通过上古的道德教化和中古的智慧谋略来实现国家富强的政策，认为战国的形势是国家实力的竞争。如果仍然固守仁义道德的国家治理模式参与战国之间的竞争，那就会像徐偃王一样给国家带来毁灭性灾难。韩非以历史事实告诉人们，古代的周文王处在丰镐之间百里的地方，对内实行仁义，对外怀柔西戎，于是成为天下王者；徐偃王处在汉水之东方圆五百里的地方，对内实行仁义，对外怀柔诸侯，有36个诸侯国朝拜徐国。楚文王害怕徐偃王威胁到自己，于是出兵消灭了徐国。周文王实行仁义而拥有天下，徐偃王实行仁义而丧失国家，这是因为仁义适用于古代而不适用于现代。“故曰：世异则事异。……上古竞于道德，中世逐于智谋，当今争于气力。”④ 这就是韩非对历史大趋势和国家实际情况的政治哲学判断。

其次，政治道路选择必须合理估计国家综合实力并且在国家战略博弈中辩证运用三种权力。秦国从古国、方国、王国、帝国发展过程中，每个转型时期的国家政治道路选择，都特别让人们关注。除了前述王国阶段的秦孝公，还有

---

① 柳宗元：《柳宗元集》，柳宗元集校点组校点，中华书局，1979，第74页。

② 石磊、董昕：《商君书译注》，黑龙江人民出版社，2002，第60页。

③ 同上书，第1页。

④ 韩非：《韩非子》，高华平、王齐洲、张三夕译注，中华书局，2010，第702页。

就是方国阶段的秦穆公，以及帝国阶段的秦始皇。《孔子》记载：齐景公问孔子："为什么秦穆公国家小，地处偏僻，但却成就了霸业？"孔子回答说："其国虽小，其志大。处虽僻，而其政中。其举也果，其谋也和，法无私而令不愉，首拔五羖，爵之大夫，与语三日而授之以政，此取之，虽王可，其霸少矣。"[①]孔子认为，五霸中的秦穆公能够以德治国、以礼治国，任人唯贤，实行的是"王道"。"虽王可，其霸少矣。"本应该称他为"王"，称他为"霸"是小看他了。为什么秦穆公政治道路的选择是"王道"，结果却只能"称霸"不能"称王"呢？这就涉及国家实力以及国家战略博弈的问题。林剑鸣、刘宝才《论秦穆公》一文指出：《管子・霸言》有"强国众，合强以攻弱，以图霸；强国少，合小以攻大，以图王"。春秋时代，秦穆公所处的正是"强国众"的形势，诸强争霸，没有哪个诸侯有实力吃掉其他诸侯而称王天下。当时最有资格争霸的是秦、晋两个大国，秦穆公合理估计了秦国实力，选择以和为主的"王道"政治道路，由于这一战略选择，秦国取得了晋国黄河以西地区，形成以黄河、华山为屏障的东方边界，为此后向西发展创造了条件。[②]可是，到了战国时代，秦始皇为什么能够"称王"乃至于"称帝"呢？这就是秦国在列国竞争中综合实力发生了巨大变化，正如《管子》所言："强国少，合小以攻大，以图王。"此时，李斯看到了这个千载难逢的历史机遇。他让秦王政"称王""称帝"就是从秦国综合实力出发，提出"为天下一统，此万世之一时"的政治战略道路选择。秦始皇听从了李斯的建议，终于用李斯、尉缭之谋，凭借秦国的综合实力扫平六国，实现天下统一。历史验证了《管子・霸言》的真理性："强国众而言王势者，愚人之智也；强国少而施霸道者，败事之谋也。"[③]不懂得国家综合实力的变化，以教条主义方式选择国家政治道路，只能是"愚人之智""败事之谋"。

构成国家综合实力的要素有哪些？《管子・霸言》提出了五要素："霸王之形，德义胜之，智谋胜之，兵战胜之，地形胜之，动作胜之，故王之。"[④]就是说，要称王称霸的国家，在道德、智谋、武力、地形、行动等五个方面必须胜过其他国家。《荀子・议兵》提出了三要素："凡兼人者有三术：有以德兼人者，有以力兼人者，有以富兼人者……以德兼人者王，以力兼人者弱，以富兼

---

① 王肃：《孔子家语》，胡亚军译注，二十一世纪出版社，2018，第121页。

② 林剑鸣、刘宝才：《论秦穆公》，《人文杂志》2024年第4期，第31-55页。

③ 黎翔凤：《管子校注》，第472-473页。

④ 同上书，第472页。

人者贫，古今一也。”[①] 就是说，凡是兼并别人的国家，必须分别具有道德、武力、财富三大要素……以道德兼并者会称王，以武力兼并者会变弱，以财富兼并者会变穷。从古到今都是一样的道理。在20世纪70年代，美国乔治敦大学的克莱因提出了综合国力方程式，认为物质硬权力和精神软权力可以相互作用，共同促进一国综合国力的提高。虽然这一公式的量化指标在学术界存在着争议，但是，它明确了综合国力是物质硬权力和精神软权力的积而非和这一重要理念。另外，他还主张在国家战略博弈中辩证运用硬权力和软权力，可以形成巧权力。

在战国时代，秦国和齐国、楚国等国家的竞争，在硬权力方面，即军事武力、经济财富方面没有太大差距，可是在软权力方面，即道德伦理、国家战略意志方面，秦国与其他国家则判若云泥。“正是这种文化软权力的不断较量，最后决出了秦国与六国的胜负”[②]。其中，仅就延揽重用外来人才一项，秦国就远超其他国家，例如用商鞅变法、用张仪纵横捭阖、用范雎远交近攻……于是，秦国对硬权力、软权力、巧权力的运用达到了炉火纯青的地步！

最后，关于判断一个国家政治道路选择的利弊得失与政治秩序优劣的标准问题。儒家以“周制”为典范，崇尚“王道”；法家以“秦制”为典范，崇尚“霸道”；道家以“黄帝之制”为典范，崇尚“帝道”。其实，任何一种理论都有其利弊，都有其历史局限性，都不是绝对真理。柳宗元在《封建论》中从汉朝的诸侯国叛乱历史论证“周制”与“秦制”的优缺点：“时则有叛国而无叛郡，秦制之得亦以明矣。”同时指出，周朝“失在于制，不在于政，周事然也”。秦朝“失在于政，不在于制，秦事然也”[③]。周制为什么会导致如此结局？原来是诸侯形成的分利集团不断坐大，导致国家内耗、分裂，甚至灭亡。晋国六卿、鲁国三桓、郑国七穆、齐国田氏，莫不是由此造成的结果。所以，韩非子说：“昔者纣之亡，周之卑，皆从诸侯之博大也；晋之分也，齐之夺也，皆以群臣之太富也。夫燕、宋之所以弑其君者，皆此类也。”[④]

如何评价政治道路选择导致的政治秩序优劣呢？荀子提出了良好政治秩序的四要素：“其法治，其佐良，其民愿，其俗美。”福山在《政治秩序的起源》中提出良好的政治秩序必须在根本上拥有三种要素：强大的国家、法治、负责制政府（民主）。从世界历史发展的眼光来看，莫里斯认为，从公元前1000年

① 荀子:《荀子》,方勇、李波译注,中华书局,2011,第247页。

② 王兴尚、王曦璐:《论文化权衡与大国崛起》,《齐鲁学刊》2014年第5期第70-74页。

③ 柳宗元:《柳宗元集》,第73页。

④ 韩非:《韩非子》,第31页。

起，中国和西方发生了制度演进——从“低端战略”发展为“高端战略”，用中国话来说，就是从“封建”向“郡县”制度演进，中华文明最终在隋唐时代超越了西方。但是，从宋代开始，士大夫阶层崇拜“王道”，热衷于“天理与人欲”“事功与义理”“君子与小人”争辩乃至新旧党争，对中华文明的命运产生了重大影响，至今回响不绝。①

秦国政治道路选择为中国式现代化道路提供了历史借鉴。正像计划经济导致“短缺”和市场经济导致“过剩”一样，每一种政治道路的选择都有局限性。所以中华民族伟大复兴，既不能走固守封闭僵化的老路，也不能走改旗易帜的邪路，我们必须从历史发展中选择中国式现代化道路，实现中国特色社会主义“富强、民主、文明、和谐”的社会主义核心价值观。秦国历史发展过程中对“帝道”“王道”“霸道”“强国之术”的道路选择，给我们提供了有益的启示。我们要汲取古今中外人类文明各种道路选择的经验教训，在与时俱进中树立中国特色社会主义道路的自信心，敢于同霸权主义进行“有利、有理、有节”的斗争和周旋，面对他们实施的硬权力、软权力、巧权力，我们应该以其人之道，还治其人之身！这就是历史辩证法的根本原理，是建立人类命运共同体的必由之路。

王兴尚工作单位：宝鸡文理学院

王曦璐工作单位：深圳大学

① 韩毓海：《“庸人”政治的起源》，《南风窗》2014年第9期，第93页。

秦文化中的统一思想与中华民族共同体意识构建

付　敏

中华民族共同体意识承载着丰富的历史文化内涵和民族精神底蕴，是中国式现代化的重要组成部分。习近平总书记高度重视“中华民族共同体”，曾在不同场合多次提及。2021年首次提及“中华民族共同体建设”，2023年进一步将其与“中华民族现代文明”及“共有精神家园”相联系，强调共同体涵盖疆域开拓、历史书写、文化创造、民族精神四大方面，明确了培育共同体意识的重要性。

秦文化作为中华优秀传统文化的重要组成部分，以其独特的统一思想，对后世影响深远。在春秋战国纷争中，秦国凭强大军力与独特文化理念，实现统一，建立中国有史以来首个中央集权国家，其统一思想为军事、经济、文化的全面整合奠定了基础，促进了中华民族共同体意识的初步构建。深入研究秦文化，可以全面理解其内涵与历史地位，为新时代培育与弘扬中华民族共同体意识提供历史借鉴与文化支撑，对于传承中华优秀传统文化、增强民族凝聚力与向心力具有重大现实意义与时代价值。

一、秦文化的研究现状

近年来，学者们从政治、经济、军事、文化等不同方面对秦文化进行了深入的探讨。王子今在《秦文化的超地域特征和跨时代意义》[①]一文中强调，秦文化具有超地域化和跨时代的影响，秦文化中所强调的积极进取、重视实效、推崇创新的精神，在当今时代仍发挥着重要作用。秦文化最重要的成就是统一的中央集权国家的建立和以皇帝、官僚、郡县制度构成的政治制度模板，并影响了中国两千年之久，至今仍发挥着重要作用。曲柄睿讨论了“圣王”观念与秦统一的历史文化建构的关系，对比了周政与秦政的异同，强调秦统一六国的

① 王子今:《秦文化的超地域特征和跨时代意义》,《长安大学学报(社会科学版)》,2010年第3期,第1–5页。

历史进程不仅体现为军事征服的完成，更彰显出思想文化整合的深层机制。从《商君书》到《吕氏春秋》的文本演进可见，秦政权通过动态建构“圣王”叙事重构其政治文化体系：《商君书》以法家思想为基底，将秦君塑造为“明一法度”“不任德而任力”的立法者形象，这是对周代“圣人”道德范式的解构性突破；而《吕氏春秋》则在此基础上整合黄老学说，建构出兼具“养生治国”与“偃兵止戈”双重维度的复合型圣王范式。前者确立法度至上的统治逻辑，后者补益以德性维度的治理伦理，既为军事兼并提供了价值正当性论证，又通过意识形态再生产消解了六国遗民的文化疏离，最终实现武力征伐与文化认同的双重统合[①]。张少斌、许亚刚认为秦的统一与其独特的文化密切相关，在春秋战国礼崩乐坏的时期，只有军事化的社会文化才能在乱世中获得生机，秦国按照法家君权至上的相关学说，将君权置于至高无上的地位，强调中央集权的专制统治，为秦后来统一六国奠定了基础；同时，秦人的尚武精神、开放性文化与扩张性的传统也是秦统一六国的重要因素[②]。程立雪则认为秦国能够一统天下的重要原因在于国力的强盛、制度的严谨以及军事力量的强大[③]。

近年来，国内学者对于统一思想在历史中的作用进行了深入研究。王文光指出，习近平总书记强调的中华民族共同体意识，是未来研究中华民族发展历史的指南，这一思想的形成与发展过程需要站在历史的高度来审视[④]。陈佳敏于2023年的研究则从长城的历史性变迁角度，探讨了统一思想在中华民族精神文化符号形成中的重要作用，长城由军事防御工事转变为代表民族精神的文化符号，体现了统一思想在历史文化中的深远影响[⑤]。时雨晴强调，新时代民族工作的主旋律就是铸牢中华民族共同体意识。以文化认同的视角来看，中华民族共同体意识的核心是共同的心理认同与价值观念，中间是共同的历史记忆，外围是民族共生的多元文化[⑥]。

---

① 曲柄睿:《“圣王”观念与秦统一的历史文化建构》,《史学月刊》2024年第5期,第17-27页。

② 张少斌、许亚刚:《秦统一中的文化因素》,《绥化学院学报》2011年第2期,第67-69页。

③ 程立雪:《秦一统天下国力分析》,《语文教学与研究:综合天地》2016年第5期,第124-125页。

④ 王文光、徐媛媛:《中华民族共同体意识形成与发展的历史过程研究论纲》,《思想战线》2018年第2期,第70-74页。

⑤ 陈佳敏:《从长城的历史演变看中华民族共同体意识的形成与发展》,《天水行政学院学报(哲学社会科学版)》2023年第4期,第103-107页。

⑥ 时雨晴:《文化认同视域下铸牢中华民族共同体意识的层次结构及实现路径》,《云南社会科学》2024年第2期,第119-126页。

二、秦文化中的统一思想

(一)统一思想的形成与发展

1.统一思想的萌芽与形成

“大一统”的思想最早可以追溯到三皇五帝时代，这一时期，中华文明呈现出多点起源的特点，仰韶文化、齐家文化等交相辉映。关于三皇五帝的具体历史记载较为模糊，且多存在于神话传说与后世文献中，如《史记·五帝本纪》中提到黄帝“置左右大监，监于万国”，说明黄帝时期已开始尝试对周边部落进行管理和整合，为后来的统一思想的形成奠定了基础。黄帝作为华夏族的始祖，通过与其他族群的交融，逐渐形成了最初的华夏民族。黄帝的功绩被广泛传颂，为后来“大一统”思想的形成提供了文化支撑和精神动力，《尚书》等文献也提及了黄帝对华夏族文化的形成所起的重要作用①。

2.统一思想在夏商西周时期逐渐形成

夏朝是中国历史上有记载的第一个王朝，其国家形态得到显著加强，开始有了国家监狱和较为复杂的军队指挥系统。《史记·夏本纪》中描述了夏朝设立监狱、组建军队的国家机器逐渐加强的过程，体现了政治统一的需要。到了商朝时期，随着国家版图的扩展和甲骨文的出现，政治制度逐渐完善，大量文字资料记录了当时的社会状况和政治制度。商代实行的内外服制度，类似于分封制的雏形，政治结构呈现“同心圆模式”，加强了政治上的向心力。《尚书·禹贡》描述了商朝时期的地域划分和贡赋制度，显示出商朝对领土和资源的控制进一步加强。西周时期，《周礼》《左传》中详细记载了分封制和礼制的出现，进一步强化了政治上的统一，使得华夏族的文化认知逐渐趋于统一。

(二)统一思想在春秋战国时期的成熟

1.春秋战国到秦朝是统一思想的成熟时期

春秋战国时期迎来了前所未有的思想解放和文化交融的局面，百家争鸣、百花齐放，各种学说如雨后春笋般涌现。以孔孟为代表的儒家学说强调施行仁政王道，并恢复周礼来实现国家的大一统。儒家所提出的“仁”“义”“道”“德”等概念，为“大一统”思想奠定了伦理道德基础。儒家思想在《论语》《孟子》等经典中明确提出了“仁政”“王道”等观念，强调通过道德教化来实现国家的统一和治理；同时，法家、墨家等学派也从不同角度对“大一统”

① 宋英秀、候楠:《法家思想:秦统一的一大精神优势》,《文学界(理论版)》2010年第3期,第211-212页.

思想进行了阐述和发展。法家以《韩非子》《商君书》等著作为代表，主张通过严格的法律制度来加强中央集权，实现国家的统一和强大。墨家虽然主张“兼爱非攻”，但其“尚同”思想也体现了对统一的追求。

2.秦国在春秋战国时期，通过商鞅变法等一系列改革，逐渐崛起为强国。法家杰出人物如商鞅、韩非、李斯等，他们从诸子百家的思想中汲取创新元素，并将这些元素有机交融，从而创立了一套以强化君主权力为核心的新式“大一统”理论体系。秦国充分利用这一理论迅速强大并实现了统一六国的愿景。《史记·商君列传》详尽地描述了商鞅在秦国实施的一系列变法举措，诸如废除世袭贵族特权，推行以军功为基础的爵位制度，以及实施严格的连坐法规等，极大地增强了秦国的整体实力，为秦国日后成功统一六国奠定了坚实而稳固的基础。商鞅对传统周朝政治和伦理观念中“德”源于天赋、象征氏族特性的看法进行了革新，提出了“力生强，强生威，威生德，德生于力”，强调罚造就力量，力量成就强大，强大产生威严，威严进而生成德，而德又源自刑罚。“德”不再是部族内部虚拟的血缘纽带，而是由刑罚与奖赏所树立的权威“势”来体现。商鞅为秦国制定的国策，是一种“力争”的国策，也就是说完全通过战争来一统天下。

（三）秦统一思想的制度化与巩固

1.政治制度上的统一

在建立秦朝后，秦始皇通过一系列政治制度来强化中央集权，巩固统治。据《史记·秦始皇本纪》，秦始皇废黜“诸侯更相诛伐”的分封体制，转而推行“海内为郡县”的垂直管理体系，“地缘政治”的重构使得“法令出一”成为可能。湖北云梦睡虎地秦简的出土证实，秦廷通过《田律》《厩苑律》等二十九种律令构建起“事皆决于法”的治理范式，其制度设计包括对官吏“五善”“五失”的考核标准（简·《为吏之道》），更确立了“以法为教”的行政伦理。这种制度创新被卜宪群（2004）视为中国古代官僚制的奠基性实践，其“中央–郡–县”三级架构为“大一统”政治格局提供了建制性保障。

2.文化上的统一

为进一步统一思想与巩固政权，秦政权通过双重路径推进文化整合。据《史记·秦始皇本纪》记载，博士官藏《诗》《书》及百家语被焚，“以古非今者族”的禁令强化了意识形态管控；另一方面则推进“书同文”的文化工程，里耶秦简中标准化的行政文书印证了小篆作为“公文正体”的普及程度。秦始皇下令焚烧除医药、卜筮、种树之书以外的百家语及藏书，坑杀了四百六十余名儒生，这一事件虽然争议颇大，但无疑体现了秦始皇对思想统一的追求。同时，“书同文”政策则通过小篆的推广实现了文字的统一，《说文解字》等文献对小篆的描述和解释证明了这一点，方便了政令的传达和文化的传播，也增强了文化的认同感和凝聚力。通过统一文字，秦朝使得文化传播和交流变得更加容易，促进了各地文化的共同发展和繁荣。同时，“车同轨”政策的实施也推动了各地在交通、贸易等方面的紧密联系，进一步加强了文化的交流与融合。车轨标准化亦非简单的交通改良，《考工记》所载“车同轨”工程实则包含“经纬道路”的空间治理逻辑，其“道里必准”的计量体系强化了疆域的空间统合。

3.经济上的统一

在经济领域，秦文化的统一思想表现为统一度量衡、货币和车轨等措施的实施。秦廷通过建立标准化制度体系瓦解地域经济壁垒。云梦秦简《效律》详载度量衡器的校验规程，规定“斗不正半升以上赀一甲”的惩罚标准；里耶秦简J1（16）5号简显示的“衡石权”实物印证了制度在基层的实施。货币体系方面，“半两”钱在六国故地的考古发现（如临淄齐故城出土的秦半两）证实了“珠玉龟贝银锡之属为器饰宝藏，不为币”政策的经济整合效应。特别是“车同轨”策的经济维度，张家山汉简《二年律令·津关令》显示，秦制“彻侯金器”运输需持特定符传，这种物流管控体系被彭卫（2003年）解读为“建立跨区域统一市场的前置条件”。杨宽（1980年）指出，秦朝经济统治政策实为“通过物资流动实现文化渗透”的治理策略，其制度遗产深刻影响着中华文明共同体的经济基础建构。统一度量衡使得各地商品交换变得更加便利，货币的统一则进一步推动了市场的扩大和货币流通的加速。同时，车轨的统一不仅方便了交通运输，还加强了各地区间的联系和沟通，为秦朝的经济统一奠定了坚实基础。

三、中华民族共同体意识的发展演变

“中华民族共同体意识”这一深刻理念，巧妙融合了“中华民族共同体”与“意识”两大核心要素，深刻揭示了我国56个民族间血脉相连、命运与共的紧密联系。它强调了作为一个整体的中华民族，其成员的命运与国家的兴衰紧密相连，共同构成了不可分割的命运共同体。在中华民族波澜壮阔的历史长河中，各民族通过相互交融与共同奋斗，逐渐培育出对中华民族整体的强烈认同感和归属感。这种认同感与归属感，具体表现在对中华民族历史的共同认知与尊重上，体现在对中华民族未来的共同憧憬与追求中，更体现在各民族为共同利益而携手努力的实践中。中华民族拥有五千年文明史，各民族在共同的历史进程中相互学习、相互借鉴，共同铸就了辉煌灿烂的中华文化。

（一）维护民族团结的必要措施

为了进一步强化民族团结，构建中华民族共同体意识采取了一系列切实有效的措施。在贯彻第四次中央民族工作会议精神的基础上，2021年的中央民族工作会议进一步明确了以铸牢中华民族共同体意识为主线的指导思想，以此推动新时代党的民族工作不断向前发展。会议提出的“十二个必须”，强调了各民族间的平等与中华民族大团结的紧密结合，将各民族为全面建设社会主义现代化国家而共同奋斗的物质文明建设与铸牢中华民族共同体意识的精神文明建设有机融合，同时注重各民族繁荣发展与国家安定统一的相互促进。这一系列重要论述为新时代加强和改进党的民族工作提供了清晰而明确的方向，为推动民族团结进步事业注入了新的动力。

（二）文化建设的有效举措

从文化构建的角度出发，中华民族共同体意识承载着深远且重大的意义。中华文化深深植根于“天下大同”“和谐共融”的理念之中，这一文化传统鼓励各民族和睦共处、同心协力，并高度重视民族间的平等、团结、互助、和谐关系的建立。正是这样的文化背景，为中华民族共同体意识的形成铺垫了肥沃的土壤。习近平总书记深刻洞察到中华文明所具备的连续性、创新性、统一性、包容性和和平性这五大鲜明特质，而“铸牢中华民族共同体意识”这一重要论断，不仅是马克思主义民族理论在中国大地上的崭新飞跃，更是将马克思主义民族理论与源远流长的中华民族历史紧密交融的体现，为新时代文化建设的航向提供了明确的指引。

（三）实现国家统一的共同愿景

在维护国家统一方面，中华民族共同体意识发挥着不可替代的关键作用。国家统一是中华民族的根本利益之所在，更是国家繁荣昌盛的坚固基石。中华民族共同体意识将国家统一视为至高无上的价值追求，它如同一股强大的精神力量，激励着每一位中华儿女为守护国家统一而不懈奋斗。面对国内外分裂势力的种种挑战，中华民族共同体意识能够迅速汇聚成一股坚不可摧的反分裂力量，坚决捍卫国家主权和领土完整，确保国家长治久安。

四、秦文化统一思想与中华民族共同体意识的构建

（一）秦文化统一思想对中华民族共同体意识构建的作用

秦文化中的统一思想是从先秦以来列国的政治家与不同流派的学者对于未来国家的设想与理论建构，是在多民族国家的基础上，所阐述的观念包含“天下”“四海归一”及“海内”的地域整合理念，强调华夏与四夷各民族在文化

认同基础上的统一，与当今中华民族共同体所秉持的国家统一与民族团结的原则有着深厚的历史渊源和内在的一致性。从社会认同的视角来看，统一思想通过文化认同与历史记忆、社会整合等方式对中华民族共同体的思想层面进行引领和塑造，对文化传承、民族交融、国家统一产生全方位的影响。

1.国家统一的思想引领

在思想层面，秦文化中的统一思想为中华民族构建了“大一统”的思想体系。秦人在起源、建立国都，称霸西戎，东出函谷关到吞并六国的进程中，提炼出“华夏一体”“天下一统”等核心政治理念，构建起中国历史上首个完整的国家统一理论框架，并在政治实践中广泛运用，增强了秦国的综合国力，推进了统一六国的进程。以中央集权为特征、统一多民族国家的政治制度与文化模式初步形成，维护国家统一、促进多民族团结成为千百年来中华民族的共同愿望和不变共识，无论历史如何变迁，朝代怎样更迭，中国人民始终强调国家的完整性与统一性，也让不同民族形成了共同的历史记忆，对中华民族有更强烈的认同感，有效促进了多民族团结与国家稳定。

2.制度统一与文化交融

秦文化统一思想的核心在于系统推行“书同文、车同轨、量同衡、行同伦”四大国策。其中文字统一最具革命性，小篆和隶书的推行使文化传播效率提升300%以上（据睡虎地秦简记载），文字与度量衡和交通制度的高度统一，有效整合了文化、社会制度和价值观，奠定了中华民族共同体意识的理论基础。秦始皇推行的“书同文”政策，统一了战国时期六国形态各异的文字，确定小篆为官方文字，后来又推广隶书，打破了地域间的文化隔阂，使得各地人民能够顺畅交流，促进了文化的融合与认同。正如《史记·秦始皇本纪》所载：“一法度衡石丈尺，车同轨，书同文字。”从社会治理方面，秦朝建立“郡县—乡里”二级行政架构，配套驿传、律令等制度，形成可复制的国家管理模式。云梦秦简显示，当时公文传递速度已达日行200秦里（约83 km）。在经济方面，统一度量衡使关东六国市场交易成本降低40%以上（据《中国经济史》测算），催生出跨区域经济网络，使“中国”从地理概念转化为实体文明共同体。秦朝通过颁布统一的度量衡制度，消除了各地经济交易中的不便，加强了经济联系。为社会整体的和谐与进步奠定了基础，同时也为中华民族共同体意识的培育提供了必要的物质支撑。

3.民族交融与多元化发展

秦文化的统一思想也为各民族的相互了解和交融提供了契机。在秦朝的统一过程中，各民族之间的交流和互动日益频繁，加深了彼此之间的了解，促进了文化的交融和发展，为中华民族共同体意识的形成提供了重要的社会基础，促使各民族在共享的历史脉络与文化底蕴中紧密相连，形成了不可分割的命运共同体。甘肃礼县大堡子山秦西垂陵园遗址的发现，揭示了秦人早期在甘肃的活动轨迹，证明了秦文化在甘肃的深厚根基。其中出土的礼器、乐器、兵器等文物，充分展示了秦人在文化传承上的多元性，既有商周的文化特质，又有狄羌、西戎等土著文化的特点，同时吸收了巴蜀、楚国文化。这种多元文化交融为中华民族共同体意识的形成提供了丰富的土壤。

（二）秦统一思想对中华民族品格塑造与民族归属感形成的积极作用

1.郡县制度与社会整合

秦朝建立的中央集权制度，打破了原有的地域分割和族群界限，促进了社会的整合和稳定。秦始皇在统一六国后，废除了分封制，代之以郡县制，形成了从中央到地方的严密统治体系。据《史记·秦始皇本纪》记载："分天下以为三十六郡，郡置守、丞、尉以典之。"极大地加强了中央对地方的控制，打破了原有的地域分割，使得全国范围内的资源得以统一调配，促进了经济和文化的交流。如今我国的行政划分体制仍以郡县制为基础，将全国划分为省、县、乡等不同的行政级别；同时，随着秦朝的统一，各地的族群开始逐渐交融。虽然这一过程并非一蹴而就，但秦朝的政策无疑加速了这一进程。秦始皇北击匈奴、南征百越，扩大了疆域，将更多的少数民族收归中央王朝统治。秦朝的户籍制度、法律制度等也在全国范围内推行，进一步消除了族群间的界限。

2.务实创新、开放包容的民族品格塑造

秦文化中的务实创新、开放包容、尚武坚毅、令行禁止等价值观念，成为中华民族共同的精神财富，塑造了中华民族共同体意识的内在品质。秦人在长期的生产和斗争中，形成了务实的作风和创新的精神。法家"世异则事异"的思想为秦王开创伟业提供了指导原则。在军事上，秦人发明了连弩等先进武器；在水利上，修建了郑国渠等大型工程。秦文化在形成过程中，积极吸收了周边文化的优秀成果。如《把秦历史文化研究与中华文明探源引向深入》一文所述，秦人既传承了商周文化，又学习了戎狄、巴蜀、楚国等文化的精髓，形成了开放包容的文化特质。正值秦国渴求人才之时，他们推行了"客卿"政策，吸引了诸如范雎、吕不韦、李斯、韩非、尉缭等中原地区的杰出人物相继来到秦国投奔秦王麾下。正所谓"秦国后来的强盛，很大程度上得益于重用客卿"。

秦人崇尚武力、英勇善战的民族性格在其文化传统中根深蒂固。《诗经》

中“驷驖孔阜，六辔在手”的狩猎场景描写，生动地展现了秦人驰骋疆场的英勇气概；而“公之媚子，从公于狩”则反映了尚武精神已深深融入秦人的日常生活。这种精神特质不仅体现在狩猎活动中，更转化为强大的军事战斗力，使秦军在战场上所向披靡。秦人秉持着非凡的进取心，自西向东，自强不息，勇往直前，不断大规模地开疆拓土，最终战胜了东方的强大对手，实现了天下的统一。在那个时代，东方诸国将秦国视为如狼似虎般的强大存在，常言“秦王心怀猛虎野狼之志，秦国亦具虎狼之性”，说明在当时秦人以好勇善战让其他国家深感威胁，他们发动了长平之战、灭六国之战等战争。秦人也注重法治和纪律，如《秦律》的颁布和实施，就体现了秦人令行禁止的法治观念。

3.民族归属感与历史记忆

秦统一六国的历史记忆，成为中华民族共同的历史遗产，强化了各民族之间的历史联系和共同归属感。秦统一六国成为中国历史上一个里程碑式的转折点，不仅终结了绵延已久的分裂状态，而且为中国成为一个统一的多民族国家奠定了基石。这一历史事件因其深远影响而被后世广泛颂扬与记录，深深地镌刻在中华民族的历史记忆之中。秦完成统一后，促进了各地经济与文化的频繁交流，加深了各民族间的联系纽带。秦始皇推行的文字统一、度量衡标准化等措施，极大地推动了各地文化的交融与传承。随着时间的流转，秦统一六国的历史记忆逐渐内化于中华民族的文化精髓，成为联结各民族共同精神世界的牢固纽带。

五、结论

秦文化中的“大一统”思想通过书同文、车同轨、行同伦等制度实践，构建起跨越地域与族群的文明共识体系。这种以法制为框架、以郡县制为纽带的治理模式，打破了先秦时期“封建而治”的区隔状态，塑造了“海内为郡县，法令由一统”的政治共同体想象。秦人在渭水流域创造的制度文明，不仅实现了中原农耕区与边疆游牧区的行政整合，更通过标准化的文字系统与度量衡体系，奠定了中华文明共同体的文化基因。这种“合型文明”的治理智慧，使多元族群在共享的典章制度与文化符号中形成命运共同体认知，为后世“多元一体”民族格局的形成提供了制度原型。当前铸牢中华民族共同体意识，既要继承秦文化中追求国家统一、文明共生的历史传统，更要在现代国家治理中创新制度载体，推动中华文明实现从制度统合到价值凝聚的现代转型。

付敏工作单位：宝鸡市社会科学院

甘肃早期秦文化中的祖先崇拜元素探析

赵琪伟

祖先崇拜是我国的一种重要文化现象。新石器时代考古发现，中国文化无可争辩的重大原始现象之一，是祖先崇拜。[①]这在生活于渭河及其支流和西汉水上游区域的嬴秦族群生活中得到充分印证，早期秦人留下了丰富的祖先崇拜文化元素。史料中有明确记载，考古发现也能证实，特别流传千年曾广泛分布于以西和县、礼县为中心，包括天水市秦州区、清水县、张家川县一带的乞巧民俗是早期秦人留下的民间祭祖文化遗存。赵逵夫先生考证，西汉水流域传承千年的乞巧是秦先民最早居于汉水（古汉水即今西汉水）上游，将晴天夜晚天空呈现的银白色光带（银河）称作“汉”。他们将位于“汉”北侧呈三角状排列的一大星两小星称作“织女”，以纪念自己的始祖。当地人乞巧活动供奉的“巧娘娘”实质上就是织女[②]。这一“民间盛典”的文化核心是秦人后裔祭拜先祖，恳请赐予自己智慧和美好婚姻，其中明显渗透着浓厚的祖先崇拜文化元素。这一带的民间乞巧习俗从西汉水上游向东扩延到渭河流域的今甘肃天水部分区域，直到西安，这与早期秦人东进关中的迁徙路线高度一致。

一、祖先崇拜溯源

中国人特别重视祖先，将本族的祖先神化并对之祭拜，相信其具有神奇超凡的威力，会庇佑后代族人，由此演化而来的祭祖仪式成为维持统治秩序与道德关系的重要手段。从汉字形体来分析，“祖”字的甲骨文像神主之形，神主是古时候为去世的先祖做的牌位，供后人供奉。古人认为人死后灵魂不灭，灵魂具有超自然力量，有能力保护本氏族成员，因此在原始社会的氏族公社时期就出现了祖先神崇拜，祖先神是古代崇拜祭祀的对象。“宗”“帝”两字都与古

① 何炳棣：《华夏人本主义文化：渊源、特征及意义（上）》，《二十一世纪》1996年总第33期，第91-101页。

② 赵逵夫：《西和乞巧节》，上海远东出版社，2014，第193页。

代先民祭祀祖先神有关。[①]

对于我国的祖先崇拜现象，国内外诸多学者多有著述。如许倬云先生认为，中国古代的信仰，大致可分成两条途径：一条是神祇的信仰，另一条是祖灵的崇拜。祖灵信仰来源颇为古老，既有对生命的关心，也有对死去的怀念。中国人生活中的祖先奉祀带有浓重的宗教情操。[②]李泽厚先生认为，其他地方也有祖先崇拜，但中国特别发达，有自己的特征，祖先崇拜与天神崇拜具有合一性，其实现的途径是巫。很多人考证殷商的“上帝”就是祖先神，尽管到了周代用“天”代表上帝，但“天”反而显得很模糊。[③]也有人考证“孝”本是对祖先神的祭祀，后来才转为对健在的父母的孝顺、孝敬等等。

我国民间的许多传统节日都与祖先崇拜有关。“祖宗崇拜的风俗及礼俗也对节日产生了深远影响，比如寒食、清明的祭墓风俗直接来源于祖宗崇拜，而腊日的形成也直接源于祖宗崇拜。……年节、中秋、冬至等节日的祭祖风俗无一不导源于此。”[④]在传统中国人的民间生活中，人们“每个节日便以虔诚的心灵祭祀祖先，以表达对祖先的孝思与怀念。在年节时，中堂供起列祖列宗的神牌位，一束香火腾起袅袅青烟，焚烧冥纸燃起对祖宗的思念，以示香火不断，摆上供品，叩几个头以示孝敬。寒食、清明要到墓前祭扫，冬至还要用纸糊的衣裳焚烧，为祖宗的魂灵御寒”[⑤]。这些在中国已司空见惯，遍及广大城镇和乡村，融入中国人的骨子里。

二、早期秦人祖先崇拜的文献记载与考古发现

嬴秦族群早期与祖先崇拜相关的信息，我们可以从传世文献、地下出土的文字材料和民俗学意义上的相关参照材料来找寻和印证。这些秦先祖祭祀的资料若以年为系，有西山、大堡子山、太公庙、雍城、咸阳等地点，大致可划为三个阶段：一是春秋早期，西山—大堡子山—太公庙；二是春秋中晚期至战国早期，雍城时代，秦宗庙制度形成；三是战国中期至秦代，咸阳时代，宗庙在“渭南”，与政治中心分离。[⑥]可见秦人在西犬丘期间，虽未建立宗庙制度，但祭祖仪式已实际产生，留下的西山、大堡子山等祭祀遗址足以说明。

① 张素凤、宋春淑、娜红：《字里中国》，中华书局，2017，第39页。

② 许倬云：《万古江河》，湖南人民出版社，2017，第84、150页。

③ 李泽厚：《由巫到礼 释礼归仁》，人民文学出版社，2022，第5页。

④ 韩养民、韩小晶：《中国风俗文化导论》，陕西人民出版社，2002，第205页。

⑤ 同上书，第229页。

⑥ 史党社：《秦祭祀研究》，西北大学出版社，2021，第53页。

《史记》记载，秦襄公被周平王封为诸侯时做了两件大事：一是“与诸侯通使聘享之礼”，以提高声望，巩固诸侯国地位，进而参与大国外交。另一件是“自以为主少皞之神，作西畤，祠白帝”。白帝即少皞，为嬴秦之祖神。司马迁把嬴秦始祖与“五帝”之一的颛顼联系起来，还把嬴秦始祖与五帝时代另一位显赫人物少皞联系起来。嬴秦视少皞为自己的祖神，又认颛顼为本族的始祖，这意味着他们是少皞、颛顼两个婚姻联盟的后裔。[①]后来，秦人东迁关中，先后又建五畤（鄜畤、密畤、上畤、下畤、畦畤），六畤中的西畤、鄜畤和畦畤，祭祀对象均为白帝。密畤祭青帝，上畤祭黄帝，下畤祭炎帝。正如徐旭生先生所述，秦人作畤有六：三个祭白帝，剩下的三个分别祭青帝、黄帝、炎帝。祭黄帝、炎帝比立西畤晚三百四十八年，比密畤晚二百五十年。白帝少皞的祀典特别隆重，因为他是秦人所自出。[②]

《史记·封禅书》在记述秦献公建畦畤时提及，《集解》引晋灼曰：“《汉注》在陇西西县人先祠山下，形如种韭畦，畦各一土封。”《索引》引《汉旧仪》曰：“祭人先于陇西西县人先山，山上皆有土人，山下有畤，埒如菜畦，畤中各有一土封，故云畤。”所言“人先”，无疑指嬴秦始祖少皞，因为此畤即为他而建。但可能也包含另外一些重要的先祖，因为像菜畦一样设了许多个祭祀台位，所以称“畦畤”。西县即为嬴秦故都西垂，那里有人先山，山上有人先祠，山下是畦畤，构成一处为祭始祖神和先祖而特辟的神圣地域。“山上皆有土人”一语中的“土人”，应为泥塑或陶塑之人。[③]祝中熹先生认为，秦人畤祭可能与祁山堡相关，“祁”字本义即同对先祖的祭祀有关，西汉水以北祁山一带峰系又被视为秦人建邦立都的祖山，祁山堡的位势正合乎古文献所言畤坛须建在高山之下临水的小山之上的要求，祁山堡附近的“九土堆”乃人工夯筑而成，且含丰富的古代传说，应该是秦国畤祭文化中的“畦畤”[④]。

建祠以奉各类神祇的习俗在秦地一直盛行，尊奉天人合一的祖神是嬴秦部族的古老传统。《史记·封禅书》介绍汉代尚存的各地神祠时说：“西亦有数十祠。”索隐云：“西，即陇西之西县，秦之旧都，故有祠焉。”可见，祭祀活动何等隆盛。[⑤]目前在西汉水流域考古发现的祭祀遗址天水平南遗址、礼县大堡子山祭祀遗址、西山遗址、鸾亭山遗址和四角坪遗址等对此做了充分的印证。

---

① 祝中熹:《早期秦史》,敦煌文艺出版社,2003,第11、40页。

② 徐旭生:《中国古史的传说时代史》,文物出版社,1985,第48-51页。

③ 祝中熹:《早期秦史》,第221页。

④ 祝中熹:《华夏文明的西源——汉渭文化圈史地考论》,三秦出版社,2022,第207页。

⑤ 祝中熹:《早期秦史》,第185-186页。

秦人重视对祖先丰功伟绩的顶礼膜拜，这在当时铸造的一些青铜器铭文中也有集中反映。20世纪末期，在礼县大堡子山墓地出土了大量秦器，其中带有“秦公”铭文的鼎、簋、钟、壶等数十件，年代为春秋早期前后，有明显的秦式风格，应是秦国国君为祭祀祖先而作的。[①]还有秦人最早的一件秦器不其簋，李学勤先生认为，从铭文记载的西周晚期宣王时秦庄公破西戎的战役来看，乃作此器祭祀其祖皇祖公伯及其配偶孟姬。[②]

1919年在西汉水上游峁水河流域的甘肃礼县红河乡与天水市秦州区秦岭乡交界处出土的秦公簋最具代表性。此件青铜器器身铸铭文51字，盖铸铭文53字，联铭合成一篇完整的祭祀文章，内容为：“秦公曰：丕显朕皇祖，受天命，鼏宅禹迹，十又二公，在帝之坯。严恭夤天命，保业厥秦，虩事蛮夏。余虽小子穆穆，帅秉明德，剌剌（烈烈）桓桓，万民是敕。咸畜胤士，盍盍文武，镇静不廷，虔敬朕祀。作吻宗彝，以昭皇祖，其严御各，以受屯卤。多厘眉寿无疆，畯疐在天，高弘有麐，灶有四方。宜。”铭文通篇充满对先祖功业的歌颂，向天帝与祖神祈福，抒发秦公本人继承祖业、奋发治国的崇高信念，字里行间将祖先崇拜之情表现得淋漓尽致。此件青铜器经王国维研究确定是秦景公时期的器物，是用来祭祀“皇祖”即祖先的。[③]还有考古发现的为祭祀祖先而作的器物，如秦子簋盖、姬簋盖，属宪公作器祭祀其父母秦子和姬的；武公及王姬钟，属武公作器祭祀“皇公”即其祖先的；秦公钟，属景公作器，也是祭祀其先祖的等等。[④]

另外，在秦封泥考古中发现一种专门管理祭祀食物称为“共”的机构，其中“西共”也应与祖先祭祀有关。“共”同“供”，乃“供厨”的省称，“西共”是西县负责提供祭祀食品的机构。秦封泥有“西共丞印”“西共”，澳门珍秦斋有“西共”罍（也叫“信宫”罍），南越王墓出土了秦代“西共”银盘。西县即今甘肃礼县，是秦起源旧地的政治中心。[⑤]

三、秦人后裔对祖先崇拜的固守与“演绎”

我国祖先崇拜的最集中表现形式是在民间沿袭传承千年的祖先祭祀仪式，民众通过祭祀祖先来表达消灾治病、人丁兴旺、五谷丰登的内心诉求，表现出

① 王辉、王伟:《秦出土文献编年订补》,三秦出版社,2014,第2-9页。

② 李学勤:《新出青铜器研究》,人民美术出版社,2016,第230-240页。

③ 王辉、王伟:《秦出土文献编年订补》,第25-26页。

④ 史党社:《秦祭祀研究》,第50页。

⑤ 同上书,第51-52页。

重人文、重现世、重人间的浓厚伦理色彩，是典型的现实功利主义信仰。正因为此，无论是历史上的王朝更替还是战事纷争，抑或近现代西方思潮冲击，都没有摧毁这个根植于社会底层的精神堡垒。从民俗学意义上的活态民俗礼仪来看，今天生活在渭河及其支流和西汉水上游一带的嬴秦后裔们除逢年过节祭祀先祖的各种仪式之外，还有两种现象很值得关注，一是家家户户都敬奉"家神"，"家神"就是他们的祖先神。高天佑先生认为，"家神"为这一姓先祖中在他生活的那个时代有名望的人，死后其后人为了纪念他，给他画像供奉起来，成为这一族人的祖宗神，这是一种祖先崇拜的孑遗。①二是"乞巧节"民俗传承千年，是对祖先崇拜内容和形式的延展和外化，特别是西汉水流域的民间乞巧习俗更具研究价值。

"乞巧节"也称"七夕节"，是中国传统节日中最具浪漫色彩的民俗文化空间。我国各地流传的乞巧民俗极其丰富，在历史上有记载的包括穿针乞巧、喜蛛应巧、投针验巧、种生求子、拜织女、拜魁星、晒书、晒衣、为牛庆生、吃巧果等多种形式。②陇南乞巧民俗起源于先秦，形成于汉代，经唐宋发展，明清时期达到全盛，是一种集崇拜信仰、诗歌、音乐歌舞、工艺美术于一体的综合性民俗文化活动，明显带有秦人后人祭祖、敬祖、娱祖的文化因子。

首先，民间乞巧习俗中融入祖先崇拜元素在全国绝无仅有。赵逵夫先生认为，"乞巧"俗源于《牛郎织女》的传说故事，与陇东南（今陇南与天水）和陇东（今庆阳）历史上周、秦民族的交融密不可分。追溯其起源，应从牛郎星、织女星的命名谈起。我国古代星宿的命名，基本上源自部落、民族的始祖，传说中有所发明创造、有杰出贡献的祖先，或上古时代的杰出人物。"牵牛""织女"两星名分别代表着周、秦两族的一个祖先。"牵牛"即《山海经·海内经》等所载最早发明牛耕的周先公叔均。"织女"即《史记·秦本纪》所说以"织"闻名的"帝颛顼之苗裔孙曰女修"。中国在商代以前已经开始使用牛耕，"胲作服牛"（《世本·作篇》），"稷之孙曰叔均，始作牛耕"（《山海经·海内经》），反映了我国人民的伟大创造。中国也是养蚕最早的国家，是世界上有名的"丝之国"。织女传说反映了作为农业辅助形式的家庭手工业在我国历史上的地位。《牛郎织女》的故事是一个古老的封闭性农业国家文化、意识、民族心理的凝聚，其人物从一开始便是中华民族最基本的农业劳动者的

① 高天佑：《寻找"仇池文化"》，载袁智慧主编《仇池文化研究》，甘肃文化出版社，2017，第8-9页。

② 赵琪伟：《陇南非物质文化遗产》，甘肃人民出版社，2011，第106-112页。

象征。[①]

近些年，与乞巧节相关的民间习俗在各地被积极地保护和传承，仅列入国家级非物质文化遗产名录的就有多项，如甘肃西和县乞巧节，浙江温岭市石塘七夕习俗，广东广州市天河区天河乞巧习俗，山西和顺县、山东沂源县、陕西西安市长安区的《牛郎织女传说》等。[②]其他地方的民间乞巧活动一般都在每年农历七月七日才举行，但陇东南的乞巧习俗要显得更繁复隆重一些。特别是在西汉水流域，也许因为是大秦帝国的肇始之地，在该地区传承下来的乞巧习俗程式没有删减，从农历六月底就开始准备，六月三十日（如六月为小月则二十九日）正式拉开序幕，一直到七月七日夜晚才结束，其历时之长、参与人数之多在全国是比较罕见的，这应该与嬴秦族后裔融入祖先崇拜元素有一定关系。这里的乞巧习俗采用纸扎“巧娘娘”像进行祭祀，“巧娘娘”原型就是其先祖女修，其他地方的乞巧习俗均无“制作”巧娘娘像之说，这是祖先崇拜文化元素的“外化”与“延伸”。

其次，乞巧活动的参与主体为女性，是对古代“男尊女卑”传统的背离和反叛。在中国人的民间信仰中，祖先神是最重要的神祇，是沟通人与天之间最重要的中间人，由祖先崇拜衍生的祖先祭祀仪式具有神圣性。在我国有些地区女性是不参加民间祭祖活动的。如今天的陇东南地区，人们在年节敬祖、清明节、寒衣节上坟祭祖等活动中，女性是不参加的，但在“乞巧”时却成例外，这可能与秦人先祖是女性有关。而西汉水流域在七天八夜的乞巧期间，女孩子“名正言顺”地走出家门，全身心参加乞巧的一系列活动，以提高女红方面的生产技能，学习积累生产生活经验，在乞巧仪式中通过编乞巧歌、练习唱歌、请巧、造巧、迎巧、集体祭巧、唱巧、跳麻姐姐、祈神迎水、卜巧、巧饭会餐、传饭、送巧等环节，培养与他人的合作能力，通过个人祭巧时“抢头香”，乞巧期间尽可能收拾齐整漂亮，在一些事情上尽可能“显露”身手来增强竞争意识，也通过乞巧寄托女性的精神信仰，培养其共同的行为规范、是非标准、价值取向和审美情趣，有利于促进人的社会化，有助于社会整合，有其他民俗不能替代的作用。[③]

再次，乞巧民俗明显带有向当地古代氐人文化借鉴并与之交融的印痕。渭河上游流域特别是西汉水流域在历史上曾是古代氐族聚集的重要区域，这些氐人后裔至今还遗留有诸多独特的文化遗存，尤其是“羊皮鼓舞”祭祀民俗传承

---

① 赵逵夫:《西和乞巧节》,上海远东出版社,2014,第2-3页。

② 赵琪伟:《陇南非物质文化遗产》,2011,第112-113页。

③ 赵逵夫:《中国女儿节:西和乞巧文化》,中州古籍出版社,2015,第47-64页。

千年，是典型的古代氐人文化遗俗。“羊皮鼓舞”祭祀又称“传神”，其祭祀的主神是各自供奉的“家神”，通过“传神”活动，缅怀祖先功德，彰显祖先神性。

古代氐人遗留至今的“传神”习俗在活动程式上有请神、娱神、送神等详细而具体的环节。“传神”从开始到结束，端公要跳羊皮鼓舞，边舞边唱，唱词中大部分是记述其祖先的生平事迹和颂扬功绩的赞美诗。乞巧活动也有接巧、迎巧、娱巧、送巧等程式，每一个仪式都要集体唱乞巧歌，乞巧歌中也不乏赞誉巧娘娘的唱词。这两种民间习俗都掺杂着一种向“神”问事的巫性活动，即请神上身代神传言，断事解惑。当地“传神”时称“脚马”，乞巧习俗程式中称“跳麻姐姐”，“跳麻姐姐”应该是古代氐文化元素向乞巧习俗的活态渗透。

还有，乞巧程式中“跳麻姐姐”的“麻姐姐”角色也有充当当地麻种植纺织业“行业神”的成分。中外学者普遍认为行业神信仰是祖先崇拜的自然延展，中国的行业神崇拜最为发达典型，特别是祖师神崇拜的丰富多样性更远为其他国家所不及，从中可以看出中国的祖先崇拜、多神教等文化特点对中国行业神崇拜的深刻影响和支配作用。[①]这一特征在当地乞巧民俗中也有所体现。古代氐人有较为发达的农业经济，能种田、织布，兼事畜牧业。《后汉书·西南夷传》云：“土地险阻，有麻田，出名马、牛、羊、漆、蜜。”《魏略·西戎传》云：“俗能织布，善田种，畜养豕、牛、马、驴、骡。”《梁书·诸夷传》云：“地植九谷……种桑麻，出紬、绢、精布、漆、蜡、椒等。”这些史料都提到麻这种农作物，氐人用麻织的布称“绷”“纰”，汉代畅销于内地，《说文解字》中有专门的解释。可见麻纺应该是古代氐人的传统手工技艺。直到20世纪70年代之前，陇东南民间有一种服饰叫“麻布衫”，麻制品颇为流行，直到今天，天水甘谷和礼县宽川以及西和马元的麻制品，依然受到世人的青睐和市场的欢迎。当地麻业种植和纺织也需要行业神来保护，西汉水流域的民间“麻姐姐”应运而生，充当了行业神的角色，这种祖先崇拜向行业神衍生的现象在我国历史上并不鲜见。

业之大事，在祀和财。行业神是从业者供奉的用来保佑自己和本行业利益并与行业特征有一定关联的神祇，虚构和附会是民间“造神”的主要手段之一。黄英先生认为，“巧娘娘”是秦人的祖先神的化身，“麻姐姐”则是古代氐人的行业神，乞巧习俗中加入“跳麻姐姐”这个现在看来非常突兀的仪式，是

① 李乔：《行业神崇拜——中国民众造神史研究》，北京出版社，2013，第131-132页。

氐羌文化与秦文化的一种杂交混生现象。[①]秦人用乞巧活动祭祀自己的祖先，而古代氐人借乞巧民俗也祭祀了自己的行业神。在西汉水流域，盐官古镇井盐资源丰富，广大盐农民间祭祀的盐神被当地人称“盐婆婆”；秦人后裔民间祭祖习俗的主角称“巧娘娘”；麻业种植纺织者敬奉“麻姐姐”。从名称命名上看，自然神辈分最高，祖神次之，行业神最低，且没有实姓真名，其名称来历和文化背景异曲同工。

赵琪伟工作单位：中共陇南市委党校

① 黄英：《秦戎文化杂交混生的活态例证——西汉水上游乞巧民俗中的“跳麻姐姐”》，载雍际春、赵文博、田佐、南玄子主编《秦文化探研——甘肃秦文化研究会第二次学术研讨会论文集》，甘肃人民出版社，2015，第424-429页。

秦人视域下的陈宝祠故事探究

王宏波　王嘉栋

一、南阳盆地的文化变迁

（一）南阳盆地的重要军事地位

“武关道的东段出口——南阳盆地，则像是关中、汉中、中原与江汉平原四者之间的一个旋转门，四面都可进入，四面都可出击。”①

“秦取得南阳后，一方面可以继续南下进攻楚国的江汉地区。南阳盆地东北的叶，好比方城的锁钥，而方城又是楚国北上通往中原的门户。秦设置南阳郡后，楚军在汉水以北的防线便有朝不保夕之忧。”②白起出武关道经南阳郡进攻楚国，陷郢都；刘邦从南阳郡入武关道灭秦。

《左传·齐桓公伐楚盟屈完》：“君若以德绥诸侯，谁敢不服？君若以力，楚国方城以为城，汉水以为池，虽众，无所用之！”唐代安史之乱爆发，《旧唐书·鲁炅传》：“寻兼御史大夫，充南阳节度使，以岭南、黔中、山南东道子弟五万人屯叶县北，滍水之南，筑栅，四面掘壕以自固。”

（二）秦在南阳郡的代表人物

《战国策·秦策三》范雎：“闻秦之有太后、穰侯、泾阳、华阳、高陵，不闻其有王。”《汉书·楚元王传》载刘向《极谏用外戚封事》：“秦昭王舅穰侯及泾阳、叶阳君，专国擅势，上假太后之威，三人者权重于昭王，家富于秦国，国甚危殆，赖寤范雎之言，而秦复存。”秦国“四贵”当中，丞相魏冉、泾阳君、高陵君三人的封邑都在南阳郡。丞相范雎的封邑也在南阳郡。秦王政曾任命内史腾为南阳假守。

---

① 白洋：《战国秦汉武关道军事地理论述》，硕士学位论文，首都师范大学历史学院，2011，第48页。

② 同上书，第26页。

表1　秦在南阳郡的代表人物

南阳郡穰县	南阳郡宛县（郡治）	南阳郡邓县	南阳郡鲁阳县应城应乡应水	南阳地
魏冉，公元前295年为相，公元前294年封为穰侯。公元前266年，被逐定陶，终老	嬴芾，泾阳君，公元前292年，封为宛侯。公元前265年，被逐到封地	嬴悝，高陵君，公元前292年，封为邓侯。公元前262年，被逐，未到封地便去世	公元前266年，范雎封为应侯。公元前255年举蔡泽自代，辞归封地，不久病死	公元前231年9月，《史记·秦始皇本纪》记载："发卒受地韩南阳假守腾。"

周振鹤指出，"韩、魏南阳地是指太行山南、黄河北岸的狭长地带，即秦、汉河内郡的辖地，与南阳郡无涉。秦南阳郡当以楚宛县地为中心而置，据谭其骧的研究，以今地言之，当有河南省栾川县、鲁山县以南，湖北省襄阳市、随州市以北，河南省西峡县、湖北省丹江口市以东，河南省信阳市以西的地区。秦南阳郡治所在宛县，此由上引《淯水注》之文可知。又，楚曾置有南阳郡，亦以宛县为其郡治（参见本章第一节），是秦南阳郡当是在楚南阳郡基础之上设置的"①。虽然不清楚上述人物在南阳郡的具体所为，但佐证了秦国对南阳盆地的高度重视。

（三）南阳地区楚文化退居边缘

张梦晗认为，自秦王政十六年（公元前231年）、十七年（公元前230年）起，"秦展开大规模统一战争至二十六年（公元前221年）最终吞并六国，其间所占领的地区都应被称作'新地'"，"对新地的秦吏来说，文化整合既是本职所在，也能发挥他们了解秦文化的特长，从而提高地方政府推行秦文化、改易风俗的效率"②。

《史记·货殖列传》记载："南郡，此西楚也"；"彭城以东，东海、吴、广陵，此东楚也"；"衡山、九江、江南、豫章、长沙，是南楚也，其俗大类西楚"。

"一者南阳地区由故楚地变为故秦地，本身就足证秦的统治及秦文化的深刻影响。二者司马迁根据秦至汉初对楚文化地理分区的认识，分楚地为东楚、西楚和南楚，南阳地区不在其列，也正是当地楚文化已被边缘化的结果"③。

"总之，自秦统治南阳地区开始，当地文化面貌逐渐发生本质变化，南阳

① 周振鹤、李晓杰：《中国行政区划通史·先秦卷》，复旦大学出版社，2017，第454页。

② 张梦晗：《"新地吏"与"为吏之道"——以出土秦简为中心的考察》，《中国史研究》2017年第3期，第61-70页。

③ 同上。

汉画的楚文化特征主要源自秉承楚文化余绪，又居于区域文化之上的汉文化，与南阳地区故属楚国关系甚微”①。

（四）秦始皇两次取道南阳盆地，巡视楚地

1.秦始皇四十一岁，始皇二十八年（公元前219年），从琅邪返回，过彭城，“乃西南渡淮水，之衡山、南郡。浮江，至湘山祠。……上自南郡由武关归”。

“始皇于此由南郡经武关而归。……黄盛璋《云梦秦简〈编年记〉初步研究》说：‘……过去总以为始皇归路应浮江至郢，然后登陆北上，由武关道入咸阳。’‘沿涢水至安陆，由此由武关道归’”②。

2.秦始皇五十岁，始皇三十七年（公元前210年），“始皇帝去碣石是由咸阳东南行，过秦岭，出武关，过襄阳，经洞庭、九江、芜湖、杭州到会稽。回程从会稽北上，到连云、琅邪、成山、之罘，折而西行经平原到沙丘”③。

3.关于秦始皇第二次、第五次出巡，高崇文指出：“秦始皇两次大规模地巡视南方楚地，可见对南方局势的重视。在列国争雄的战争中，与秦争雄最强势的是楚国。文献记载秦对楚的兼并战争时说，得蜀则得楚，楚亡则天下并矣”；“虽然早在秦昭襄王二十九年（公元前278年），‘大良造白起攻楚，取郢为南郡’。秦完全控制了江汉平原广大地区，但战国时期江汉平原是楚政治、经济、文化的中心，在各方面的影响还是很深的。秦始皇之所以两次到楚地巡视，就是要推行秦的政治思想文化和各种秦的制度”④。

二、“霸王”观念与秦楚之争

（一）“霸王”观念：霸王之资，霸者王之弊

1.《管子·霸言》：“强国众，合强以攻弱以图霸业；强国少，合小攻大以图王业。”

2.《史记·孔子世家》：“秦，国虽小，其志大；处虽辟，行中正。身举五羖，爵之大夫，起累绁之中，与语三日，授之以政。以此取之，虽王可也，其霸小矣。”

---

① 张梦晗：《败亡与重生：“亡秦必楚”的历史研究》，博士学位论文，中国社会科学院历史学院，2018，第134页。

② 芦建华、张宁：《嬴政年谱》，三秦出版社，2016，第79页。

③ 同上书，第116页。

④ 高崇文：《秦始皇出巡与秦文化的传播》，载秦始皇帝陵博物院编《国际视野下的秦始皇帝陵及秦俑学研究学术研讨会论文集》，西安地图出版社，2021，第310页。

3.《史记·秦本纪》:“周太史儋见秦献公曰:‘始秦与周合，合五百岁而离，离七十岁而霸王者出焉’。”

4.《史记·范睢蔡泽列传》范睢曰:“大王之国，……此王者之地也。民怯于私斗而勇于公战，此王者之民也。王并此二者而有之。……霸王之业可致也。”

5.《战国策·楚策一》中苏秦对楚威王说:“地方五千里，带甲百万，车千乘，骑万匹，粟支十年，此霸王之资也。”

6.《史记·平原君虞卿列传》中毛遂对楚考烈王说:“今楚地方五千里，持戟百万，此霸王之资也。”

7.《史记·越王勾践世家》:“图王不成，其弊犹可以霸。”

8.王充《论衡·气寿篇》:“语曰:‘图王不成，其弊可以霸。’霸者王之弊也。”

（二）从“霸王”到“王天下”

田延峰指出:《商君书》中的“‘霸王’并不以统一天下为目标，而是以力威服诸侯……《商君书》中确有以统一天下为目标的言辞，称为‘王天下’”①。

“从‘霸王’到‘王天下’是个逐步发展的过程。商鞅变法之后的秦国，其主导思想首先是围绕着成为‘霸王’展开的，其后，逐步向统一天下、建立帝国发展。但是，即使是秦国追求的‘霸王’也和春秋时期的霸主政治有本质区别，它同样是一种新的政治形态。”②

（三）“雌霸雄王”

我们曾撰文指出，《水经注·渭水》误省了重文符号。其原文应作:“昔秦文公之世有伯阳者逢=童=曰舀=曰被二童二雉也得此者霸雄者王。”意思是:“昔秦文公之世，有伯阳者，逢二童，二童曰:舀。舀曰:被（彼）二童，二雉也。得雌者霸，雄者王。”③舀，或应加女旁作“嫍”。《康熙字典》:“嫍，tāo，《篇海类编》土刀切。音叨。女字。又以滔切。音傜。义同。”④文本作“伯王”“伯”“伯道”均可。作“伯王”指“雌霸雄王”，作“伯”“伯道”指

① 田延峰:《中华帝制的精神源头——秦思想的发展历程》，人民出版社，2011，第202页。

② 同上书，第203页。

③ 王宏波:《陈宝祠故事相关文献及民俗意蕴探赜——兼及“同声相应”集体无意识》，载兰拉成主编《2014陕西关陇方言民俗研究中心年会论文集》，西北工业大学出版社，2016，第174页。

④ 同上书，第176页。

称霸的方法。二童子揭发怪物“舀”的底细，在地下吃死人脑；“舀”揭发二童身份“雉”，“得雌者霸，雄者王”。唯作“伯阳”不合故事逻辑，不知所云。[①]与拙见不同，也有学者认为“伯阳”是老子李耳，以天水市有伯阳镇为佐证。

（四）秦楚之争：“横成则秦帝，从成即楚王”

《淮南子·要略》：“苏秦为纵，张仪为横，横则秦帝，纵则楚王，所在国重，所去国轻。”

《韩非子·忠孝》：“诸侯言从者曰：‘从成必霸’；而言横者曰：‘横成必王’。”

《战国策·楚策一》：“苏秦为赵合从，说楚威王曰：……秦之所害于天下莫如楚，楚强则秦弱，楚弱则秦强，此其势不两立。……故从合则楚王，横成则秦帝。……故从亲，则诸侯割地以事楚；横合，则楚割地以事秦。”

统一六国之前，《战国策·秦王欲见顿弱》：“天下未尝无事也，非从即横也。横成，则秦帝；从成，即楚王。秦帝，即以天下恭养；楚王，即王虽有万金，弗得私也。”《史记·李斯列传》：“今怠而不急就，诸侯复强，相聚约从，虽有黄帝之贤，不能并也。”《史记·秦始皇本纪》尉缭：“恐诸侯合从。”李信：“楚地广，……楚人勇。”

《史记·平原君虞卿列传》毛遂曰：“合从者为楚，非为赵也。”“从人”服务楚王，“横人”服务秦帝，楚秦两国，非此即彼，势不两立。秦始皇对“以事合从”的“从人”，施行严厉惩处；在舆论上，也对六国进行批判、贬斥。

董飞认为，“《岳麓书院藏秦简》中所见‘从人’，其字面意思乃是与‘横人’相对、主张合纵的纵横家群体。在统一六国的战争中，秦每攻灭一国，便对这一国的‘从人’进行通缉与搜捕，并连坐其妻子、同产、舍人，凡包庇‘从人’及相关人员者连坐，告奸者予以购赏。在统一六国之后，秦在全国范围内至少又进行了一次针对‘从人’的大搜捕。从人根据情节轻重被判处上至死刑、下至迁、耐的刑罚，此外，从人的亲属、舍人等要受到株连，他们长距离迁徙后异地服刑并且加戴械具‘输作’，且劳作终身，不得赦免”。[②]

公元前221年，秦灭六国，统一天下。《史记·秦始皇本纪》：“六王咸伏其

① 王宏波：《陈宝祠故事相关文献及民俗意蕴探赜——兼及“同声相应”集体无意识》，载兰拉成主编《2014陕西关陇方言民俗研究中心年会论文集》，西北工业大学出版社，2016，第174–176页。

② 董飞：《秦王朝“新地”治理研究——以故楚地为中心》，博士学位论文，西北大学历史学院，2021，第114页。

辜，天下大定。”秦始皇留下的颂秦德、明得意石刻，宣传六国暴虐无道，灾害乱贼，被灭国是罪有应得。《峄山刻石》：“灭六暴强”“讨伐乱逆”“灾害灭除”。《琅琊台刻石》：“诛乱除害”“终无贼寇”。《之罘刻石》：“六国回辟，贪戾无厌”“烹灭彊暴”。《东观刻石》：“外诛暴彊”“禽灭六王”。《碣石刻石》：“诛戮无道”“武殄暴逆”“德并诸侯”。

公元前210年，《会稽刻石》：“六王专倍”“暴虐恣行”“殄熄暴悖，乱贼灭亡”。“阴通间使，以事合从，行为辟方”。秦王朝对于“合从”始终耿耿于怀。

（五）“秦欲表其符”

晋代干宝《搜神记·陈宝祠》：“其雄者飞至南阳。今南阳雉县，是其地也。秦欲表其符，故以名县。每陈仓祠时有赤光，长十余丈，从雉县来，入陈仓祠中，有声殷殷如雄雉。其后，光武起于南阳。”

民间故事，似是而非。“雌霸雄王”的逻辑结论必定代表了某种立场，随着时代的变迁，民间故事的开放结构，使其人物、结局也会适时变通。

《后汉书·光武帝纪》：“皇太子及右翊公辅、楚公英、东海公阳、济南公康、东平公苍从，幸颍川，进幸叶、章陵。”李贤注：“叶，县，故楚叶公邑，属南阳郡，今许州县也。叶音式涉反。”北魏郦道元《水经注·淯水》：“光武获雉于此山，以为中兴之祥，故置县以名焉。”南朝梁刘孝威《正旦春鸡赞》：“雄飞帝汉，雌鸣霸秦。”《后汉书·光武帝纪》载即位祭告天地文：“刘秀发兵捕不道，卯金修德为天子”，并没有光武得雄雉。《旧唐书·褚遂良传》有：“光武得其雄，起南阳，有四海。”《史记·秦本纪》张守节正义：“《搜神记》云‘其雄者飞至南阳，其后光武起于南阳’。皆如其言也。”张守节认为刘秀“起于南阳”“皆如其言”，唐人朱朴同样指出刘秀“起而未王”。《新唐书·朱朴传》：“自古中兴之君，去已衰之衰，就未王而王。今南阳，汉光武虽起而未王也。……此建都之极选也。”

刘秀起于南阳，称帝于河北鄗县，后来亲幸叶县。干宝、郦道元、刘孝威、张守节把“雄王”的主人公解释为东汉开国皇帝刘秀，把“雄王”坐实为“帝汉”。从秦穆公称霸到刘秀称帝，其间近700年。我们认为，在刘秀成为民间故事主角之前，“雄王”的代表，应当另有其人，为秦国国君，推测大概率是秦昭襄王。

图1 雉印

图2 雉丞之印

［图1 图片来源：刘瑞：《秦封泥存》（全2册），中国社会科学出版社，2020年版，第873页 图2 图片来源：刘瑞：《秦封泥存》（全2册），中国社会科学出版社，2020年版，第873页］

秦设有雉县，封泥“雉丞之印”“雉印”。《汉书·地理志》雉，属南阳郡，“衡山，沣水所出，东至郾入汝。”师古曰：“旧读雉音弋尔反。而《太康地志》云‘即陈仓人所逐二童子名宝鸡者，雄止陈仓为石，雌止此县，故名雉县。’疑不可据也。”颜师古认为雉县因雉飞栖得名，“疑不可据”。

晋干宝《搜神记·陈宝祠》曰：“今南阳雉县，是其地也。秦欲表其符，故以名县。”唐王勃《斗鸡赋》：“雌霸雄王，二宝呈祥于嬴氏。”

雉县，是雄雉飞栖之地。从“秦欲表其符”的立场出发，“雌霸雄王”的故事主角应当都是秦国国君才合乎故事的主旨。《史记·秦楚之际月表》：“秦起襄公，章于文、缪，献、孝之后，稍以蚕食六国，百有余载，至始皇乃能并冠带之伦。”秦穆公曾将兴修的宫殿命名为“霸城宫”，把关中的兹水改名为霸水，“以章霸功”。《史记·秦本纪》：“周太史儋见秦献公曰：‘始秦与周合，合五百岁而离，离七十岁而霸王者出焉’。”前有秦穆公获“雌雉”称霸，后有秦昭襄王攻取南阳郡雉县，预示秦将继周而王，统一天下。干宝所谓的“秦欲表其符”，其发生的历史时段，应在“献、孝之后”，即在公元前272年置南阳郡至公元前221年统一六国之间，其间秦国又灭掉了西周、东周。

公元前314年，置巴郡；公元前312年，置汉中郡；公元前310年，置蜀郡；公元前304年，置上郡；公元前286年，置河东郡；公元前279年，置陇西郡；公元前278年，置南郡；公元前277年，置巫黔郡；公元前272年，置北地郡；公元前272年，置南阳郡；公元前259年，置上党郡；公元前256年，灭西周君，公元前249年，灭东周君，置三川郡；公元前247年，置东郡……

不论是蜀郡的“石牛屙金”“李冰斗江神”还是南阳郡的“雌霸雄王”，都是以秦国立场编造的民间故事，目的是服务于秦人在当地的社会治理。

三、楚文化符号——叶公子高与叶公祠

1. 叶公子高

叶公子高，姓沈名诸梁，字子高，是楚庄王的曾孙。春秋时期楚国著名的政治家、军事家、思想家。因封邑在叶（今河南叶县），故称叶公。公元前524年，沈诸梁受封于叶。公元前489年，在封邑接待孔子，留下了“近悦远来”的佳话。《庄子·人间世》：“今吾朝受命而夕饮冰，我其内热与?”成玄英疏：“诸梁晨朝受诏，暮夕饮冰，足明怖惧忧愁，内心熏灼。”《后汉书·党锢列传》李贤注引《新序·杂事一》曰：“守封疆，谨境界，不侵邻国，邻亦不侵，叶公子高在此。”

公元前478年，楚国发生了白公胜叛乱，白公胜劫持楚惠王。沈诸梁救出惠王，收拾残局，重整朝纲，被封为令尹、司马，身兼军政大权于一身。公元前475年，他将令尹一职让于公孙宁，司马一职让于公孙宽，然后回到叶地，安度晚年。沈诸梁在叶制订了东西二陂的工程计划，开创了中国古代小流域治理的先河，是中国现存最早的水利工程之一。

有一种说法是，公元前439年，89岁的叶公辞世于叶。

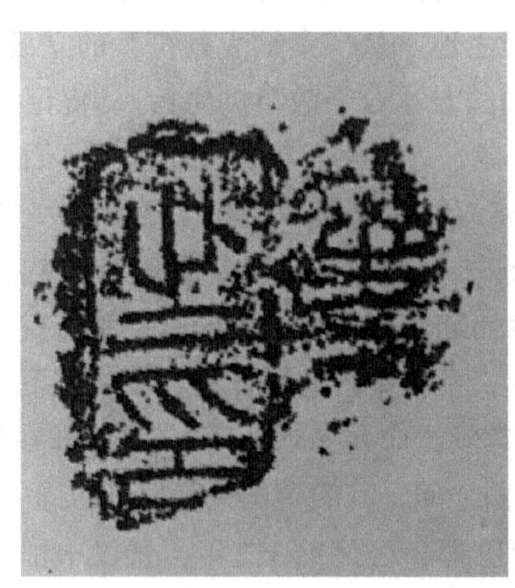

图3 叶丞之印

［图片来源：刘瑞编著：《秦封泥集存》（全2册），中国社会科学出版社，2020年版，第874页］

“《汉书·地理志》南阳郡有‘叶’县，班固自注：‘楚叶公邑’。《汉书补注》王先谦曰：‘春秋、战国属楚。秦昭襄王取之，见《秦纪》。’秦取叶，在昭襄王十五年，为此封泥之上限。”①秦昭襄王十五年为公元前292年。

2. 黄锦前认为，传世品“者梁戈”，年代为春秋晚期，“据器物形制、纹饰及铭文内容，考证者梁戈上的‘者梁’应即见于《左传》及楚简的楚大夫沈诸梁，即叶公子高”②。

南阳楚墓出土的“叶公臧鼎”，“据鼎铭及相关文献记载，可知叶公诸梁去叶公之职后，继任者应系其弟后臧，称‘叶公臧’”③。

3. 王恩田指出，楚高缶刻有“右征尹楚高”的五字铭文，“由此可知，楚高即大名鼎鼎的楚国叶公子高”④。“楚公子高曾于平叛三年后征伐东夷”⑤。“楚公子高的伐东夷，应与攫取铁资源有关。……伐东夷的重要性和紧迫性凸显无遗”，“现在我们改定楚高缶的年代属楚公子高伐东夷的春秋晚期鲁哀公十九年（前476年）。伴随着特大铁盘年代的提前，楚国特大铁盘的发现，理应在中国冶金史上写下浓重的一笔”⑥。

4. 楚地民间祭祀——叶公祠

民间祭祀往往源于前代旧礼，具有较强的地域性和延续性，与后起朝代的观念会发生矛盾、冲突，比如项羽祠、董卓祠、安杨庙等。

（1）叶公祠。班固《汉书·古今人物表》把第一等人物分为圣人、仁人、智人，列叶公子高为智人。《国语·鲁语上》：“夫圣王之制祀也，法施于民则祀之，以死勤事则祀之，以劳定国则祀之，能御大灾则祀之，能捍大患则祀之。”应劭在《风俗通义·卷二正失·叶令祠》中评价叶公：“忠于社稷，惠恤万民，方城之外，莫不欣戴”；“及其终也，叶人追思而立祠。功施于民，以劳定国，兼兹二事，固祠典之所先也。此乃春秋之时，何有近孝明乎！”。关于民间所传的汉明帝时叶县王乔之墓，应劭判定其应是叶公子高之墓，因此，称作叶公祠更准确。

高崇文研究指出：“《语书》则记载了秦灭楚设南郡后对楚地的治理。这

---

① 王辉、程学华：《秦文字集证（增订本）》，商务印书馆，2023，第192页。

② 黄锦前：《楚沈尹氏铜器两种考释》，《文物春秋》2022年第5期，第21-29页。

③ 同上。

④ 王恩田：《楚高缶与楚公子高伐东夷——春秋晚期大铁盘的发现及其重要意义》，《江汉考古》2018年第1期，第63-65页。

⑤ 同上。

⑥ 同上。

部分简文是秦南郡守腾颁发给本郡各县、道的文书，其中记载：‘古者民各有俗，……今法律令已具矣，而吏民莫用，乡俗淫佚之民不止，是即废主之明法也，而长邪僻淫佚之民，甚害于邦，不便于民。……今法令已布，闻吏民犯法为间私者不止，私好乡俗之心不变，自从令、丞以下知而弗举论，是即明避主明法也，而养匿邪僻之民。’自秦建立南郡至《语书》发布之时，已经51年了，秦还在极力改变楚的民风民俗。”①

“民各有俗”，“私好乡俗之心不变”。从南郡可以推测，南阳郡之有叶公祠、祭祀叶公，是当地民风乡俗、历史文化传承使然。叶公祠所代表的楚国历史，正是秦始皇后来焚书所要着意抹杀的东西，“史官非秦记皆烧之”。

（2）祭祀秦始皇。公元前210年，秦始皇“上会稽，祭大禹，望于南海，而立石颂秦德”，“始皇到会稽，其后有人将之与大禹相论而祀之。《三国志·魏志》一三《王朗传》：‘天子嘉其意，拜谦安东将军，以昱为广陵太守，朗会稽太守。’注：‘《朗家传》曰：会稽旧祀秦始皇刻木为像，与夏禹同庙。朗到官，以为无德之君，不应见祀，于是除之。居郡四年，惠爱在民。’虽遭王朗斥逐，亦见其影响之大”②。

（3）项羽祠。《新唐书·狄仁杰传》：“吴楚俗多淫祠，仁杰一禁止，凡毁千七百房，止留夏禹、吴太伯、季札、伍员四祠而已。”狄仁杰撰写了《檄告西楚霸王文》，亲自派人焚毁项羽祠：“遣焚燎祠宇，削平台室，使蕙帏销尽，羽帐随烟，君宜速迁，勿为人患。”《金史·佞幸·李通传》记载：海陵王“过乌江县，观项羽祠，叹曰：‘如此英雄不得天下，诚可惜也’。”

（4）董卓祠。《北齐书·魏兰根传》：“常山郡境，先有董卓祠，祠有柏树。兰根以卓凶逆无道，不应遗祠至今，乃伐柏以为椁材。”

（5）安史“二圣”。《新唐书·张弘靖传》：幽州“俗谓禄山、思明为‘二圣’。弘靖惩始乱，欲变其俗，乃发墓毁棺，众滋不悦”。

（6）安、杨庙。在蓟州城西门的翠屏山下五里桥有安、杨庙。“康熙五十一年（1712年），随同金昌业出使北京的赵福荣既看到山下‘浑体涂金如佛躯之戴冕执圭’的杨贵妃塑像，又看到山上宏丽庙宇中端坐的安禄山，和安禄山在一起的甚至还有唐玄宗，就惊骇得感到难以接受”。“据他们猜测，也许是因为安禄山曾经当过这里的节度使，所以其后的节度使如史思明、田承嗣辈，都

① 高崇文：《秦始皇出巡与秦文化的传播》，载秦始皇帝陵博物院编《国际视野下的秦始皇帝陵及秦俑学研究学术研讨会论文集》，第311页。

② 芦建华、张宁：《嬴政年谱》，第108页。

尊奉安禄山，立祠于此地”[1]。

四、叶君与陈宝夫人祠

（一）秦楚联姻与“亡秦必楚”

《汉书·郊祀志》谷永曰：“楚怀王隆祭祀，事鬼神，欲以获福助，却秦师，而兵挫地削，身辱国危。”秦惠文王针锋相对的反制措施体现在《诅楚文》当中。公元前296年，楚怀王在咸阳病逝。《资治通鉴·周纪》：“楚怀王发病，薨于秦，秦人归其丧。楚人皆怜之，如悲亲戚。诸侯由是不直秦。”《史记·项羽本纪》：“夫秦灭六国，楚最无罪。自怀王入秦不返，楚人怜之至今。故楚南公曰‘楚虽三户，亡秦必楚’也。”

《资治通鉴·周纪》：

> 赧王中二十二年（戊辰，公元前二九三年）秦王遗楚王书曰：“楚倍秦，秦且率诸侯伐楚，愿王之饬士卒，得一乐战！”楚王患之，乃复与秦和亲。
>
> 赧王中二十三年（己巳，公元前二九二年）楚襄王迎妇于秦。

【臣光曰】：

> 甚哉秦之无道也，杀其父而劫其子；楚之不竞也，忍其父而婚其仇！

历史上，秦楚联姻有八次之多。秦穆公与楚成王结为婚姻；楚共王迎娶了秦景公之妹；楚平王迎娶了秦哀公之妹；楚宣王迎娶了秦孝公之妹；秦惠文王迎娶了楚女芈月；楚襄王“迎妇于秦”；秦昭襄王迎娶了楚顷襄王的妹妹；秦孝文王（嬴柱）迎娶了楚王室之女华阳夫人。

（二）晋人臣瓒的宝夫人祠印记

（1）《汉书·郊祀志》臣瓒曰：“陈仓县有宝夫人祠，或一岁二岁与叶君合。叶君神来时，天为之殷殷雷鸣，雉为之雊也。”

（2）《史记·封禅书》裴骃集解：臣瓒云：“陈仓县有宝夫人祠，或一岁二岁与叶君合。叶君神来时，天为之殷殷雷鸣，雉为之雊也。”

（3）《史记·秦本纪》司马贞索隐：又臣瓒云：“陈仓县有宝夫人祠，岁与叶君神会，祭于此者也。”

---

①葛兆光：《明烛无端为谁烧？——清代朝鲜朝贡使眼中的蓟州安、杨庙》，《书城》2006年第7期，第22-27页。

图4 陈宝夫人像

[图片来源：宝鸡市地方志办公室，宝鸡市金台区地方志办室：《陕西历代旧志文库·宝鸡卷》，民国卅六年《宝鸡大观》(重排校注)，2021年11月版。]

（三）唐人司马贞的宝夫人祠印记

《史记·封禅书》司马贞索隐案：列异传云："陈仓人得异物以献之，道遇二童子，云：'此名为媦，在地下食死人脑。'媦乃言云：'彼二童子名陈宝，得雄者王，得雌者伯。'乃逐童子，化为雉。秦穆公大猎，果获其雌，为立祠。祭，有光，雷电之声。雄止南阳，有赤光长十余丈，来入陈仓祠中。"所以代俗谓之宝夫人祠，抑有由也。叶，县名，在南阳。叶君即雄雉之神，故时与宝夫人神合也。

"所以代俗谓之宝夫人祠，抑有由也。叶，县名，在南阳。叶君即雄雉之神，故时与宝夫人神合也。"唐代避李世民名讳，"世俗"写作"代俗"。这段话是唐人司马贞的认识，不排除有唐代人的印象在里面。从西晋臣瓒到唐司马贞，宝夫人祠的故事传续超过了400年。

苏秉琦说陈宝祠"自秦文公初建到现在，虽史料残缺，不尽可考，然其间存续之迹，大半可辨，享祀之久，海内无二"①。

（四）叶君"奔赴"陈宝夫人祠的秦国立场

宝夫人祠、叶公祠分别是秦文化、楚文化的代表符号。《史记·封禅书》：

① 苏秉琦：《斗鸡台沟东区墓葬》，北平研究院史学研究所，1948，第4页。

"唯雍四畤上帝为尊，其光景动人民唯陈宝。"功业显赫的叶公子高是楚庄王玄孙，《汉书·古今人表》列为上等人——智人。陈宝祠建于公元前747年，叶令祠建于公元前439年，晚于陈宝祠超过300年。据百度地图测量，从平顶山市叶邑镇到宝鸡市戴家湾超过570 km。

历史上的秦楚联姻，高唐神女"自荐"楚怀王的传说，楚怀王为立"朝云庙"，秦宣太后、"四贵"与楚文化的渊源，秦在南阳郡的社会治理，这些要素为叶公子高"奔赴""神会""岁合"陈宝夫人，贡献了基本框架，提供了地理背景，交融了彼此情绪，最重要的是明确了秦陈宝祠为主、楚叶公祠为从的主从关系。东汉叶令王乔乘"飞舄双凫""每月朔常诣台朝"的传说，化用了叶公与陈宝夫人的故事情节。

民间故事是一个逻辑自洽的开放结构，故事的结果暴露出作者的立场和态度。叶公神会陈宝夫人，表面上是解释陈宝祠的光影现象，实际上是利用叶公在南阳郡的影响，通过改编叶公的故事，潜移默化地营造对秦人治理的服从，对秦文化的接纳，对秦人信仰的认可，渗透当地的民风民俗，消弭"诸侯不直秦""亡秦必楚"等暗流涌动的社会舆论。

（五）叶公好龙与哀郢愍楚

刘向《新序·杂事五》曰："叶公子高好龙，钩以写龙，凿以写龙，屋室雕文以写龙。于是天龙闻而下之，窥头于牖，施尾于堂。叶公见之，弃而还走，失其魂魄，五色无主。是叶公非好龙也，好夫似龙而非龙者也。"

黄锦前认为，叶公好龙"这只是汉人虚构的故事，并非事实"①。

"秦灭六国，楚最无罪"，"楚虽三户，亡秦必楚"。屈原有作品《哀郢》；西汉楚元王刘交之子刘郢客，吕太后封为上邳侯，汉文帝时继楚元王为楚夷王；汉武帝封汉文帝刘恒的重孙刘郢客为土军侯；赵平安《秦汉印章封泥文字编》有"上官郢""王郢人""郢人""张郢""王郢之印""许郢"②；北齐颜之推的三个儿子并称"颜氏三雄"，分别为颜愍楚与颜思鲁、颜游秦；宋刘子翚《过楚怀王庙》曰："遗民犹悯楚，三户欲亡秦。"

高崇文认为，"虽然楚国最后被秦所灭，但在楚地一直存在着强大的反秦势力……当然，陈胜并不是真正为了复立楚国，只是为了'从民欲''从民望'，号召楚地的反秦力量。项梁、项羽是楚国贵族之后。刘邦也是楚地人，称沛公也是从楚制。唐颜师古引孟康云：'陈涉为楚王，沛公起应涉，故从楚

① 赵平安、李婧、石小力：《秦汉印章封泥文字编》，中西书局，2019，第557页。

② 黄锦前：《楚沈尹氏铜器两种考释》，《文物春秋》2022年第5期，第21–29页。

制，称曰公。’”①

汉朝开国者多楚人，汉朝人虚构故事，贬低楚国杰出人物的可能性不大。“叶公好龙”，大概率也是南阳郡的秦人所为，为了刺讥楚人，浸润当地的民风民俗。

五、秦国“深谋远虑知化之士”

（一）从“文复无罪”到“以古非今者族”

从公元前221年统一六国，到公元前213年，经过了8年之后，秦始皇实施了焚书。《史记·六国年表》：“烧天下诗书，诸侯史记尤甚，为其有所刺讥也。”

1.司马迁《史记·刘敬叔孙通列传》：“夫秦之初灭诸侯，天下之心未定。”

2.公元前219年，《史记·秦始皇本纪》：“匡饬异俗，陵水经地。”

公元前218年，《之罘刻石》：“外教诸侯，光施文惠，明以义理。”

公元前215年，《碣石刻石》：“武殄暴逆，文复无罪，庶心咸服。”“刻辞中所述‘文复无罪’，《史记·秦始皇本纪·正义》云：‘言秦以武力能殄息暴逆，以文训道令无罪失，故复除之。’是说秦有武功，亦有文治。”②

公元前213年，“今诸生不师今而学古，以非当世，惑乱黔首”。“史官非秦记皆烧之。……有敢偶语诗书者弃市，以古非今者族。”

“吾前收天下书不中用者尽去之。悉召文学方术士甚众，欲以兴太平，方士欲求奇药。”

公元前211年，“始皇不乐，使博士为《仙真人诗》，及行所游天下，传令乐人歌弦之。”

3.《史记·礼书》：“至秦有天下，悉内六国礼仪，采择其善，虽不合圣制，其尊君抑臣，朝廷济济，依古以来。”

4.《史记·李斯列传》：“更刻画，平斗斛度量，文章布之天下，以树秦之名，罪五矣。……缓刑罚薄赋敛，以遂主得众之心，万民戴主，死而不忘，罪七矣。”

5.秦始皇去其典籍、焚书，并非首例。许慎《说文解字·序》：“其后诸侯力政，不统于王，恶礼乐之害己，而皆去其典籍，分为七国。”商鞅提出过“燔诗书，明法令”。

---

① 高崇文：《秦始皇出巡与秦文化的传播》，载秦始皇帝陵博物院编《国际视野下的秦始皇帝陵及秦俑学研究学术研讨会论文集》，第310页。

② 芦建华、张宁：《嬴政年谱》，第88页。

秦始皇以皇帝、圣贤、真人自居，务在“尊君抑臣”。《说苑·反质》载侯生曰：“自贤自健，上侮五帝，下凌三王。”《汉书·五行志》：“遂自贤圣，燔诗书，坑儒士”。鲁迅《华德焚书异同论》：“秦始皇烧书，烧书是为了统一思想。”焚书在一定程度上说明，秦王朝对文化整合的长期性、系统性、复杂性、反复性认识不足，加上始皇帝自贤自健、雄视天下，“收天下书不中用者尽去之”，“欲以兴太平”，对文化整合失去了耐心和定力。

（二）“依其旧俗化之”

《周礼注疏》：“以俗教安则民不愉。”贾公彦疏：“俗谓人之生处、习学不同，若变其旧俗，则民不安而为苟且；若依其旧俗化之，则民安其业，不为苟且。故云以俗教安则民不愉，愉，苟且也。”①

《周礼注疏》：“土均”“礼俗”，郑玄注：“礼俗，邦国都鄙民之所行先王旧礼也。君子行礼，不求变俗，随其土地厚薄为之制丰省之节耳。礼器曰：礼也者，合于天时，设于地财，顺于鬼神，合于人心，理于万物。”贾公彦疏：“俗者，续也，续代不易。此土均和邦国都鄙，是知先王旧礼，故引曲礼‘君子行礼，不求变俗’以证之。谓若周公封康叔于殷墟，其民还行殷之礼俗也。”②

叶公祠源于楚国旧礼，在当地是世代不易的风俗，顺于鬼神，合于人心。秦人在南阳设郡治理，因地制宜，转化编创了“叶公神会陈宝夫人”的故事，这可以看作潜移默化、“依其旧俗而化之”的结果。

（三）“深谋远虑知化之士”的文学作品

1.马克思在《政治经济学批判（1857—1858年手稿）》中说过：“如果从观念上来考察，那么一定的意识形态的解体足以使整个时代覆灭。”我们的看法是，秦王朝没有建成具有强大凝聚力和引领力的意识形态，没有实现《碣石刻石》“文复无罪，庶心咸服”和《琅琊台刻石》“普天之下，抟心揖志”的理想目标，是其短命、速亡的重要原因。

2.南阳郡秦人编创的陈宝祠故事。张梦晗在吸取专家研究成果的基础上做出了推断：“赵化成指出，秦占领江汉地区后，原住民‘人口大为减少，秦徙民共处，当地文化仍有遗留，但已不占主导地位’。尹弘兵亦认为，战国晚期江陵地区的墓葬在随葬器物组合方面，确实反映出秦文化特征不断增多、楚文化特征日益衰减，秦文化的推行达到了较高程度的事实。然而，这种现象不能简单归因于秦、楚文化间的自然交融。距离江陵中心地区较远的罗坡岗墓葬，

① 郑康成、陆德明、贾公彦：《周礼注疏》，吉林出版集团有限责任公司，2005，第186页。

② 同上书，第305页。

尽管多少也受到了秦文化的影响，但直至秦统一前后，其墓葬的文化面貌仍然以楚文化为主。由此可知，以南郡守腾为代表的秦吏所推行的文化专制，是导致该地区秦文化取代楚文化主导地位的一个重要原因。总之，对新地的秦吏来说，文化整合既是本职所在，也能发挥他们了解秦文化的特长，从而提高地方政府推行秦文化、改易风俗的效率。”[①]联系秦人在南郡的作为，不管是文化专制，文化整合，还是因俗而化，可以推断陈宝祠故事为南阳郡秦人的文学作品。

刘向《新序论》：“六世而并诸侯，亦皆商君之谋也。……然无信，诸侯畏而不亲。”

贾谊《过秦论》：“三主之惑，终身不悟，亡不亦宜乎。当此时也，也非无深谋远虑知化之士也，然所以不敢尽忠指过者，秦俗多忌讳之禁也。”在南阳郡，秦楚文化必然存在交流、交锋、交融、整合，陈宝祠故事诞生于秦统一之前，是南阳郡的秦人主观上自觉的创作，客观上能起到“匡饬异俗”“外教诸侯”“树秦之名”，淡化诸侯“不直秦”“畏而不亲”的作用，其作者应该就是贾谊所说的“深谋远虑知化之士”。我们从秦始皇帝陵陪葬坑出土的文官俑考察，其中有没有类似于南阳郡的“深谋远虑知化之士”，令人遐想。

王宏波工作单位：宝鸡市社会科学院

王嘉栋工作单位：宝鸡市社会科学院

① 张梦晗：《“新地吏”与“为吏之道”——以出土秦简为中心的考察》，《中国史研究》2017年第3期，第61–70页。

礼县四角坪祭祀遗址谫论

温虎林

礼县四角坪遗址是2023年全国十大考古新发现之一，遗址以其建筑规模宏大、地理位置独特、保存完整而受到考古界重视，基本被认定为一处具有国家“大一统”性质的礼制性建筑群。礼县四角坪遗址延续了早期秦文化特殊的祭祀形式与祭祀内涵，体现出秦人独特的祭祀风貌，对于进一步认识秦人独特的祭祀文化具有重要史料价值。礼县四角坪遗址体现出秦人天地神人一体的思想观念，更有秦人五行水德思想观念与祖先崇拜思想，也是秦人“畦”“畤”等祭祀仪式的活化石，其祭祀内容与形式蕴含着秦人治理国家的核心理念。

一、礼县四角坪遗址祭祀的天地神人

四角坪遗址位于礼县城东2.5 km的四格子山顶，海拔1867 m，界于大堡子山遗址、圆顶山遗址、鸾亭山遗址、西山遗址之间，西汉水从东南蜿蜒而过。从地理位置与地形分布来看，这几处遗址都处在西汉水畔，与其相关的甘肃境内秦人甘谷毛家坪遗址在渭河南岸台地上，清水李崖遗址也是在牛头河北岸台地上，这种相似的地理环境选址，是秦人水德思想支配下的堪舆观念体现，具有认识上的范式意义。从四角坪遗址所处地形来看，四角坪山体符合周代“圆丘为天”的祭天理念，基本位于独立山顶，该山四周各呈龙爪状抓住大地，稳定而且坚固，且高于周围众山，遗址是把基本独立的山顶人工削平，四周夯筑，按照秦人独特的祭祀方式进行天地神人的祭祀。根据中央地穴聚水引水以及其他地块水渠分布来判断，极有可能也与祭祀秦人治水祖先伯益有关，即此处是秦始皇西巡陇西礼县祭天祭地祭祖之地，这里绝不是单一祭祀场所，而是综合性的多元祭祀胜地。总面积2.8万 m²的平台上分割成众多块状建筑遗址，相互间用鹅卵石铺就，相互交通，明显具有秦人畦祭、畤祭性质，中央之水分流四周。礼县四角坪遗址有“蓄水导水用水”功能，祭祀之水来自天上，是将收集的雨水通过管网分流到四周，以此实现天地交通，达到“赞天地之化育，与天地参”的逻辑理想，表达出天地一体、万物和时的自然观与宇宙观。四角坪遗址的祭祀特殊之处是祭祀“天上之水”，即“天水”。《春秋经传》记载有“郊、大雩、禘、烝、尝、日月、星辰、风云、社稷、五祀、四望山川、先农等祭祀典礼，与《周礼》所记大体吻合。概括起来就是对天神、地祇、人鬼的祭祀典礼”[①]。礼县四角坪遗址基本合乎《春秋经传》祭祀内涵，祭祀天神、地祇与祖先，更有其神秘的“水”祭。在此思想认识基础上，我们还可以理解为秦人对天下的治理逻辑，即围绕中央的区块化治理，秦人分块而治理国家的思想与分块引水的思想理念何其一致。由此我们有理由相信大禹治水不仅仅是治水，而是治理国家。这里当然是秦人早期祖先生活过两百余年的地方，秦公簋所载“十二又公”，即“中潏、蜚廉（亦作飞廉）、恶来、女妨、旁皋、太几、大骆、非子、秦侯、公伯、秦仲和庄公”[②]。“十二又公”均生活在这里，开疆拓土，结盟联姻，深耕陇右。还有葬于西山的秦襄公与秦文公，《秦始皇本纪》：“襄公立，享国十二年，初为西畤，葬西垂，生文公”；“文公立，居西垂宫，五十年死，葬西垂，生静公”[③]。随着20世纪90年代礼县大堡子山秦公大墓的发现，学界基本认定为秦襄公与秦文公之墓，秦襄公和秦文公也应在祭祀范围之列。因此，四角坪祭祀的人鬼应是秦人从伯益到“十二又公”及襄公、文公的众位祖先，祭奠让其护佑嬴秦子孙。从中潏至秦始皇五十余代秦人八百多年的奋斗历程，历史脉络清晰，史料完备，秦始皇的万代思想根植于先祖发展脉络。因此，四角坪祭祀属于秦人祖庭的宗子祭祀，“宗子通过祭祀表达尊祖敬祖，从而把宗族内部各成员团结起来”[④]。当然也有寻祖认祖的意味，显示出秦人的瓜瓞绵绵、不绝于嗣的思想观念。

礼县四角坪遗址从建筑规模来看，是从方国过渡到帝国时期的祭祀场所，也就是为秦始皇统一六国后西巡祭祀所建。这一考古发现弥补了《史记》记载的不足，“二十七年，始皇巡陇西、北地。出鸡头山，过回中”[⑤]。当时礼县属三十六郡的陇西郡，四角坪是秦始皇西巡祭祀之地，是符合《礼记》所载礼制的，“天子祭天地，祭四方，祭山川，祭五祀，岁遍。”[⑥]既是对天地的祭祀，

① 吕文郁：《春秋战国文化史》，新世纪出版社，2018，第243页。

② 陈泽：《西垂文化研究》，五洲文明出版社，2005，第33页。

③ 司马迁：《史记》，中华书局，2006，第56页。

④ 梁奇、赵良：《祖先、宗子与父母：家庭视域下〈诗经〉的宗族意识书写》，《郑州大学学报（哲学社会科学版）》2024年第4期，第107-113页。

⑤ 司马迁：《史记》第44页。

⑥ 戴胜纂辑《礼记》，王学典编译，蓝天出版社，2008，第31页。

也是对西方的祭祀，还有对祖先的祭祀，更有秦人神秘的对“天水”的祭祀，也是极重功利的秦国也一直在重视鬼神之天命对国家认同建构的作用。[①]秦始皇统一后的第二年，便来到祖庭之地祭祖先、祭天地、祭四方之西方、祭山川，以求神灵、祖先护佑，并祭祀上天之水分流归流，以求风调雨顺、众水归壑，五谷丰登、百草丰茂。“始皇推终始五德之传，以为周得火德，秦代周德，从所不胜。方今水德之始，改年始，朝贺皆自十月朔。衣服旄旌节旗皆上黑。”[②]四角坪遗址对水的收集、储蓄、分流正是秦人水德思想的体现，秦始皇对此深信不疑并且指导实践。

二、礼县四角坪遗址与秦人水德思想

礼县四角坪遗址最大的特殊之处在于遗址中心位置有集水设施，中心土台中部半地穴空间，类似于一个大水池，具有蓄水、排水、防水甚至控水等功能。大池地面是用方砖铺平的，中间微低，水可聚集于中心井，中间竖井有3.3 m深，内壁显示夯筑痕迹，接近池面有排水管嵌入，体现出秦人对水的重视，这或许为秦人尚水德找到了相关例证。中心水池外围有通水管道，可能是分水的排水设施。秦人治水的历史应该追溯到先祖伯益，伯益助力夏禹治水有成功经验，治水也是大禹得天下的法宝，秦人取得成功也是得益于治水，其著名工程有都江堰、郑国渠、灵渠等等。

修建于秦昭王后期（约公元前276年—公元前251年）的都江堰，代表着秦人治水智慧的结晶。李冰父子总结前人治水的经验，创造性地修建了以无坝引水为特征的水利工程，沿用至今，当时为秦完成全国统一提供了粮食保障。都江堰工程显示出秦人治水的政治智慧，秦人以水治天下的思想是一以贯之的，都江堰分水排水思想在礼县四角坪遗址有所体现。建于公元前246年（秦王政元年）的郑国渠，是在关中建设的大型水利工程，它西引泾水东注洛河，长达300余里，“溉泽卤之地四万余顷，收皆亩一钟。于是关中为沃野，无凶年，秦以富强，卒并诸侯。”[③]灵渠是公元前214年，秦始皇统一六国之后修建的水利工程，也是用了分水的铧嘴，让海洋河一分为二，分别流入漓江和湘江，从而间接将湘江和漓江连接起来，改善局部水环境，促进了多个地区的文化交流，间接促进了经济发展，造福于当地，为岭南地区的统一做出了贡献。

---

① 谢乃和:《周秦之际天命观的多重内涵及其演变》,《华东师范大学学报(哲学社会科学版)》2024年第2期,第72–84页。

② 司马迁:《史记》,第43–44页.

③ 司马迁:《史记》,第179页.

由此可见，秦人特别重视对局部水资源的管控，上述三大工程均用分水导水的办法治理一处河水，造福一方百姓，最终靠对水资源的管控获益，实现粮食增收多产，奠定物质基础，最终完成统一大业。秦人这种治水理念继承了先祖伯益的治水经验，礼县四角坪遗址是以祭祀的形式体现秦人对上天之水的储存、分流、引流理念，体现出秦人从信仰上改造自然的措施与决心，实践证明秦人的积极治水是取得天下统一的主要原因之一。此地之河水来自嶓冢山与朱圉山，这两座名山均记于《禹贡》，此地理名称记录据考证与伯益有关，分别是西汉水和冒水河的发源地，可能合乎古人的某些观念，秦人在此找到嶓冢山与朱圉山，并在这两山区域发迹，应该不是偶然的，而是有某种必然。秦人在礼县四角坪有关祭祀“天上之水”的活动，也与这里的地形有关，秦人在陇东南活动区域均为渭河、泾河、西汉水的上游，并且都流向东方或东南方，流经区域则是秦人想全力管控的地方，所以此处对水的祭祀或许有秦人信仰上的某种神秘性，正如秦人在陇东南区域水边诅楚一样。诅楚文《告巫咸文》《告大沈厥湫文》均为祭祀水神文诰，让秦的宗祝在巫咸神、大沈厥湫神面前咒诅楚王，祈求在精神信仰上挫败楚国，是秦人非常重视的一种战术。北宋晁说之《成州龙池湫潭庙碑》记载：“揆观其远，方嬴秦时，池名曰湫，礼币行焉，悉投文以诅楚。”[①]可见今陇南成县也有秦人诅楚地，遗址在今成县陈院白马庙村，该泉水至今是当地老百姓的生活用水。由此可见，秦人不仅重视“天上之水”，对其进行特殊祭祀，而且重视地表河流源头山脉的神秘力量，选择嶓冢山与朱圉山为源头的西汉水流域及冒水河流域为其居址，自有其文化传承与文化认同方面的原因。

温虎林在《〈秦风·蒹葭〉本事本义考论》一文中讨论了水在秦祭祀文化里承载的作用。[②]在水德思想支配下的秦人对水有特殊认知，作为秦人遗风的礼县、西和一带的乞巧风俗有隆重的取水迎水仪式：准备乞巧活动要提前生巧芽，巧芽要靠水来化育，乞巧活动的高潮是从水中卜巧，从水里看巧芽的形状，预示得巧与否，足见秦人民间民俗对善化万物的水的别样认知。

秦人把传统意义上的五行水德上升到信仰层级，其中融入对祖先伯益的崇拜。水不仅有利于万物生长，还带来充足粮草，而且从《诅楚文》看，水可以助力战争。从秦人乞巧民俗看，水又能求得智慧，秦人五行观的水德信仰的确扩展了水利万物的内涵，不能不说秦人是善于开拓创新的。秦人从对水的治理

① 温虎林:《杜甫陇蜀道诗歌研究》,中国社会科学出版社,2015,第192页。

② 温虎林:《〈秦风·蒹葭〉本事本义考论》,《宁夏师范学院学报》2022年第12期,第29-35页。

中认识到了社会治理与国家治理的路径，这种治水用水理论能延续至今，说明其具有合理的内在逻辑，有利于社会发展，有利于造福人民。

三、礼县四角坪遗址与秦人“畦”“畤”等祭祀仪式

秦人继承了夏商周的天命观，重视对天地神灵的祭祀。“秦襄公作西畤，祭白帝。文公作鄜畤，祭白帝。宣公作密畤，祭青帝。灵公作吴阳上畤，祭黄帝，作下畤，祭炎帝。献公作畦畤，祭白帝。”[①]秦人对神灵的祭祀，也是以“君权神授”的形式为王权提供理论支撑。对于春秋战国时期的君主而言，为了加强君权和稳固统治，因为需要对政治行为进行神圣性包装，所以仍继续高扬天命。[②]对礼县四角坪祭祀而言，不仅是对神灵的祭祀，还有祭祀祖先，更有秦人特有的畦畤祭祀。

“畦”本义为田园中分成的小区：畦田，菜畦。古代称田五十亩为一畦，又称地名。《史记·封禅书》载：“栎阳雨金，秦献公自以为得金瑞，故作畦畤栎阳而祀白帝。”《集解》释“畦畤”引晋灼曰：“《汉注》云：‘在陇西西县人先祠山下，形如种韭畦，畦各一土封。’”“《索隐》引《汉旧仪》云：‘祭人先于陇西西县人先山，山上皆有土人，山下有畤，埒如韭畦，畦中各有一土封，故云畤。’”[③]畦祭的本质是将大块分为小块，这样好管理，四角坪遗址正是体现秦人畦祭的特点，中心夯土台是秦人畤祭特征，四周以长方形、曲尺形建筑为分割，又有相互连通回廊连接，构成整体切分状态，是一个既一体又有单独性的祭祀建筑群。这种祭祀格局蕴含着秦人治理天下的观念，秦朝将夏朝的九州分割为三十六郡，也是倍数分割，秦人文化上继承夏制并发展夏制，核心文化思想与夏一脉相承。中央高台为权力中枢，四周低构成拱卫，四面建筑均呈对称结构，四角坪遗址建筑格局体现出秦人治理天下的思想观念，这可能也是从信仰层面阐释郡县制管理的“君权神授”。

“畤”是古代祭祀天地五帝的固定场所。最早见于《史记·封禅书》：“秦襄公既侯，居西垂，自以为主少皞之神，作西畤，祠白帝。”[④]闻一多认为：“畤本周人旧俗，周人郊天，以后稷配享，而后稷始教稼穑者，故祭之之处，

---

① 闻一多:《伏羲考》,上海古籍出版社,2009,第109页。

② 谢乃和:《周秦之际天命观的多重内涵及其演变》,《华东师范大学学报(哲学社会科学版)》2024年第2期,第72-84页。

③ 祝中熹:《早期秦史》,敦煌文艺出版社,2003,第11页。

④ 司马迁:《史记》,第165页。

设畤象田畴焉。”[①]秦人发展了畤祭，依然是最高规格的祭祀，相当于周代的郊祭，但四角坪祭祀遗址所展现的现场明显不同于襄公时期的鸾亭山畤祭。礼县鸾亭山遗址既然是古代祭天的场所，那么非西畤莫属。[②]四角坪遗址向西北不远就可看见鸾亭山，且高于鸾亭山168 m，选址应该是有关联的，只是四角坪遗址建筑物建成时间不长就被毁坏，没有保存下有重要参考价值的祭祀文物，仅存遗址轮廓及部分瓦当瓦砾。四角坪遗址也有畤祭成分，中央是一高于四周的平台，符合畤祭特点，又有畦祭性质，中央平台四周分布着对称结构建筑群，其间布满鹅卵石铺就的连通廊道，并有分水引水管道与渠道，水祭似乎是四角坪祭祀的最大特点。试想，秦人从远祖伯益那里保留下来的治水经验，秦人代代相传，至秦始皇时期更加发扬光大，可以说秦人以水治天下，靠水得天下。因此，四角坪遗址给我们既留下了秦人畦祭、畤祭原型，也是一处秦人独特的畦畤祭祀的活化石。

闻一多指出："是畤本社稷之变相，盖稷出于社，畤又出于稷也。"[③]此论乃卓见，秦人、秦族得名之秦，就与农业有关，秦不管是马料还是粮食，都离不开农业种植和农业管理，秦人对稷在农时、选种、管理、收获方面都有独到见解与措施。畦、畤分块化的农田管理模式沿用至今，实践证明分块化种植产量高，管理成本低，今人甚至用套种的办法细化古人成功经验，历史进程中的井田制、自留地、责任田都是畦畤思想的延续。农业及其管理依然是我们的立国之本，对秦人农业方面取得的成就，我们一直以来认识不够到位，农业管理、分水技术与郡县制一样是秦人留给后世的智力财富。

四、结语

礼县四角坪遗址的发现，揭开了秦人畦祭、畤祭的神秘面纱，不论是畦祭、畤祭还是具象的水德信仰，都具有鲜明为己的功利性，秦人水德思想不仅是信仰层面的，而且具有实际意义，用集水、蓄水、分水、引水实现对水的价值最大化。四角坪遗址还告诉人们秦人天地神人一体的天命观，由天而地，由地惠人，拜神敬祖，更有祖先开创的基业及其开创基业的不屈精神，一并成为后世秦人的巨大精神力量。四角坪遗址既体现了"君权神授"的道统逻辑，又体现出秦人敬天祭祖的天命观，还有秦人上升到信仰层面的分水归流、区块管

① 闻一多:《伏羲考》,第110页。

② 祝中熹:《秦国西畤帝王研究述评之鸾亭山篇》,《天水师范学院学报》2017年第1期,第6-13页。

③ 闻一多:《伏羲考》,第109页。

理的思想。郡县制治国理念出自秦人的水德思想体系，治水即治国的会通理念有其内在的合理逻辑。四角坪祭祀遗址体现出从伯益、中潏、秦襄公、秦文公到秦始皇的秦人世系谱系，彰显出秦人顽强拼搏、接续奋斗的发展壮大过程，彰显出秦人一统天下的政治智慧，更暗合秦人香火延续的生命力意义。所以秦始皇的这次祖庭祭拜，需要四角坪遗址这样巨大规模的祭祀建筑群，庄重宏大，气象万千，是大一统国家祭祀的标志，具有君临天下的王霸气魄。

温虎林工作单位：陇南师范学院

寻找“汧渭之会”的新线索

王太职

汧渭之会，顾名思义是汧河与渭河交汇的地方，在地理空间上是一个较大范围的区域；而本文所要探讨的“汧渭之会”是指历史记载中秦文公作为都邑的一个具体地点。《史记·秦本纪》记载：“文公元年，居西垂宫。三年，文公以兵七百人东猎。四年，至汧、渭之会。曰：‘昔周邑，我先秦嬴于此，后卒获为诸侯。’乃卜居之，占曰吉，即营邑之。十年，初为鄜畤，用三牲祭白帝。十三年，初有史以纪事，民多化者。十六年，文公以兵伐戎，戎败走。于是文公遂收周余民有之，地至岐，岐以东献之周。十九年，得陈宝。”

对于“汧渭之会”的地望，古代以《史记·正义》引《括地志》的影响最大，其记载：“眉县故城在岐州眉县东北十五里……秦文公东猎汧渭之会，卜居之，乃营邑焉，即此城也。”《太平寰宇记》所记与《括地志》大体一致。现代学者也有继承这一说法者，如林剑鸣先生在其著作《秦史稿》中持眉县说[①]。历史上任何时期，眉县在地理位置上与汧渭之会都相距甚远。《水经注·渭水》载：“眉县有召亭，故召公之采地也。”说明眉地在西周时已有，在今眉县、周至一带。秦代眉县的版图包括今眉县西北部、岐山县南部，西北县界最大范围不到今天蔡家坡和阳平镇一带。《括地志》中所指眉县故城，当指汉代眉县故城，在今眉县渭河北岸的眉县火车站以东。唐时眉县与今日眉县地望基本相同[②]。而今之眉县位于汧渭之会东百里以上，汧河入渭处几千年改动不大，况且未发现过春秋时期秦的遗址，因此这种说法是错误的[③]。李零先生认为在宝

---

① 林剑鸣:《秦史稿》,上海人民出版社,1981,第38页。

② 吴镇烽:《陕西地理沿革》,陕西人民出版社,1981年。

③ 高次若、刘明科:《关于汧渭之会都邑及其相关问题》,载《周秦文化研究》编委会编《周秦文化研究》,陕西人民出版社,1998,第583页。

鸡陈仓[1]，高次若、刘明科认为在今日斗鸡台地区的陈仓上城遗址，皆指今戴家湾一带[2]。《元和郡县图志》载：“陈仓古城，在今县（今宝鸡市）东二十里，即秦文公所筑。”《宝鸡县志》载：“宝鸡夏商时为雍州陈国，战国时秦设陈仓县，秦文公筑陈仓城，史称上城，原址在今戴家湾附近。”蒋五宝认为“汧渭之会”在宝鸡县千河乡魏家崖村（今宝鸡千河镇魏家崖）一带，处于汧河入渭的东夹角[3]。他从地名、历史记载、地理位置、出土文物等九个方面论证了其观点。特别是魏家崖村早年就出土过丰富的秦早期文物，包括金器、青铜礼器、陶器等；焦南峰、田亚岐认为“汧渭之会”在凤翔长青镇孙家南头一带，也是“蕲年宫”所在[4]。理由是发现了比“蕲年宫”更早的建筑遗存。2003年在孙家南头西南、汧河东岸台地上发掘了一处大型墓地，有近200座春秋早中期的墓葬，其中不乏五鼎的贵族墓，应归属于附近某个都邑。

各学者对“汧渭之会”地望之探讨，总结起来主要有三种：汧河入渭西夹角，汧河入渭东夹角，陈仓城（或陈宝祠）处。《史记·秦本纪》和《史记·封禅书》记载，秦文公先作“汧渭之会”，六年后作“鄜畤”，九年后再作“陈宝祠”。从“陈宝祠”的作用来看，它是文公为了笼络当地的周余民，附会当地的传说，建立陈宝祠并祭祀周人心中的神，与“鄜畤”的作用完全不一样。“鄜畤”应与都邑相距不远，因此“陈宝祠”与“汧渭之会”不大可能在同一处。再者，蒋五宝认为文公不太可能在陈仓古城废弃的遗址上重建新城，付出的代价太大。在文公仅有区区七百人的力量和很短的时间，定是另建新城。《史记·封禅书》说“城祠之”，就是在陈仓北坂筑城祭祀陈宝。梁云也认为这个城与“汧渭之会”肯定不是一回事，因为二者营建的年代前后相差15年。如果祭祀陈宝的“祠城”就是“汧渭之会”，那么这个城早就存在，文公十九年（公元前747年）没必要再建。[5]

汧河入渭的西夹角处即戴家湾遗址所在，这一带在清代、民国直至中华人民共和国成立后常称为斗鸡台，近些年一般称戴家湾，成为宝鸡市一个新的政

① 李零:《〈史记〉中所见秦早期都邑葬地》,载中华书局编辑部编《文史》第二十辑,中华书局,1983,第15页。

② 高次若、刘明科:《关于汧渭之会都邑及其相关问题》,载《周秦文化研究》编委会编《周秦文化研究》,第584页。

③ 蒋五宝:《“千渭之会”遗址具体地点再探》,《宝鸡文理学院学报(人文社会科学版)》1998年第2期,第55-58页。

④ 焦南峰、田亚岐:《秦置都邑于“汧渭之会”地点再探讨》,载宝鸡青铜器博物馆编《周秦文明论丛》第一辑,陕西人民出版社,2006年。

⑤ 梁云:《鄜畤、陈宝祠与汧渭之会考》,《秦始皇帝陵博物院》2011年第1期,第79-92页。

治商业区。戴家湾遗址南邻渭水，北依贾村塬，总面积约100万m²。该遗址内涵丰富，包含史前至汉代以后各时期的遗存。地形上由北向南落差约180 m，东西方向被刘家沟、戴家沟、杨家沟分割。遗址被东西向的引渭渠分割。渠北20世纪30年代苏秉琦先生曾经发掘，揭露了多座西周时期和战国汉代墓葬。戴家沟东侧曾遭国民党军阀党毓琨盗掘，盗出大量西周早期的青铜器。干渠与陇海铁路之间、戴家沟与刘家沟之间大约10万m²的范围内主要分布着汉代遗存。此区域在1958年经过了考古钻探，1983年做了局部发掘，清理出陶水管、几何纹砖等大量的汉代建筑材料。20世纪90年代初陕西省考古研究所与意大利合作发掘该遗址。2008—2009年梁云等在此调查，采集到大量的砖瓦，砖面有压印绳纹，筒瓦、板瓦背饰绳纹，内壁饰布纹，均属汉代。同时发现一段夯土墙，总长约150 m，现高约1 m，夯层厚约10 cm，并认为是汉代陈仓县城或者陈仓下城所在①。综合来看，戴家湾遗址出土物以西周早期为主，遗迹多属汉代。尽管苏秉琦先生发掘出少量的春秋墓，党毓琨盗出的器物中也有少量属春秋时代，但以此来推断戴家湾遗址是“汧渭之会”证据欠缺较多，暂时可以排除戴家湾一带的可能。

凤翔孙家南头遗址也有学者认为可能是“汧渭之会”。从地理位置来看，孙家南头西临汧河，距汧渭交汇处有20多千米，实与两河交汇处距离太远，明显不符合“汧渭之会”地理上的含义。孙家南头村东南不远的马道口村出土的西汉铜鼎铭文里言，秦汉时期孙家南头所处之地名为“汧”。发掘者撰文对孙家南头春秋秦墓做了详细探讨，以铜器断代6座铜器墓的时代为春秋中期到晚期，即穆公中晚期到悼公时期。而以陶器推断为春秋早期偏晚到春秋晚期。年代上和秦文公存在一些差距，田亚岐先生解释为年代上虽然稍晚，但不排除有早期墓葬的存在，且早期城邑的迁徙并不意味着人群的全部迁离。并认为孙家南头墓地应为都邑迁徙后秦人继续生活于“汧渭之会”一带的大型族葬墓地②。笔者认为这种解释不甚严密，首先“不排除有早期墓葬的存在”不能作为推论的依据，再者都邑迁徙后秦人贵族留下继续生活的可能性不大。古代都邑的迁徙大多是受到了敌对势力或者自然的强烈压迫。秦文公所居“汧渭之会”开始仅七百人，经过48年人口也不可能增长太多，贵族当然也不会太多，当都邑迁徙时，贵族们必然要迁走。因此认为孙家南头遗址应该和“汧渭之会”没有直接的联系。

---

① 梁云：《鄜畤、陈宝祠与汧渭之会考》，《秦始皇帝陵博物院》2011年第1期，第79-92页。

② 田亚岐、刘爽：《孙家南头秦国春秋铜器墓的相关问题》，《考古与文物》2013年第4期，第76-92页。

寻找"汧渭之会"的目光还是要转向汧河入渭的东夹角地带，即今天的陈仓区陈家崖村、魏家崖村及周围地域。早年就有学者关注过，发现过不少珍贵的秦早期文物，但没有经过科学的调查和发掘。2008—2009年梁云团队在汧河流域做了详细调查，进一步认识到魏家崖（陈家崖）遗址的重要性。采集到带筒身的半瓦当，当面饰弧形绳纹带。从形制上看与雍城马家庄宗庙遗址出土的瓦当相似，年代相当或更早。

为了深入了解魏家崖遗址的文化内涵和性质，2021年西北大学梁云带队再次进行调查，并做了小规模勘探，在陈家崖村北350 m处、引渭渠南侧发现了春秋早期的夯土遗迹①。2022年西北大学、陕西省考古研究院、宝鸡市考古研究所等单位对魏家崖遗址开始进行正式发掘。宝鸡魏家崖遗址位于宝鸡市陈仓区千河镇魏家崖村和陈家崖村东北，千（汧）河与渭河交汇处东夹角的三畤塬向河岸阶地过渡的缓坡上，东北高、西南低，海拔约545—580 m。西临千（汧）河，南临渭河，西南距宝鸡市约3.5 km。遗址范围西至宝汉高速西侧的贺家崖村边，南至千（汧）、渭河边一级阶地，东至冯家嘴村，北至引渭渠以北约500 m，长约1.5 km、宽约0.7 km，总面积约100万m^2。东距宝鸡太公庙秦都平阳遗址约11.5 km，东北距秦都雍城遗址约15 km，西距宝鸡戴家湾遗址约8 km。遗址早在仰韶时期就已使用，包含仰韶时期、龙山时期、西周、东周、汉代等遗存，以春秋时期秦文化遗存为主。②

2022年在陈家崖村西北，原陕西机床厂西侧台地上布方4个，发掘面积100 m^2。发掘灰坑44个、灰沟2条、墓葬2座。灰坑和灰沟所在为居址，属于春秋早期的灰坑22个，灰坑中出土可辨器型有鬲、槽型板瓦等，灰沟中有鬲、罐等。墓葬2座，分别为M3和M4，M3为小型墓，东西向，墓主骨骼凌乱，可能为二次葬，无葬具，年代为东周至汉代；M4为东西向长方形竖穴土坑墓，墓口长4 m、宽2.15 m，墓底长4.3 m、宽2.5 m，深7.5 m，口小底大。墓壁挖有脚窝，北壁和南壁各有一个壁龛，龛内各殉1人，均为20—24岁女性。填土局部经过夯打，内含较多陶片、动物骨骼和玉石器，玉圭18件、玉璜1件、玉戈4件。葬具为一椁双棺，椁室平面为"亞"形，棺有内、外两重，长方形。棺椁之间有隔板，将椁室分为头箱和棺室。头箱内放置随葬品共计32件，包括青铜器13件、陶器11件、玉石器8件。棺椁之间四周出土陶珠1287颗、陶磬

① 详细资料尚未公布。

② 西北大学、陕西省考古研究院、秦始皇帝陵博物院、中国国家博物馆、宝鸡市考古研究所:《陕西宝鸡魏家崖遗址D发掘点2022年发掘简报》,《中国国家博物馆刊》2024年第2期,第6-34页。

形饰144件、铜鱼41件、铜铃8件。墓主位于内棺中，骨骼保存极差，葬式不可辨。青铜器中有列鼎5件、簋4件、盉、盘各1件，方壶2件。陶器组合为喇叭口罐2件、鬲3件、豆4件、盆2件。M4从墓葬形制、随葬品和殉人特征判断，应是春秋早期秦文化贵族墓葬。①

由此次发掘可以看出，魏家崖遗址以春秋早期的文化遗存最为丰富且级别很高。灰坑H17所出两块槽型板瓦从特征上观察应该要早于雍城同类板瓦，是目前所见最早的秦瓦，年代可到春秋早期，这说明此遗址中存在春秋早期的大型建筑。M4有丰富的棺饰，这是以往高等级秦墓中未发现的。根据多年的考古发现，这种丰富的棺饰一般出现于西周中晚期至春秋早期周人的高等级墓葬中，属于周人的葬俗。据梁云先生研究，葬俗是很难改变的一种文化因素，在考古学文化族属研究中有很强的指示意义②。M4随葬五鼎四簋，按照周代列鼎制度墓主应为大夫级别，其墓葬中吸收了周人葬俗，一方面说明秦人、秦文化的包容性，另一方面说明秦人在偏远的西垂之地东进，想扎根于周人根据地就必须在文化上建立认同感，使当地一些周余民归附于秦人。在2023年魏家崖遗址发掘中，发现了分布密集的西周时期的周人墓葬，这也证实了《史记·秦本纪》所记载的“昔周邑，我先秦嬴于此，后卒获为诸侯。”同年，在引渭渠以南发现了夯土墙，呈西北—东南走向，北墙因近现代人为活动破坏呈非连续状态。根据调查、钻探情况，目前发现的夯土墙可复原长度超过500 m。发掘期间对夯土墙两处地点自然暴露在外的剖面进行了清理，铲去夯土直立面上的植被、近现代堆积，确定了夯土堆积情况，确认了夯土墙的东南拐角。据发掘项目负责人梁云判断，发现的夯土墙即春秋时期的城墙。笔者也到现场进行过仔细观察，发现墙基部分处理比较粗糙，局部城墙下可明显观察到史前时期的灰坑，这意味着建造夯土墙时并没有深挖地基，而是直接在原地面上夯筑。而且没有很明显的夯层，或者夯层很厚，与礼县西山、大堡子山发现的城墙夯层相比，建筑质量要差很多。这种现象可能恰恰说明历史记载的文公率七百人东猎的历史是真实的，在缺乏人力、资源和时间的情况下，草草建成一个简单的城池。另外，从历史背景看，周王室东迁洛邑后，此处仅留小部分周余民，周围也没有强大的敌对势力，建造城墙可能仅仅起到划分界限的作用，其防御功能

① 西北大学、陕西省考古研究院、秦始皇帝陵博物院、中国国家博物馆、宝鸡市考古研究所：《陕西宝鸡魏家崖遗址D发掘点2022年发掘简报》，《中国国家博物馆馆刊》2024年第2期，第6–37页。

② 梁云、安婷宇：《试论葬俗在考古学文化族属研究中的指示意义》，《江汉考古》2023年第6期，第120–130页。

并不重要。秦襄公二年（公元前776年），都邑由西垂迁至“汧”，有学者认为今陇县磨儿塬古城就是“汧邑”①，也有学者否定此说法。“汧邑”使用14年后又迁往“汧渭之会”，“汧渭之会”也仅使用48年，可见秦人发展之迅速，但始终没有完全确定作为长久都邑的地点，直到秦德公迁都雍城。因此可以推测，在秦人雄心勃勃的志向下，“汧渭之会”只是发展过程中一个临时的都邑，其修建的初衷并不是为了长久居住。

尚志儒先生对秦人都城的布局结构曾做过研究，他根据考古发现，总结出都城设施包括城垣、宗庙与朝寝、“市”建筑、郊外离宫别馆、手工业作坊、苑囿等②。魏家崖遗址中发现多处夯土墙，可以初步认定为春秋时期的城墙遗迹。由于遗址后期建设对遗址原貌改变较大，特别是横穿遗址的引渭干渠。但从多段发现的城墙遗迹可以初步勾勒出城垣的局部，这对遗址的定性是非常重要的因素。除此之外，考古队在调查过程中发现一处灰坑中包含一块陶范，范面有双削刀模印，范面青色，范背红色，烧结温度高③。陶范的发现说明在附近可能存在铸铜作坊，遗憾的是目前尚未发现。但是在陶范发现处附近发掘出一处特殊灰坑，包含大量的陶片、石器或半成品、动物骨骼等，可能是制骨场所。综上，魏家崖遗址在发掘三年期间已经发现了城墙、高等级墓葬、车马坑、小型墓葬集中分布区，可能存在手工业作坊。诸多因素表明魏家崖遗址是都邑的可能性很大，加上其地理位置在汧河入渭东夹角，因此推测魏家崖遗址可能就是文公所建的都邑“汧渭之会”。

王太职工作单位：天水市文物保护和考古研究中心

① 张天恩：《边家庄春秋墓地与汧邑地望》，《文博》1990年第5期，第227-231页。

② 尚志儒：《秦都八迁与布局结构之探讨》，载《周秦文化研究》编委会编《周秦文化研究》，陕西人民出版社，1998，第572页。

③ 梁云：《早期秦文化探索》，上海古籍出版社，2021，第332页。

“羽阳”诸系瓦当与秦汉羽阳宫

权 起

一、关于“羽阳”诸瓦和秦汉羽阳宫的文献资料

《汉书·地理志》记载：“右扶风……陈仓……有羽阳宫，秦武王起也。”书中记录了羽阳宫的位置在汉时的右扶风陈仓县，兴建者为秦武王。谭其骧《汉书·地理志汇释》中录有【补注】清人钱坫曰：“宫在今陈仓故城，人或于此得羽阳千岁瓦当也。”谭其骧【编者按】：“治今陕西宝鸡市东陈仓故城。”[①]

北宋王辟之所著《渑水燕谈录》记载：“秦武公作羽阳宫，在凤翔宝鸡县界。岁久，不可究知其处。元祐六年正月，直县门之东百步，居民权氏浚池，得古铜瓦，五皆破，独一瓦完。面径四寸四分。瓦面隐起四字，曰‘羽阳千岁’。”[②]这是关于瓦当的首次记载。

北宋黄伯思所著《东观余论》记载：“近有长安民献秦武公羽阳宫瓦十余枚，若今人筒瓦然，首有‘羽阳千岁万岁’字。其瓦犹今旧瓦，殊不朽腐。”[③]黄伯思生于1079年，卒于1118年，而北宋羽阳瓦当出土的“元祐六年（1091年）”在其所知范围内，可信度较高。

南宋吕大临《续考古图》中摹有“延寿”“长乐未央”“羽阳千岁”“宫立石苑”（见图1）[④]，吕大临生于1042年，卒于1090年，故知其所摹羽阳瓦当非“元祐六年（1091年）”所出，其出土时间可能更早，吕大临书中仅见图样，不见文字描述。

① 周振鹤:《汉书地理志汇释》,安徽教育出版社,2006,第51页。

② 王辟之:《渑水燕谈录》,中华书局,1987,第72页。

③ 黄伯思:《东观余论》,人民美术出版社,2010,第52页。

④ 吕大临、赵九成:《考古图 续考古图 考古图文释》,中华书局,1987,第203-204页。

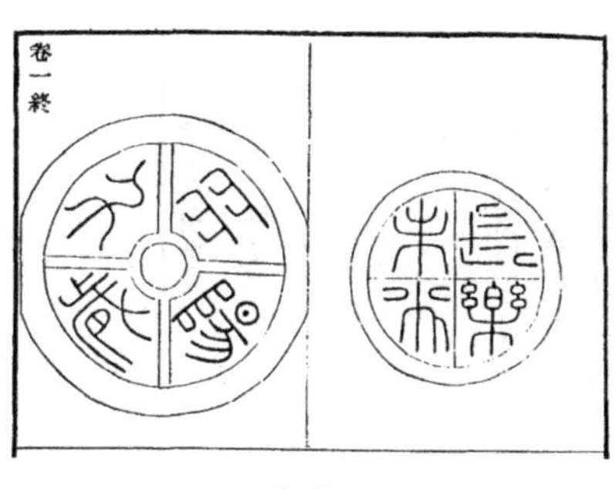

1-1

1-2

图1 吕大临《续考古图·卷一》

（图片来源：吕大临、赵九成：《考古图 续考古图 考古图释文》，第203-204页）

元人李好文在《长安志图》中写道：“昔人有于陈仓得秦瓦文曰‘羽阳千岁’，羽阳，秦武王宫也。”①这与《渑水燕谈录》相契合，承上启下。

清人吴大澂将钟爱的“羽阳千岁”瓦改制为砚（见图2），之后至其孙吴湖帆手中，吴湖帆取阁号作“羽阳阁”。2017年中贸圣佳秋拍中该品再次面世，当面书“羽阳千岁”四个篆字，背有吴氏加刻“吴氏所藏，瓦当之祖”鉴赏印。②

2-1　　2-2　　2-3

图2 吴大澂所藏“羽阳千岁”瓦砚

（图片来源：中贸圣佳拍卖微信公众号：《愙斋旧藏“羽阳千岁”瓦砚》，2019年4月16日，https://mp.weixin.qq.com/s/Ch2iSxfVVJoaVeV2lec6CA）

清人陆增祥《八琼室金石补正》中有“羽阳千秋”瓦当，瓦文与现出之瓦篆法迥异。③当面“羽易（阳）千穐（秋）”四字顺时针排布（见图3），首尾相接，别具风格，用笔豪放。

① 李好文：《长安志图》，三秦出版社，2013，第54页。

② 中贸圣佳拍卖：《圣佳艺文志丨愙斋旧藏“羽阳千岁”瓦砚》，https://mp.weixin.qq.com/s/Ch2iSxfVVJoaVeV2lec6CA，访问日期：2019年4月16日。

③ 陆增祥：《八琼室金石补正(卷一)》，文物出版社，1985，第1页。

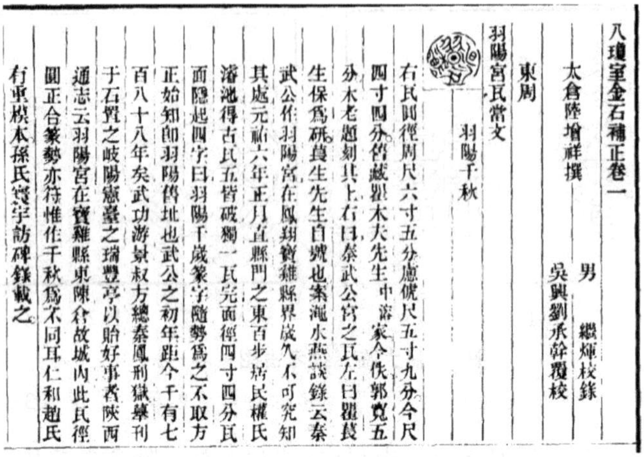

八瓊室金石補正卷一
太倉陸增祥撰　男　繼煇校錄
吳興劉承幹覆校
東周
羽陽宮瓦當文
羽陽千秋
右瓦圓徑周尺六寸五分慮俿尺五寸九分今尺
四寸四分。舊藏瞿木夫先生中溶家今佚郭賡五
分木老題刻其上右曰秦武公宮之瓦左曰瞿長
生保爲硏。瞿長生先生自號也案澠水燕談錄云秦
武公作羽陽宮在鳳翔寶雞縣界歲久不可究知
其處元祐六年正月直縣門之東百步居民權氏
濬池得古瓦五皆破獨一瓦完面徑四寸四分瓦
面隱起四字曰羽陽千歲篆字隨勢爲之不取方
正始知即羽陽舊址也武公之初年距今千有七
百八十八年矣武功游景叔方總秦鳳刑獄摹刊
于石置之岐陽憲臺之瑞豐亭以貽好事者陝西
通志云羽陽宮在寶雞縣東陳倉故城內此瓦徑
圓正合篆勢亦符惟作千秋爲不同耳仁和趙氏
有重模本孫氏寰宇訪碑錄載之

图3　陆增祥《八琼室金石补正》

（图片来源：陆增祥：《八琼室金石补正》第一卷，文物出版社，1985，第1页）

旧《宝鸡县志》记载，秦羽阳宫遗址在陈仓城内，从中唐到晚清，宝鸡市中山路火车站到马道巷一带不断有“羽阳”瓦当及重要秦器出土。1940年，修筑铁路时，挖出有大批“羽阳千岁”字样的瓦当。遗址北部原有“羽山”旧称。史家推断，秦羽阳宫确在此地无疑。现遗址已为现代化城区。①

《金台区志（1990—2010）》记载，民国29年（1940年）修筑陇海铁路宝天段时，在宝鸡县东关（中山路）挖出大批“羽阳千岁”字样瓦当。②

两条记载所述基本相同，但不够具体，旧志中“陈仓城内”对照下文“宝鸡市中山路火车站到马道巷”可知，所指应为当时的宝鸡县，而非陈仓故城。新志所说的宝天段铁路和宝鸡县东关（中山路）较为笼统。查阅《宝鸡铁路交通志（1935—1990）》可知：

> 民国28年（1939年）5月，陇海铁路宝鸡至天水段部分长大隧道、桥涵首先开工。
>
> 民国30年（1941年）5月，宝天铁路从宝鸡站铺轨至宝鸡峡（今林家村车站）。③

1940年所修的应为自东向西运行的宝天段铁路，实地考察发现该段铁路西

① 宝鸡市金台区地方志编撰委员会编《宝鸡市金台区志》，陕西人民出版社，1993，第601页。

② 宝鸡市金台区地方志编纂委员会编《宝鸡市金台区志（1990—2010）》，三秦出版社，2016，第821页。

③ 西安铁路分局史志编纂委员会编《宝鸡铁路交通志（1935—1990）》，1991，第2-3页。

出宝鸡站正好从马道巷穿过，并建有涵洞（见图4），故马道巷说可备一说。

傅嘉仪先生在《秦汉瓦当》一书中说道：“羽阳宫，秦孝公时置，在今宝鸡。”[①]此说未见具体出处。

图4　马道巷及铁路涵洞

（图片来源：作者摄）

陈直先生《秦汉瓦当概述》指出：“羽阳千岁瓦当，在北宋时已有出土者，见于《渑水燕谈录》一九四〇年宝鸡东关修铁路时。曾掘出一大批，有万余片，以千岁为最多，万岁次之，千秋仅十余片，千岁又分粗细两种篆文。临渭一品，在光绪初年即已出土，为福山王廉生所藏。”[②]

其《关中秦汉陶录》中详述：十年前宝鸡东关外修治铁道即秦羽阳宫之旧址，曾出瓦数百片，以“羽阳千岁”为最多，千秋与万岁则较少，临渭仅见一品。又云：“十年前陇海路修治铁道，至宝鸡东关时，曾发现一大坑，计有一千余片，知即秦羽阳宫之遗址，现今为宝鸡车站。”[③]

关于“羽阳”瓦当出土数量，前后给出“万余片”“数百片”“一千余片”三种说法，数量悬殊，但关于出土时间地点，讲得很清楚，即“1940年”在“宝鸡东关（外）”，现为宝鸡车站，但近年在一些著录中变为“20世纪30年代的时候，在宝鸡斗鸡台火车站这个地方，出土过上万枚的瓦当”[④]，或“陈直先生认为羽阳宫在今宝鸡市卧龙寺东站的秦汉陈仓城内”[⑤]，其中一条引自陈直先生《汉书新证》，然笔者查看《汉书新证》，其中载：“羽阳宫遗址，今

① 傅嘉仪：《秦汉瓦当》，陕西旅游出版社，1999，第468页。

② 陈直：《秦汉瓦当概述》，《文物》1963年第11期，第19-43页。

③ 陈直：《关中秦汉陶录》，中华书局，2006，第215页。

④ 梁云：《西垂有声：〈史记·秦本纪〉的考古学解读》，生活·读书·新知三联书店，2020，第110页。

⑤ 赵荣：《椽头乾坤·陕西古代瓦当》，陕西人民出版社，2016，第154页。

在宝鸡东关外火车站对岸，宋时即有羽阳瓦出土。”[①]实与陈先生初衷相违，可见陈直先生对于瓦当出土地始终坚持在宝鸡火车站附近，与宋人观点相类。

1958年宝鸡博物馆成立后，从当地居民手中征集到“羽阳千岁”瓦当共4枚，均为马道巷口附近出土。其中一件面径16.5 cm，内书“羽阳千岁”四字。[②]

通读以上文献，可以看出记载羽阳瓦当的多为传世文献，羽阳瓦当实物多为征集品，且绝大部分资料年代较早，但无论是从文字记载的“羽阳”瓦当的内容、布局、类别，还是从传世图样看，其出土地相对明确，特别是《续考古图》图样与今之传世品相互印证，故马道巷及其周边应为“羽阳”瓦当的最早出土地之一，但对于历代文献中个别记载存在时代跨度较大、叙述含混不清、前后矛盾等问题，在考证中应合理筛选，甄别推敲。

二、“羽阳”诸系瓦当基本概况

“羽阳”诸系瓦当现已发现“羽阳千岁”“羽阳千秋”“羽阳万岁”“羽阳临渭”“羽易（阳）千穐（秋）”5种，可分为多个类型，表现出版式多、变化大、成系列的特点。

（一）版式类型

下文以“羽”字开口朝向为分类大标准，以文字细节差异为分类小标准进行分类。

1.“羽阳千岁”瓦当

A型 仰“羽”版，可分为2个亚型。

Aa型① 现藏于青铜器博物院，面径17 cm（图5-1）；Aa型② 面径13.2 cm（图5-2）；Aa型③ 发现较早，面径17 cm，一说为1987年凤翔县出土，一说为宝鸡火车站附近出土（图5-3）；Aa型④⑤为秦中私家旧藏（图5-4、图5-5），尺寸不详，与前三品应为同版。Ab型为私家藏拓（图5-6），尺寸不详。

5-1　Aa型①

5-2　Aa型②

① 陈直:《汉书新证》,天津人民出版社,1979,第198页。

② 杨曙明、宋婉琴:《金台史话》,中国文史出版社,2017,第95页。

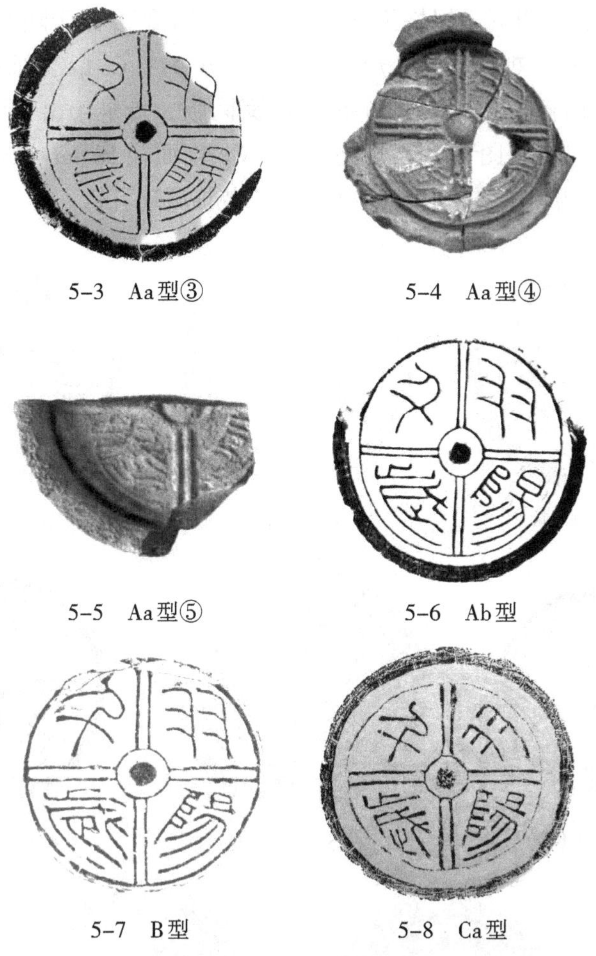

5-3 Aa型③　5-4 Aa型④

5-5 Aa型⑤　5-6 Ab型

5-7 B型　5-8 Ca型

图5 "羽阳千岁"瓦当及拓片（一）

（图片来源：图5-1、5-2、5-4、5-5、5-6作者摄；图5-3凤翔博物馆编著《凤翔遗珍：凤翔县博物馆藏品精萃》，三秦出版社，2012，第37页；图5-7傅嘉仪：《中国瓦当艺术》，上海书店出版社，2002，第68页；图5-8焦南峰等编著《雍城秦汉瓦当集萃》，三秦出版社，2008，第364页）

B型平"羽"版（图5-7）面径12.8 cm。该版发现极少，仅见一品，观察局部特征，应为吴大澂、吴湖帆相传之瓦砚拓本。

C型俯"羽"版的数量最多，版本较杂，"羽"字俯势较甚，根据文字差异分为5个亚型。

Ca型面径16.5 cm，笔画较粗（图5-8）；Cb型 面径16.5 cm，上部缺失，为《金台区志》等资料所载出于宝鸡东关之瓦（图6-1）；Cc型 面径17.5 cm，传出于宝鸡东关（图6-2）；Cd型① 见于日本早稻田大学图书馆藏《秦汉瓦当拓本集》第一册第四页，规格不详（图6–3），Cd型② 藏于陕西历史博物馆秦汉新馆，为1956年刘百训捐，规格不详（图6–4）；Ce型① 面径16.3 cm（图6–5），Ce型②面径16.8 cm（图6–6），两瓦同版，传早年出于凤翔长青一带；Cf型 下站遗址出土（图6–7），规格不详；Cg型 面径18 cm（图6–8），宝鸡青铜器博物院征集品，传出于宝鸡东关，当心装饰联珠乳钉。

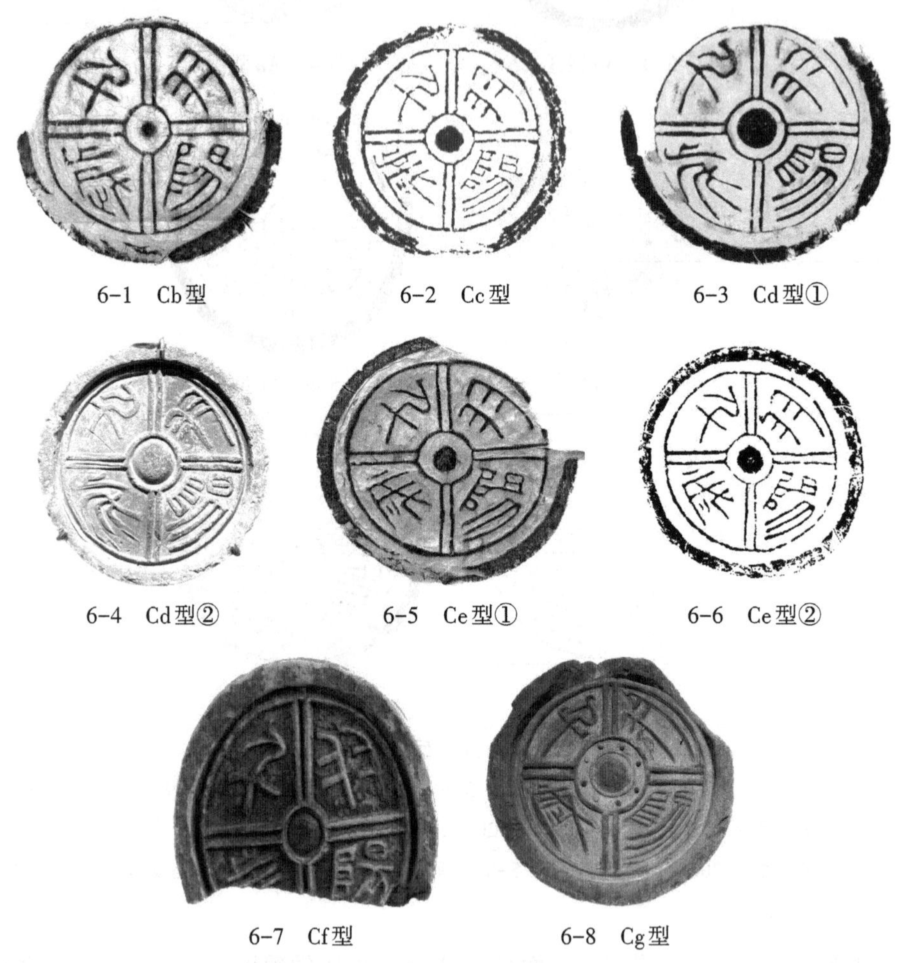

6–1 Cb型　6–2 Cc型　6–3 Cd型①

6–4 Cd型②　6–5 Ce型①　6–6 Ce型②

6–7 Cf型　6–8 Cg型

图6 “羽阳千岁”瓦当及拓片（二）

［图片来源：图6–1、6–4、6–5、6–8作者摄；图6–2傅嘉仪：《中国瓦当艺术》，上海书店出版社，2002，第69页；图6–3日本早稻田大学图书馆藏，王懿荣藏印，原君锡所拓《秦汉瓦当拓本集》第一册第4页；图6–6傅嘉仪：《秦汉瓦当》，陕西旅游出版社，1999，第469页；图6–7游富祥、张敏：《受命于天、既寿永昌、五畤祭天、帝国崛起——寻找汉雍五畤之“秦宣公密畤”》.《艺术品鉴》2021（04）：第144页］

2.“羽阳千秋”瓦当

A型 仰“羽”版 面径17.5 cm（图7–1），仅见一品，文字偏大，“羽”字开口朝西北方向上扬，除“阳”字旋读外，其余文字均偏直读。

B型 平“羽”版可分为3个亚型，均为直读。

Ba型与Bb型，面径均为16 cm（图7–2、7–3），均传出于宝鸡东关。Bc型面径16 cm（图7–4），传出于凤翔，现藏于秦砖汉瓦博物馆。

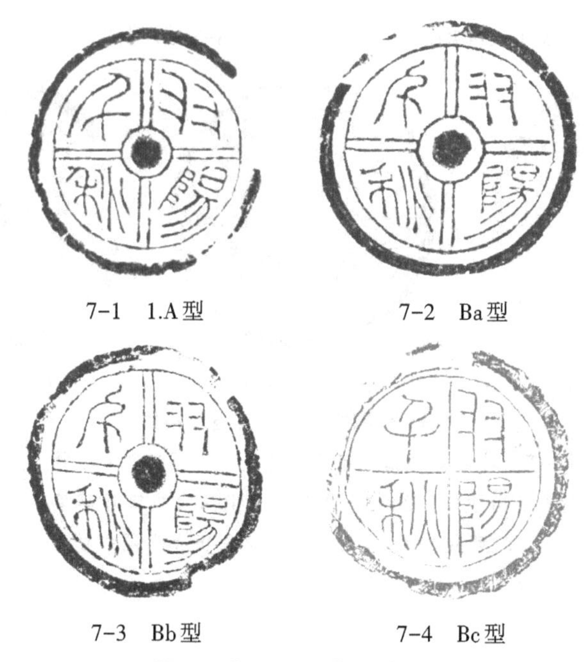

7–1 1.A型　　7–2 Ba型

7–3 Bb型　　7–4 Bc型

图7 “羽阳千秋”瓦当拓片

（图片来源：图7–1、7–2、7–3傅嘉仪：《中国瓦当艺术》，上海书店出版社，2002，第69–70页；图7–4任虎成、张国柱主编《秦汉瓦当拓片精品集》，西安秦砖汉瓦博物馆内部资料，第85页）

3.“羽阳万岁”瓦当

A型仰“羽”型，仅见两品，A型①为凤翔博物馆孙宗贤先生采集于凤翔长青孙家南头遗址（图8–1），残缺特甚，仅见“羽”与“万”上部分，A型②面径15.1 cm（图8–2），下部残缺，传早年出于凤翔。

B型 俯“羽”型可分为2个亚型。Ba型面径16 cm（图8–3），“万”字上方“艹”左右两部分彼此相连，“岁”字笔画依随边轮，呈旋读之势。Bb型① 面径15.6 cm（图8–4），当心残缺，Bb型② 见于《秦汉瓦当拓本集》第一册第三页（图8–5）。

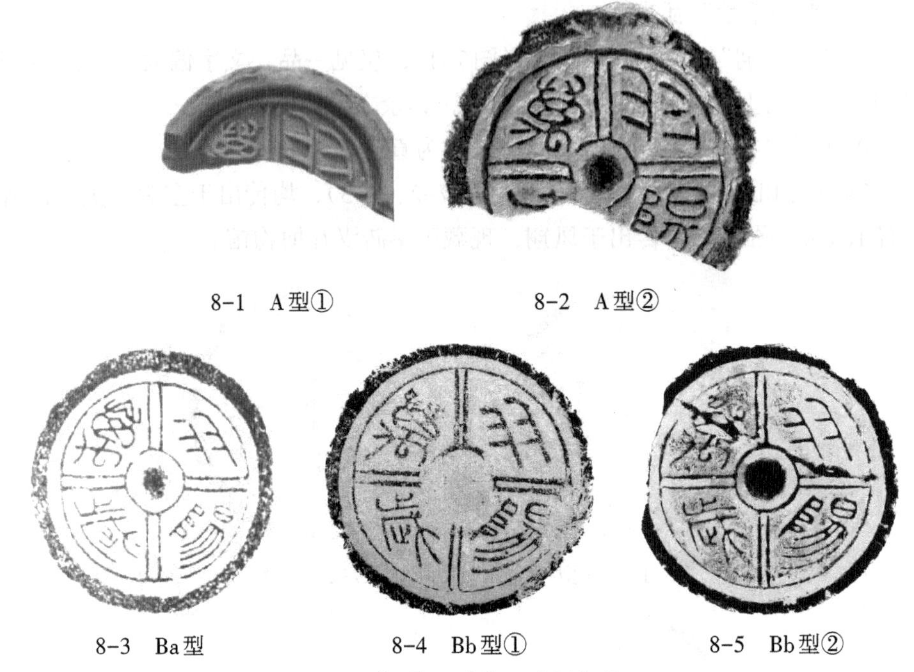

8-1 A型① 8-2 A型②

8-3 Ba型 8-4 Bb型① 8-5 Bb型②

图8 “羽阳万岁”瓦当及拓片

（图片来源：图8-1凤翔县博物馆孙宗贤先生提供；图8-2作者摄；图8-3傅嘉仪：《中国瓦当艺术》，上海书店出版社，2002，第70页；图8-4焦南峰等编著《雍城秦汉瓦当集萃》，三秦出版社，2008，第360页；图8-5日本早稻田大学图书馆藏，王懿荣藏印，原君锡所拓《秦汉瓦当拓本集》第一册第3页）

4.“羽阳临渭”瓦当

出土绝少，所见均为仰“羽”版，可分为小字版、大字版2型。

A型小字版见于《金台区志》（P607）（图9-1），文字偏小，“临”字左部分呈“臣”字，“渭”字左部分“氵”右侧与中间粘连。B型大字版：B型①面径16 cm（图9-2），B型②面径15 cm（图9-3），均传出于宝鸡东关，文字偏大，“临”字左部分下方呈“田”字，“渭”字左部分“氵”互不粘连。

5.“羽易（阳）千穐（秋）”瓦当

该瓦见于清人陆增祥《八琼室金石补正》，陆氏考为“羽易（阳）千穐（秋）”瓦当（图9-4），瓦文与现出“羽阳千秋”之瓦风格迥异。该瓦即为陈直所云“仁和赵氏在道光间又得五六枚，陆增祥据以摹入《八琼室金石补正》”之品，《寰宇访碑录》亦云“羽阳宫瓦浙江仁和赵氏家藏”[①]。另该瓦出

① 孙星衍、邢澍:《寰宇访碑录(卷一)》,商务印书馆,1935,第2页。

于清道光年间，瓦当收藏较热，瓦价甚高，故不排除古董商为牟取暴利臆造之可能。

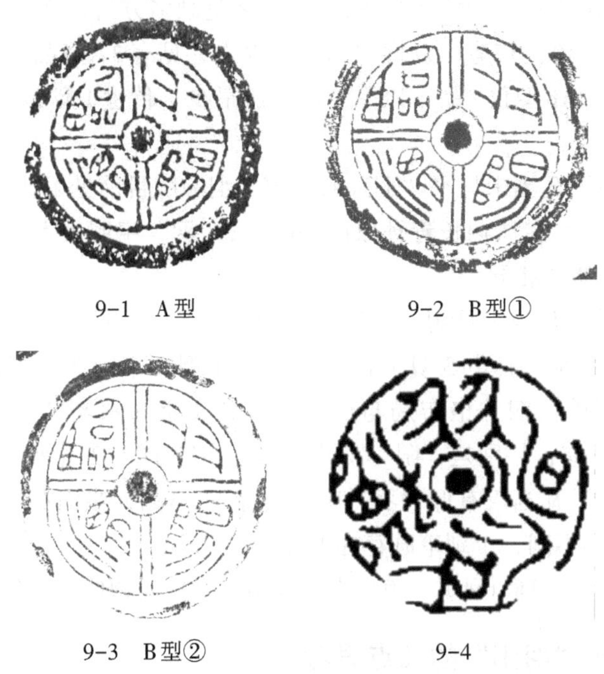

9-1 A型　　9-2 B型①

9-3 B型②　　9-4

图9 “羽阳临渭”“羽易（阳）千穐（秋）”瓦当拓片

（图片来源：图9-1宝鸡市金台区地方志编纂委员会编《宝鸡市金台区志》，陕西人民出版社，1993，第607页；图9-2、9-3傅嘉仪：《中国瓦当艺术》，上海书店出版社，2002，第67页；图9-4陆增祥：《八琼室金石补正》（第一卷），文物出版社，1985，第1页）

（二）规格尺寸

宋人王辟之《渑水燕谈录》载“（羽阳千岁）面径四寸四分”，参考《中国古代度量衡图集》可知，宋时“一寸”约为3.17 cm，“一分”为0.317 cm[①]，可推知王氏所记“羽阳千岁”瓦当尺寸约为13.95 cm。另根据其所记“五皆破，独一瓦完”，推断其所言“破”可能为破损佚郭者，目前传世的“羽阳千岁”瓦当，如上文所列佚郭“羽阳千岁”瓦当Aa型②、B型，其面径分别为13.2 cm、12.8 cm，故知宋人所记应无过大偏差。

（三）存量分析

“羽阳”诸系瓦当中以“羽阳千岁”存量最多，“羽阳万岁”“羽阳千秋”

① 国家计量总局、中国历史博物馆、故宫博物院：《中国古代度量衡图集》，文物出版社，1984，第30-32页。

次之，“羽阳临渭”最少，与文献记载基本吻合。

“羽阳千岁”瓦当共计10型15品，其中以俯“羽”版为多，可见7型8品，主要差异体现在“阳”“岁”的写法上，文字笔画多方折，亦有圆折（Cd型），文字整体偏小，随瓦布势；以仰“羽”版次之，见有2型6品，其中Aa型见5品，发现最多，Ab型仅1品；以平“羽”版最少，传世1型1品，为吴大澂旧藏，甚为少见。

“羽阳万岁”瓦当未见平“羽”版，俯“羽”版目前见2型3品，均残，出土地相对明确，均在凤翔长青孙家南头附近，“羽”字肥大古拙；仰“羽”版所见1型2品，版式相同。

“羽阳千秋”瓦当未见俯“羽”版，仰“羽”版仅见1型1品，字体饱满，多取圆折；平“羽”版共3型3品，Ba型、Bb型文字写法、当面布局基本一致，Bc型当面单栏四分格布局与他品迥异，文字写法与“羽阳千岁”中俯“羽”版Cg型呼应，特别是“阳”“千”近同，似为同一工匠所为。

“羽阳临渭”瓦当仅有仰“羽”版，共计2型3品，当面布局趋同，两型差异在于文字大小不同，个别笔画存在差异。

“羽易（阳）千穐（秋）”瓦当仅见1品，未见实物传世，目前难辨真伪。

三、关于“羽阳”的几点思考

（一）羽阳宫的地望

1.陈仓故城说

谭其骧依清人钱坫之说，认为羽阳宫在今陕西省宝鸡市东的陈仓故城，羽阳千岁瓦当也应得于此，前文已述。《元和郡县志》载：“陈仓故城在宝鸡县东……有二城相连，上城秦文公筑，下城魏将郝昭筑。”秦陈仓城址，位于陈仓乡代家湾与卧龙寺之间的北坡平坦地带。汉陈仓城在陈仓乡陇海铁路斗鸡台隧道之上，即今十里铺陕棉十二厂北长乐塬东，为韩信屯兵之处，城址已建成现代化工业福利区。①依钱、谭之说羽阳宫当在这一区域。

梁云先生从考古发掘角度出发，结合前人考古成果，认为羽阳宫和汉代陈仓城挨在一起，汉代的陈宝祠应在刘家沟与戴家沟之间，陇海铁路以北，宝鸡峡（引渭渠）以南这片区域，如同蕲年宫为祭祀白帝的鄜畤之斋宫，羽阳宫应为陈宝祠的斋宫。②2021年末、2023年初，笔者实地考察，在陇海铁路以北，

① 宝鸡市金台区地方志编撰委员会编《宝鸡市金台区志》，第600-601页。

② 梁云：《西垂有声：〈史记·秦本纪〉的考古学解读》，第107、110、112页。

宝鸡峡以南，新修的上蟠龙原公路与引渭渠交会的十字路口以西约50 m处采集到汉代绳纹板瓦标本（图10），在今陈宝祠（现为金台区五谷广场东半部分）采集到汉代板瓦残片（图11），由此可知梁云先生所记无误。

10-1

10-2

图10　2021年采集的汉代绳纹板瓦标本

11-1

11-2

11-3

图11　陈宝祠及汉代绳纹板瓦标本

（图片来源：作者摄）

2.凤翔长青说

《凤翔遗珍》中录有一品"羽阳千岁"瓦当，标注为"1987年凤翔县出土"[①]，但《凤翔雍城出土的秦汉瓦当》一文中也收录该品，注为"采集于宝鸡火车站"[②]，出土地存在争议。田亚岐先生谈到在孙家南头建筑遗址附近曾

① 凤翔博物馆：《凤翔遗珍——凤翔县博物馆藏品精萃》，三秦出版社，2012，第37页。

② 曹明檀、赵丛苍、王保平：《凤翔雍城出土的秦汉瓦当》，《考古与文物》1985年第4期，第3-4页。

发现“羽阳宫”文字瓦当[1]，凤翔博物馆孙宗贤先生介绍，长青孙家南头堡子壕附近多有“羽阳”诸瓦出土，并以田野调查中采集到的“羽万”残瓦（“羽阳万岁”A型①，图8-1）展示于笔者。另传，孙家南头宫殿遗址北曾出土一品“羽阳临渭”瓦当，孙家南头所在地临近汧渭水系，语境吻合，宫殿临水而建。近年又传该地出土数品“羽阳”系瓦当，如“羽阳千岁”Aa型④、Aa型⑤、Ce型①，期待该地进一步考古发掘提供更多实物资料。

另外，1973年，凤翔长青乡马道口出土了雍羽阳宫鼎（见图12），李仲操先生认为该鼎为祭祀用器，马道口为汧共厨所在地。[2]笔者认为，该鼎出现“汧共厨”铭文与祭祀有关，各畤都设有专门祭祀具食用的庖厨，马道口既是汧共厨所在又是该鼎的出土地，结合近年发现的畤祭遗存，除密畤在渭南外，其余四畤均在雍山周边已基本达成共识，该鼎置用地、埋藏地均在举行畤祭的大范围内，羽阳宫也应在此范畴内。

12-1

12-2

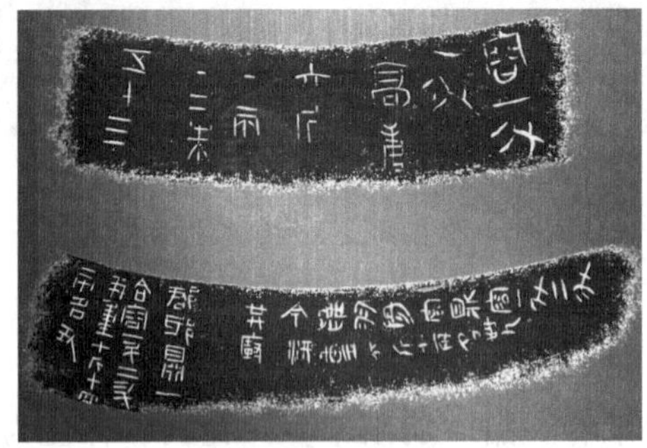

12-3

图12　雍羽阳宫鼎

（图片来源：作者摄）

---

① 田亚岐:《秦都雍城布局研究》,《考古与文物》2013年第5期,第63-71页。

② 李仲操:《羽阳宫鼎铭考辨》,《文博》1986年第6期,第50-55页。

3.马道巷说、群众路说（老火车站说、龙泉巷西说）

马道巷说源于《渑水燕谈录》、旧《宝鸡县志》《金台区志》等资料，另在《中国文物地图集·陕西分册（下）》《第三次文物普查·金台文物》等资料中均记载金台区一处文物保护点为群众路瓦当出土点，分别记录为金台城区群众路南端老火车站①、中山东路街道办龙泉巷西②。老火车站即今之宝鸡火车站，在马道巷以东约1 km，在其北文化路十字路口下坡、华通商厦正南处现建有羽阳园（见图13）。2023年，宝鸡火车站整体翻新，笔者闻讯多次前往探查，在火车站施工现场未见任何砖瓦残片，甚是疑惑。龙泉巷，旧地名，今已废用，本地人现已混淆不清，有群建巷说、群众路南段说，均不准确。请教本地地名学者，言"老龙泉巷为东西向，在群众路西同心小区内，与摩天院路东段平行，因城市建设现旧址全无"，可知老龙泉巷现被同心小区等建筑覆压，无法进一步考证。

图13　羽阳园

（图片来源：作者摄）

此三处均背依北原（旧称"羽山"），虽不在一处，但距离极近，可视为在火车站周边这一大地理范围内。依宋人《渑水燕谈录》瓦出"凤翔宝鸡县界……直（宝鸡）县门之东百步"。北宋宝鸡县属凤翔府节制，《宝鸡市志（上）》载："元丰三年（1080年）凤翔府领10县：天兴、岐山、扶风、虢、眉、普润、麟游、周至、宝鸡、好畤。"③由此可知，"凤翔宝鸡县界"当指凤

① 国家文物局：《中国文物地图集·陕西分册（下）》，西安地图出版社，1998，第204-205页。

② 陕西省文物局：《陕西第三次文物普查丛书·宝鸡卷·金台文物》，陕西旅游出版社，2012，第73页。

③ 宝鸡市地方志编纂委员会编《宝鸡市志（上）》，三秦出版社，1998，第19页。

翔府宝鸡县地界。而“直（宝鸡）县门之东百步”，即为宝鸡县城门向东百步左右的地方。隋大业十年（614年），陈仓县治从斗鸡台迁到留谷城（今宝鸡市金台区中山西路一带），原有城门3个，东门在今红旗路与中山路交会处，名为“迎恩门”；西门在今宝鸡制药厂附近，名为“来远门”；南门在今南关路立交桥北，名为“解阜门”。直到1949年宝鸡解放，宝鸡县治迁往虢镇，旧宝鸡县城建成现今宝鸡市。[①]从县城城门向东走出百步左右，宋时5尺为1步，1尺31.7 cm，1步约1.59 m[②]，百步约为159 m，可知出土羽阳瓦当之地距城门近在咫尺，“直（宝鸡）县门之东百步”即为宝鸡金台区马道巷。马道巷周边地理环境复杂，被铁路、现代居民区覆压，仅见东西两处游园，走访中未发现砖瓦标本或建筑遗迹，或真如记载所说“多毁以铺路”。

4.陈仓下站说

2020年开始，考古工作者在下站祭祀遗址清理出“羽阳千岁”“长乐未央”、云纹等瓦当及书有“密”的陶文。[③]初步断定该遗址很可能是密畤。如按照梁云先生以羽阳宫为陈宝祠的斋宫的思路推测，“羽阳千岁”出于密畤，似乎存在羽阳宫为密畤斋宫之可能。下站遗址出土的“羽阳千岁”瓦当为“羽阳”诸系瓦当中唯一一件经过科学考古发掘而来的，突破了以往史书记载及传说征集的巨大局限性，其包含的重要历史信息和种种可能发人深思。

5.虢县以东说

图14　谭其骧《中国历史地图集》标注的虢县位置

（图片来源：谭其骧：《中国历史地图集》第二册，第15-16页）

① 杨曙明、宋婉琴：《金台史话》，第252页。

② 国家计量总局、中国历史博物馆、故宫博物院：《中国古代度量衡图集》，第30-32页。

③ 游富祥、张敏：《受命于天、既寿永昌、五畤祭天、帝国崛起——寻找汉雍五畤之“秦宣公密畤”》，《艺术品鉴》2021年第4期，第138-145页。

谭其骧《中国历史地图集》将羽阳宫标注在虢县（今宝鸡陈仓）以东、渭水以北的位置，但其《汉书·地理志汇释》认为羽阳宫在陈仓故城，前后反差，令人费解。又见谭先生图中将“棫阳宫”置于扶风县东北，而“棫阳”瓦当目前多出土于凤翔史家河、陈仓下站遗址、凤翔蕲年宫遗址[①]，因而尚有商榷余地，故羽阳宫在虢县以东似乎缺乏依据，或是将“平阳宫”记作“羽阳宫”之误。

然而，如上文所说，下站遗址同出的“长乐未央”、大乳钉云纹等极具地域特色的瓦当（见图15），据方家言类似瓦当此前仅见于虢县以东的阳平地区，两地距离较近，可能存在某种联系，“羽阳千岁”瓦当是否在虢县以东亦有发现尚不得知。

15-1

15-2

图15　“长乐未央”、大乳钉云纹瓦当拓片

（图片来源：作者摄）

6.其他说法

除上述说法外，还存在刘家台说与龙丰说，两说法均与陈仓故城有关。《金台区志》记载：“秦陈仓城址，位于陈仓乡代家湾村与卧龙寺之间的北坡平坦地带”[②]，刘家台、龙丰村即在该范围之中，龙丰遗址曾发现汉代绳纹板瓦、筒瓦残片[③]，在龙丰村向东不足1 km的刘家台村。据金台区文化馆和参与第三次全国文物普查的工作人员介绍，曾在刘家台村北引渭渠边采集到云纹瓦当残片，有观点认为羽阳宫大体在这个范围内，但因该地区目前开展的考古调查和发掘工作较少，缺乏较多的实物支撑，故暂不作讨论。

综合以上诸说分析，6种说法可归为三大片区。

① 杨曙明:《秦棫阳宫与周都西郑地望考》,《西安文理学院学报(社会科学版)》2024年第27卷第1期,第95-100页。

② 宝鸡市金台区地方志编撰委员会编《宝鸡市金台区志》,第601页.

③ 国家文物局:《中国文物地图集·陕西分册(下)》,第203页。

（1）宝鸡火车站周边。如前文提到的马道巷说、群众路说（老火车站说、龙泉巷西说），其距离相近，实可统视为一处。群众路说出现时间较晚，可信度值得商榷。马道巷说由来已久，虽然目前缺乏考古发掘资料和实物材料支撑，但历史上多次出土，相关记载时间、地点、人物、数量、规格叙述翔实，并有多家文献和金石图录作为印证，且文献记载的“羽阳”诸系瓦当比例、形制、文字与现今发现的基本吻合。在无绝对证据的情况下，该说目前很难舍弃。

（2）汧汧渭之会区域。这包含长青乡、龙丰村、刘家台村、陈仓故城，四处地点虽跨越较大，但均在汧汧渭之会的大区间内。陈仓故城有秦文公所立的陈宝祠，陈宝与羽阳具有相似的内涵，均与秦人的阳鸟崇拜有关，后文详述。再者，陈宝祠与宝鸡市东的斗鸡台火车站咫尺之隔，该火车站修建于1936年[①]，坊间有观点认为修建陇海铁路掘出羽阳瓦当实在此处，梁云先生关于羽阳宫为陈宝祠的斋宫的说法可备一说。从文物出土角度分析，凤翔长青一带屡有“羽阳”诸瓦问世，田亚岐、孙宗贤等先生认为秦文公祭祀白帝的鄜畤应在此地。[②]此外，凤翔长青有马道口遗址，羽阳宫鼎便出于此，紧邻的孙家南头遗址曾传出土数品“羽阳”，而文献记载的“羽阳”瓦当征集于宝鸡火车站马道巷口，其以西下坡为长青路，两处地名中均有长青、马道，是否存在记录错误，误将凤翔长青乡马道口村记为金台长青路东马道巷口，实属未知。

（3）虢县及以东地区。下站遗址与谭其骧所标注的羽阳宫相距不远，下站遗址出土的其他瓦当亦见于虢县以东地区。特别是此说与汧汧渭之会说相似，均将“羽阳”瓦当出土地与秦都邑相对应。秦武公在平阳执政19年，死后葬于平阳陵区，如从《渑水燕谈录》所载秦武公为羽阳宫的始建者，则虢县以东地区当重新审视，毕竟下站遗址发掘出土的“羽阳”瓦当与此地关系密切。

（二）羽阳宫的修建者

羽阳宫的修建者存在四说：武王说、武公说、穆公说、孝公说。后两说年代偏晚，可信度较低，焦点应集中在武王与武公两说上，此二说或同指一人或分指两人，笔者偏向于秦武公一说。

从执政时间来看，秦武王在位仅4年，在短时间内要营建一座宫殿，实非易事，而秦武公在位20年，完全有时间和精力修建宫殿。

从国家战略来看，秦武王处于战国中晚期，秦国已开始“剹政东方”，而秦武公尚处春秋早期，秦内有庶长专权，外有诸戎侵扰，虽平定三父之乱，但

① 西安铁路分局史志编纂委员会编《宝鸡铁路交通志（1935—1990）》，1991，第1-2页。

② 孙宗贤、黄克智：《秦汉五畤原及五畤地望的考古学观察》，《湖南省博物馆馆刊》2018年第14期，第26-32页。

仍政局动荡，武公效仿其曾祖父秦文公设立陈宝祭祀重申秦人崇拜信仰的做法，修建羽阳宫以祭祀阳鸟凝聚人心，不无可能。

从都邑位置来看，秦武王坐拥咸阳宫殿，经历了孝公、惠文王两代已初具帝王气象，武王无需在雍城故地另起炉灶；而秦武公"居平阳封宫"时期，平阳所在地东西狭长、南北狭窄，且水患频仍，修建宫殿是现实需要。

综合以上方面，笔者认为秦武公修建羽阳宫的可能性较大，至于秦武王说，笔者认为可能是文献在传抄过程中出现的纰漏，《汉书·地理志》类似错误还有"雍，秦惠公都之"[①]的记载，将"秦德公"错录为"秦惠公"。

（三）羽阳宫的时代上限与下限

按照上文分析，秦武公兴建羽阳宫，则羽阳宫上限为武公在位期间，即公元前697年至公元前678年。关于羽阳宫的下限，结合马道口出土的羽阳宫鼎可知在西汉仍在使用，另见辽宁省博物馆收藏的西汉羽阳宫铜疏斗（见图16），其上铭文"羽阳宫疏枓……甘露元年……"。"甘露元年"为汉宣帝二十一年（公元前53年）。[②]可见在西汉后期羽阳宫依然在正常使用，跨越秦汉两代，前后历经600余年。

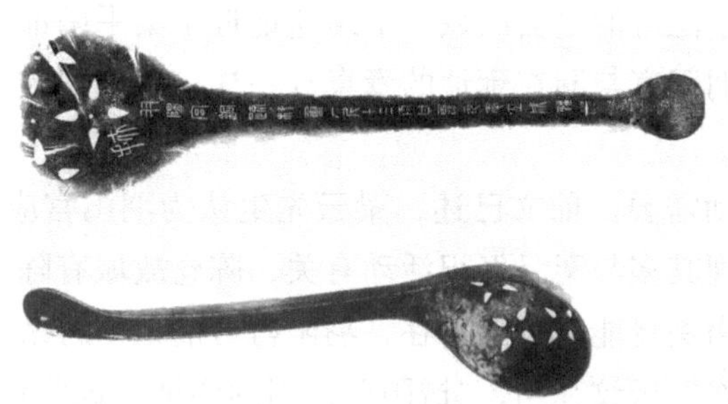

图16　辽宁省博物馆旧藏西汉羽阳宫铜疏斗

（图片来源：翰庐文化微信公众号：《辽宁省博物馆藏金石文字精萃》，https://mp.weixin.qq.com/s/THNINqKiTPYrIngj4WRQBw）

（四）多地出土"羽阳"诸系瓦当的原因

"羽阳"诸系瓦当多地出土并非个例，其他瓦当也存在同类情况。如小字"来谷"云纹瓦当，过去均出于凤翔长青镇孙家南头宫殿遗址，[③]近年雍山血池

---

① 周振鹤:《汉书地理志汇释》,第49页。

② 翰店文化:《[小樸书房]辽宁省博物馆金石文字精萃(原器拓本)》,https://mp.weixin.ggcom/s/THNCNgKiTPYringj4WPRQBW,访问日期:2015年12月2日。

③ 焦南峰、王保平、周晓陆、路东之:《秦文字瓦当的确认和研究》,《考古与文物》2000年第3期,第68页。

遗址发掘中又出土一品同版。[①]又如“橐泉宫当”瓦当，早年出于孙家南头宫殿遗址，[②]然而凤翔三岔村秦公14号陵园西南亦出土过一品当心为四叶纹的“橐泉宫当”瓦当[③]，两瓦版式不同，后者年代可能早至东周。综合现有资料，笔者认为存在以下可能：

1.宫殿地望的变化

宫殿地望变化同样存在诸多原因，笔者分析大致有政治中心变化、祭祀活动需要、地理环境考量等诱发因素。

（1）政治中心变化。秦国先后经历了八迁，前后建立九座都邑，雍城历经327年，在秦都中建都最久。《史记·秦始皇本纪》记载，秦康公、秦共公、秦景公居“雍高寝”，秦桓公居“雍太寝”，秦躁公居“受寝”[④]，可知雍城内有多处朝寝，献公、孝公后，雍城作为秦人故都，重要性仍在，如凤翔长青孙家南头不仅有蕲年宫遗址，还存在一处大型西汉仓储遗址，传曾出土“百万石仓”瓦当[⑤]，这一带的畤祭遗存较为丰富，鄜畤被认为就在此地，可以看出该地区逐渐成为雍城后期郊外祭祀、物资运输的中心。

从目前存在的羽阳宫诸多地望来看，存在一个共性，即多与秦早期都邑有关，陈仓故城位于汧渭之会区域，下站遗址近于秦平阳都邑，凤翔长青为秦雍城遗址范畴，羽阳宫与同在雍地的橐泉宫一样，存在因政治中心的变迁而迁移的可能。

（2）祭祀活动需要。前文已述，梁云先生认为羽阳宫应为陈宝祠之斋宫，分析诸多地望发现其多与秦汉祭祀活动有关，陈仓故城有陈宝祭祀、下站遗址应为密畤、孙家南头可能为鄜畤所在，羽阳宫可能是举行祭祀的斋宫。这一点能得到小字“来谷”云纹瓦当、“棫阳”瓦当的印证。这些瓦当多与祭祀有关，故而因祭祀活动需要，宫殿地望发生变化亦有可能。

（3）地理环境考量。《汉书·郊祀志》记载：“汉成帝时，雍大雨，坏平阳

---

①陕西省考古研究院、中国国家博物馆、宝鸡市考古研究所、凤翔县博物馆、宝鸡先秦陵园博物馆：《陕西凤翔雍山血池秦汉祭祀遗址考古调查与发掘简报》，《考古与文物》2020年第6期，第45页。

②焦南峰、王保平、周晓陆、路东之：《秦文字瓦当的确认和研究》，《考古与文物》2000年第3期，第64页。

③陕西省考古研究院、凤翔县博物馆：《雍城十四号秦公陵园钻探简报》，《考古与文物》2015年第4期，第6–7页。

④司马迁：《史记全本（一）》，北京联合出版公司，2015，第173–174页。

⑤陕西省考古研究院、宝鸡市考古队、凤翔县博物馆：《凤翔孙家南头周秦墓葬与西汉仓储建筑遗址发掘报告》，科技出版社，2015，第304页。

宫垣。”秦居平阳仅37年，即弃旧都而迁雍城，这与平阳地区南北狭窄、东西狭长、水患频仍的地理环境有关。《史记·秦始皇本纪》载：“关中计宫三百，关外四百余。”史书所载的宫殿毕竟有限，失载的宫殿不在少数，羽阳宫可能毁于水火战乱从而另辟新地修建，或为摆脱恶劣环境择优新建从而发生地望变迁。

2.制瓦工匠的流动与用瓦制度的宽松

羽阳宫始建于秦，然羽阳瓦当为汉瓦，应属秦宫汉葺。制瓦中瓦当范作为重要生产资料，可能随着工匠的流动而流动，不排除羽阳宫的工匠携带羽阳瓦当范或成品瓦当流动到其他宫殿继续生产瓦当，或直接使用成品瓦当的可能，前提是秦汉时期宫殿用瓦制度并非我们想象的那么严格，可能存在前期管理严格、后期逐渐宽松的情况，默许不同宫殿之间瓦当少量混用。

若羽阳宫在虢县以东，则下站遗址同羽阳宫遗址的地理距离不远，为节约建材或按期完工，下站所出“羽阳千岁”可能是从虢县以东就近调拨，诚如此，谭其骧先生或有其超前卓见。

3.瓦当文字词意泛化

泛化指的是除“羽阳临渭”以外的三种，“临渭”具有特指性，而“千岁”“千秋”“万岁”均作吉语，使用初期可能控制较为严格，至后期泛化为吉语，加之如上文所述当时用瓦制度或较宽松，故可多地兼用。另外，从“羽阳临渭”出土较少的情况也能反映，“临渭”囿于特殊属性，不能泛用，而其他三种指向不及“临渭”明确，故可作吉语泛用。

（五）关于“羽阳”的内涵

“羽”者，当与秦人原始的鸟图腾崇拜有关。从史料典籍来看，秦人与鸟有着不解之缘。秦人先祖降生与鸟有关，玄鸟陨卵，女修吞而生大业；秦人先祖姓氏与鸟有关，大廉为鸟俗氏，中衍鸟身而人言；秦人先祖官职与鸟有关，大业为舜帝虞官，调驯鸟兽；秦人祭祀对象与鸟有关，《秦本纪》载秦文公“十九年，得陈宝”，陈宝多以夜间显圣，伴随光芒和巨大声响，使周围的野鸡发出鸣叫[①]，吴郁芳先生认为陈宝祠所祭的是秦先人所制的鸡形“祀神偶像”[②]。

“阳”者，太阳也，秦人有着较深的崇日情结。从《史记·五帝本纪》中的记载可知，尧帝分命羲仲、羲叔、和仲、和叔前往四方观日测日，和仲作为

① 田天：《秦汉国家祭祀史稿》，生活·读书·新知三联书店，2015，第33-34页。

② 吴郁芳：《“陈宝”考》，《文博》1985年第2期，第24页。

最早西迁的一支秦人，来到西土承担观测日落的重任。宝鸡眉县发现了秦人祭祀太阳的成山宫，秦景公石磬铭文有“高阳有灵，四方以鼏”，可见秦人先祖为高阳颛顼。

“羽阳”一词将代表秦人鸟图腾的“羽”和太阳崇拜的“阳”紧密结合在一起，准确直白地表达了秦人的阳鸟崇拜，不仅仅是一个简单的宫殿名，而且代表的是秦人的核心价值崇拜。

四、小结

羽阳宫始建于秦，其修建者应为秦武公，跨越秦汉两代，前后历经600余年。羽阳宫地望基本集中于宝鸡火车站周边、汧汧渭之会区域、虢县及以东地区三大片区，多与秦早期都邑息息相关。多地出土“羽阳”瓦当可能与宫殿地望变化、制瓦工匠流动与用瓦制度宽松、本体词意泛化等因素有关。“羽阳”一词可能与秦人的阳鸟图腾崇拜有关。虽然目前尚不能完全确定羽阳宫的具体地望，但相信随着考古工作的不断深入，羽阳宫神秘的面纱终将揭开。

权起工作单位：宝鸡周秦文化研究会

秦国“用间道路”的思考

盛秦陵　胡益萍

《史记·孔子世家》记载：“（齐景公曾问孔子：）‘昔秦穆公国小处辟，其霸何也?’对曰：‘秦，国虽小，其志大；处虽辟，行中正……虽王可也，其霸小矣。’”①秦国在春秋战国时光岁月的锤炼打磨中，以独有的“秦国道路”及其二级道路——“用间道路”的支撑，取得了称雄称霸，直至一统的辉煌，充盈丰富了底蕴厚重的秦文化及其价值追求。这些奇迹如磁石般地吸引着我们产生探隐、解密“秦国道路”和秦国“用间道路”的愿望，并努力在“用间道路”文化元素的探索中，解开秦国一扫六合的文化基因排序之谜。

一、“秦国道路”的普适意义

道路决定方向，方向决定命运。任何一个民族与国家离开了道路的探索与选择，那将是迷茫和毫无希望的民族与国家。透过《史记·秦本纪》《史记·秦始皇本纪》的封尘，我们仿佛看到秦人、秦国用苍劲着色的笔墨，娓娓诉说着他们由西陲问鼎中原的艰辛与戮力；用孔武有力的臂膀，真情演绎着称雄、称霸，直至一统的不懈与坚定。在诉说与演绎的回望中，我们清晰地看到“秦国道路”的价值所在。

（一）道路及“秦国道路”的学理钩厘

道路是由“道”和“路”两个字组成的。《现代汉语词典》对两个词的第一解释都是道路，却未对道路做出明确的解释。《辞海》对道路的解释为：“通行车辆和行人的各种道路的统称。”②从这段文字的描述中，我们可以看出道路的独有特性。首先，特定的物质性。道路是供车辆和行人通行的特定物质。其次，特定的主体性。道路服务的主体是行人和车辆。第三，特定的目的性。特定主体的通行是唯一目的。四是组成的多元性。道路是为车辆与行人通行的特

① 司马迁:《史记》,中华书局,1959,第1910页。

②《辞海》编辑委员会编《辞海》,上海辞书出版社,1980,第1061页。

定目标，决定了道路的形态、形式多元。五是选择性。由于道路的目的性，特定主体可以根据实际，在多元的形式、形态中，做出最为恰当且科学的选择。六是规范性。无论哪一种道路，只要目的性明确，那么道路的宽窄、长短及其通行的规则都将成为一种规范，指导着行人与车辆的行为。

为此，我们认为：道路是特定的主体紧紧围绕明确的目标，在相关理论、制度、文化的规范下，通过对多元路径的甄别，选择能够顺利通过前行的路径。“秦国道路”是秦国紧紧围绕明确的目标，在相关理论、制度、文化的规范下，通过对多元路径的甄别，选择能够顺利通过前行的路径。

（二）“秦国道路”的普适意义

要讲“秦国道路”就必须弄清楚秦国立国这一问题。秦人的先祖为高阳颛顼。颛顼的后人女修吞玄鸟卵而生子大业，大业之子大费参加了大禹治水的活动，被舜赐姓嬴氏。周孝王时，秦人的首领非子善于驯养鸟兽马匹，获得孝王赏识，分土为附庸。“邑之秦，使复续嬴氏祀，号曰秦嬴。”[①]“这是秦人封国之始。”[②]但是附庸并未成为政治意义上的独立主体。周宣王即位后，以秦仲为西陲大夫，镇守边疆，阻挡西戎。秦人进入具有话语权的分封序列。但遗憾的是，距离政治意义上的诸侯国还有一定的距离。到秦襄公时，由于护送平王东迁有功，“平王封襄公为诸侯，赐之岐以西之地。曰：‘戎无道，侵夺我岐、丰之地，秦能攻逐戎，即有其地。’与誓，封爵之。襄公于是始国，与诸侯通使聘享之礼。”[③]这次封赏是秦人一次重大的政治收获。虽说分封只是有名无实的“空头支票”，但毕竟获得了立国的政治与法律名分，取得了与中原诸侯国名分上相同的地位，成为分封制背景下独立的真正意义上的诸侯国。秦国真正立国由此而始。可以说，政治意义上秦国立国到秦帝国建立与春秋战国时期同步同频。从这时起，秦国经历了秦襄公、秦穆公、秦孝公及其后世六代君王、秦王嬴政的一次次试错纠错，拿来创新；在与犬戎、关东六国你进我退的反复较量中艰难而曲折地探索出一条适合秦国发展的“秦国道路”。一个“秦始小国僻远，诸夏宾之，比于戎翟”[④]的西陲小国，书写了一统天下的历史华章。我们可以将“秦国道路”描述为：立国谋位——取得平权地位；求霸关东——开疆拓土；称雄求统——统摄六国、谋划统一；武力一统——兼并六国、统一天下。通过对“秦国道路”的认知研判，能看到“秦国道路”的价值所在。

① 司马迁：《史记》，第177页。

② 安作璋、孟祥才：《秦始皇帝大传》，中华书局，2005，第3页。

③ 司马迁：《史记》，第179页。

④ 同止书，第685页。

“秦国道路”由秦国既定发展目标指引。“秦国道路”说到底是秦国发展之路。秦国在不同历史时期，具备各阶段的发展目标。秦襄公时代就是要将周天子的口头承诺转化为自己拥有的实实在在的权力，从而走向与其他诸侯国平权的“国际舞台”。秦穆公时代，秦国面对恶劣的生存空间及不为东方各国认可的形象，开疆拓土，改变形象成为秦穆公带领秦国奋进而锁定的目标。“至于穆公，遂灭梁、芮，筑垒为王城，以塞西来之路。而晋亦灭虢，东西京隔绝。由是据丰、镐故都，蔚为强国，与中夏抗衡矣。纵观穆公之力征经营，盖有东进、西进、南进三大政策之分。其始也，致全力于东进政策之推行。及东进受挫于晋，则改而从事于西进。西进既成，又转而南进，而穆公已衰老矣。然秦人异日统一之基，实自穆公建之，此不可不知者也”①。自孝公起及其后世共六代君王，以求强为目标，在求强的道路上，萌生并发展成为一统天下的政治目标，“战国时期，周天子贬值，称霸的内容由战争会盟转变为直接的军事占领，于是秦国的称霸渴望就转换成了一统天下的为王野心”②。到了嬴政时代，“今诸侯服秦，譬若郡县。夫以秦之强，大王之贤，由灶上骚除，足以灭诸侯，成帝业，为天下一统，此万世之一时也”③。秦国发展的目标已经势不可挡地迈入灭诸侯、成帝业的快车道。他们所制定的发展目标指引着秦国取得一个个用信念与信心书写、鲜血与生命铸就的时代辉煌与坚定自信。

“秦国道路”以正确的发展目标统筹，以正确的指导思想引领。秦国的发展虽说有了明确的发展目标，但缺少了清晰正确的指导思想，发展目标落地实践就缺少了转化的逻辑环节。在目标指引下，还必须确立正确的指导思想。秦襄公时代特殊的国家地位，求生存，谋求在诸侯国中的各类平等权力，成为刚刚从名分上跻身诸侯行列的秦国秉持与发展目标相一致的指导思想。秦穆公时代，百里奚“为秦穆公先西后东、先内后外的发展规划指出了方向”④，成为秦穆公实现发展目标的思想指南。秦孝公时期任用商鞅变法，以求国家强大，“卫鞅说孝公变法修刑，内务耕稼，外劝战死之赏罚，孝公善之”⑤。“耕”与“战”成为秦国治国求强的两大支撑，“推行耕战政策，实现富国强兵，进而统一天下，是秦国政治上追求的最高目标。”⑥孝公之后的惠文王延续了商鞅的耕

① 马非百:《秦集史》,中华书局,1982,第21页。

② 付金才:《论战国时期秦国的间谍战》,《石家庄学院学报》2011年第4期,第95-98页。

③ 司马迁:《史记》,第2540页。

④ 马平安:《大秦帝业》,团结出版社,2023,第22页。

⑤ 司马迁:《史记》,第203页。

⑥ 马平安:《大秦帝业》,第60页。

战思想。到秦昭王时期，围绕称雄一统，“远交近攻”在范雎的谏言中，为秦国在统摄六国、谋划统一的道路上迈进，从指导思想上注入了无尽的鲜活血液。嬴政时期，统一六国已成历史大势，开展军事斗争，一统天下，成为秦国的思想指南。秦国历代国君正是围绕不同的发展目标，制定不同的指导思想，引领秦国一步步走出困境，沿着正确的道路，走向成功。

“秦国道路”是以具体的制度与法律规范实践的。“秦国道路”要在具体实践中实现，这就要有具体的制度与法律规范做坚实的保证。尽管秦襄公时期的立法与制度的史料有限，但是从秦襄公开始“与诸侯通使聘享之礼”的情况看，此时的秦国首先有礼，其次解释礼，第三遵礼。礼就是法律、制度。有礼、解释礼、遵礼就是制度、规范的创建、展示与再塑。襄公做西畤，祀白帝就是自己对治国规范与制度建设的一次公演。文公在位期间初设史官，并制定了三族罪的法律。穆公时代，穆公请教蹇叔如何布德立威。蹇叔说：“臣请为君先教化而后刑法。”这说明穆公时代已存在成文法，并且开始为教化、为布德立威服务。秦孝公时，商鞅变法所制定的法律制度既是为了保证“秦国道路”发展目标的实现，也是为了保证目标实现的指导思想得以贯彻执行。经过商鞅变法，“君主集权的政治体制在秦国以法律制度的形式正式确立，秦国正是凭借这种先进的政体，迅速改变了当时所谓的‘国防格局’，从一个落后挨打的西方国家一跃成为东方各国的克星。”[①]这种重视制度、依靠法律、规范操作的执政形式成了后世帝制的雏形。秦昭王时期，与齐国并称帝，这种对帝的期盼，本身就是帝制法律制度的再塑。嬴政时，尉缭赴秦，向秦王谏言以金钱“用间”的战略思路，得到嬴政的批准；李斯在具体执行中，将其具体化为嬴政认同的一种“钦定”“用间”模式，具有由上至下、由内而外的法律刚性。可见“秦国道路”的落地发展与其自身的法制建设、制度建设是分不开的。

“秦国道路”具有自身的文化形态。“秦国道路”在实践积累中不仅受到文化沁润，而且也在不断丰富着自己的文化内涵。一方面沿着秦国发展的足迹一路走来，原生态的秦人、秦地、秦国的文化标识成为着色“秦国道路”的重要文化元素；另一方面，秦国随着国土范围的变化，地缘政治的此消彼长、秦人组成的多元丰富，外来文化也渲染孕育着“秦国道路”的文化组件；再一方面，秦人占有岐丰之地，原有的周文化也成为“秦国道路”文化组成的一部分。“秦国道路”的形成受到几种文化叠加交织复合体的包围与裹挟，当然“秦国道路”的实践，也在不断反哺充盈这个文化复合体。从秦襄公起，一张

---

① 马平安:《大秦帝业》,第32页。

未曾兑现的政治空头允诺、西戎的困扰与区位特点，多少年来东方从未放下的鄙夷与不屑，将秦国、秦人铸造成具有不怕失败、不畏困难、锐意开拓、积极进取，具有顽强抗压能力与心理自信的文化意蕴的民族，并以这种文化孕育着特点鲜明的秦国道路。随着秦国疆域的扩大，秦人、秦国的概念发生变化，以秦穆公、秦孝公及其后继者、秦王嬴政为代表的这些内心充满激情期盼与无穷干劲的君王，以立足实际，敞开国门，追求实效，渴望强大，开拓进取，塑造自我的文化形态，催生着不同内容的“秦国道路”的问世，并在实践中，一次次捶打、凝练、升华、聚敛着“秦国道路”所具备的文化禀赋。最终形成了尊重实际、坚定信念、不断进取、自信自强、勇于斗争、不怕失败、创新开拓、开放兼容、尚武尚功、独立自主、追求卓越、凝练形象的文化底蕴。这不仅是“秦国道路”一步步走来的“营养基”，也是“秦国道路”成熟发展的文化“产床”。

“秦国道路”是一个由不同层面的若干具体道路组成的体系。“秦国道路”只是秦国发展指向的宏观描述。在具体的实践中，仍需有若干由具体的、用于实践的措施方法构成的，在实践中发展成熟、内涵明确、对“秦国道路”实践进行深化与拓展的二级道路共同发挥作用。如“纳谏道路”、“用人道路”、“农本道路”、法治道路、创新之路、“用间道路”等等，秦国历代君王采纳百里奚、蹇叔、由余、商鞅、张仪、樗里子、魏冉、范雎、吕不韦、李斯等一大批服务于秦国的本土或外来人才提出的真知灼见，形成了秦国广开言路与包容并蓄的“纳谏道路”“用人道路”。商鞅变法，以耕战为切入，以法治为支撑，开创了秦国以农为本，依法治国的先河。“农本道路”与“法治道路”引导秦国逐步强大已成为人们的共识。由此而形成的“创新道路”更成为秦国走向强大的不二法宝，甚至成为秦文化鲜亮的标识。秦国在长期的积淀与发展中，在秦王嬴政时期形成了“用间道路”，最终助力秦国完成统一大业。当然“秦国道路”的实践组成不仅仅局限在这几个具体道路，其内涵将随着研究的深入不断扩大研究的点面。

二、秦国“用间道路”的机理

一条被实证的成熟道路既涵盖一个民族、一个国家治国理政指导思想的发展成熟，也涵盖对优秀传统文化的继承和赓续。秦国“用间道路”正是在“秦国道路”发展成熟的过程中，在传承中华优秀传统文化的基础上，结合自己的国情而诞生的服务于“秦国道路”的具体道路组成。

回溯历史，对于秦国“用间”的研究早已引起众多学者的关注。“从秦统一的整个过程看，间谍战起着不可或缺的作用，由于使用间谍的成功，加速了统一进程”[①]。“在历史上，秦国确是使用反间计最多且最成功的国家”[②]。秦始皇“实施反间，使各国内部矛盾重重，形不成坚决抵抗的意志和行动，从而大大减少了统一的阻力”[③]。“秦的间谍战内容丰富、形式多样，对东方六国都采取过间谍战略，其次数之多为战国时诸国之最”[④]。“由于使用间谍战的成功，加速了统一的进程。秦王嬴政采纳尉缭使用间谍取胜的计谋，再配合军事打击，先后灭亡六国，建立了中国历史上第一个统一的中央集权的封建制帝国”[⑤]。因尉缭、李斯建议实施的“反间”策略，造成了赵国良将李牧被害，齐国丞相后胜被收买的严重后果，导致赵国的败亡和齐国的不战而降，加快了秦始皇完成统一六国的进程。由此上溯战国时期多次出现的“反间”方式，客观上都有利于奠定秦国独强于天下的军事优势，“也可理解为秦国由‘兼并之战’逐渐转变为‘统一之战’的有机组成部分”[⑥]。“这种甚至不妨称之为‘阴谋’的策略，在促成秦人最终顺利完成统一的历史进程中，发挥过直接和重要的作用”[⑦]。明代思想家李贽在《史纲评要》中盛赞千古一帝秦始皇“始皇出世，李斯相之。天崩地坼，掀翻一个世界”，以“李斯相之”的表述，间接地表达了秦国“用间”与统一的关系。马非百先生指出：“世但知始皇帝以武力征经营天下，而岂知武力之外，尚有最毒辣之间谍政策哉！”[⑧]这些观点都试图将“用间”与秦国统一做关联思考，但遗憾的是他们都是将“用间”作为一种行为、策略、政策考量，始终未将其置于“秦国道路”背景下做深度思考，从而失去了并联“秦国道路”与秦国“用间道路”的先机。因此正确分析秦国“用间道路”，是科学认知“秦国道路”，正确架构“秦国道路”组成的必然。

（一）秦国“用间”的阶段划分

秦国立国后，紧紧围绕强大、统一这两个主题，在《孙子兵法》为秦国

---

① 吉家友：《间谍战在战国时期的运用》，《军事历史研究》2011年第1期，第98-105页。

② 安作璋、孟祥才：《秦始皇帝大传》，第112页。

③ 同上书，第128页。

④ 郑玲童：《论秦国统一过程中的间谍战》，《秦汉研究》2008年第1期，第342-346页。

⑤ 吉家友：《间谍战在秦统一中的而应用及效果》，《信阳师范学院学报》2013年第3期，第119-122页。

⑥ 孙加洲：《“反间”：秦统一过程中的成功策略》，《咸阳师范学院学报》2017年第5期，第7-12页。

⑦ 同上。

⑧ 转引自李斯：《秦统一进程的间谍史考察》，《湘潭大学学报（哲学社会科学版）》2020年第3期，第170-174页。

“用间”提供了坚实的理论基础；秦国的逐步强大为秦国“用间”提供了坚实的经济基础；秦国的用人政策为秦国“用间”提供了坚实的人才基础；春秋战国时期“用间”的常态化及秦国为实现既定目标而“用间”的背景下，以一幕幕“用间”的真情对白与伟大社会变革同行同向，彰显了“用间”的魅力，形成了独有的“用间道路”。以“用间”的实践探索、丰富发展、道路形成，展示了秦国立国后的“用间”时段划分。

1.“用间”的实践探索

翻阅秦国历史，在襄公到穆公期间，“用间”的记载是一片空白，但我们并不能武断地说秦人在这一时期未曾有“用间”的实践探索。到了穆公时期，穆公“用间”丕豹；“用间”戎王得由余，除隐患，被鲜活地载入史册，显示了“用间”的探索成就。

2.“用间”的丰富发展

孝公为改变秦国落后的形象，以商鞅变法为起点，开启了秦国六世君王求强一统的征程。惠文王时代，逐渐强大的秦国开关东向，积极参与“国际”事务，“用间”达到一个高潮。惠文王时，张仪“相魏以为秦，欲令魏先事秦而诸侯效之”[①]；使楚得商於之地六百里的承诺，游说楚怀王撕毁齐楚联盟；为帮秦国得到黔中之地，无畏生死赴楚，收买楚之重臣靳尚，得到赦免；恢复自由后，游说楚怀王出黔中地与秦亲；昭王时代，长平战时，秦相应侯“以千金反间于赵”，“赵王因以括为将，代廉颇”[②]，“秦大破赵于长平，遂围邯郸”[③]。面对魏公子无忌率领五国军队大败秦军，兵锋直指函谷的窘境，秦王行金万斤，用以离间魏……这些都丰富发展了当时秦国“用间”的战术。秦国在孝公及以后的六代君王时期，以“用间”解决了许多重大军事斗争问题，为统一铺平了道路，“用间”的内容、形式与机制愈加丰富成熟。

3.“用间道路”的形成

秦王嬴政登上历史舞台时，秦国已成为傲视群雄的第一军事强国。完成统一只是时间问题。秦国在一步步强大的实践中，“用间”由早期单纯“用间”向复合“用间”转化。尉缭赴秦，提出以财物贿其臣，乱其谋的“用间”建议，在李斯主持实施中，又为秦王嬴政提出了具体实施方略，形成了秦国独有的“用间道路”。在统一六国的过程中，韩、魏、燕、赵、齐无不被秦国的“用间道路”挑落马下。

---

① 司马迁:《史记》,第2284页。

② 同上书,第2246页。

③ 同上书,第2417页。

（二）秦国“用间道路”的机理分析

年轻的嬴政，以雷霆之势的强有力手段，扫除了前进道路上的各种障碍后，便开始勾画统一大业的蓝图。恰逢此时，魏国人尉缭来到秦国，送上“以秦之强，诸侯譬如郡县之君，臣但恐诸侯合从，翕而出不意，此乃智伯、夫差、愍王之所以亡也。愿大王毋爱财物，赂其豪臣，以乱其谋，不过亡三十万金，则诸侯可尽”，“秦王从其计……以为秦国尉，卒用其计策。而李斯用事”①。这段史料告诉我们这样几个信息：一是秦国强大已是客观事实；二是实现统一不可优柔寡断；三是说服秦王不要吝惜金钱；四是用金钱财物贿赂六国重臣政要，打乱其既定政策；五是这样的工程花费不过三十万金；六是消灭诸侯，完成统一；七是秦王嬴政采纳了这个建议；八是李斯具体执行。这个“用间”的策略得到秦王的认可，秦王的认可就是法律意义的最高认定，具有了刚性的国家策略层面的意义。李斯在执行过程中，又提出了具体可行的操作方案。虽然我们不知道李斯的具体建议，但从“秦王乃拜斯为长史，听其计，阴遣谋士赍持金玉以游说诸侯。诸侯名士可下以财者，厚遗结之，不肯者，利剑刺之。离其君臣之计，秦王乃使其良将随其后”②的记载，可以看到李斯建议内容的梗概：一是秦王认可李斯的建议，不仅听其计，而且擢升了李斯。二是明确了具体的操作步骤。三是形成了以“‘用间’+正面军事斗争”为基本指导思想与表达形式的“用间”方略，也就是“用间道路”。“用间”与正面军事斗争融为一个整体，彻底改变了“用间”与军事行动互不统属的格局，发挥着单独“用间”无法匹敌的作用。四是得到了秦王的认可。从统一的趋势、“用间”的可行与必然、“用间”的手段、“用间”的目的、“用间”的作用、“用间”的国策体现等层面的表述看，尉缭与李斯的建议颇有异曲同工之妙，但李斯的谋划设计内容全面，操作流程明确，逻辑结构严谨，更富有说服力。经过尉缭与李斯的努力，秦国“用间道路”悄然落地。

首先，秦国“用间道路”实现了发展目标、指导思想与理论指导、实施途径、制度完善、文化积累的交融契合。从发展目标讲，秦国“用间”自始至终围绕着秦国的强大与统一这个目标。从指导思想讲，扩大生存空间，谋求平权地位的话语权；先西后东、先内后外；耕战立国，远交近攻，最终武力统一成为秦国“用间道路”的指导思想。在具体的实施中，成书于春秋时期的《孙子兵法》成为指导秦国“用间道路”的理论指导。从实践路径上看，尉缭与李斯

① 司马迁:《史记》,第230页。

② 司马迁:《史记》,第2540-2541页。

两人设计的"用间"四部曲具体而翔实。一是以足备的经济保证为支撑，指派"间者"游说各诸侯国的政要名士。二是以财物金钱拿下各国政要名士。三是如果无法实现这一计划，就使用刺杀手段。四是随后派遣精兵武力征伐。"用间道路"路径步骤清晰明了，衔接紧凑规范，要求精准缜密，逻辑闭环递进。从制度角度讲，尉缭与李斯的设计都得到秦王的首肯，特别是在尉缭建议时，秦王嬴政以"从其计""用其计策"的两次表述，体现了对这一谏言高度认可的决心与信心。在李斯谏言时，虽然未看到秦王嬴政当时具体的认可态度，但是我们能看到事后"听其计"的表达。两人的建议得到王的认可与具体部署，实际上就是将他们的设计上升到具有最高法律意义的战略高度，成为秦国国家意志体现的国策。当然服务于这个国策的还包括各项政治制度、赋税制度、用人制度、军事制度、法律制度等相关的制度体系。从文化积累上讲，秦国的"用间道路"包含了先秦时期"用间"的文化积淀，秦国自襄公以来与诸侯国"用间"的文化积累与创新。秦国将"用间"理论指导、实施途径、制度完善、文化积累有机地贯穿交融在一起，使得"用间道路"焕发生机。

其次，从宏观规定上讲，秦国"用间道路"具备了总依据、总布局、战略布局和总任务的有机架构。研判道路存在的科学与否就在于研判道路的总依据、总布局、战略布局与总任务。秦国"用间道路"从总依据讲，经过历代秦国君王的努力，实现一统大业不仅已成历史大势，而且成为秦国"用间道路"的出发点与国情，坚定这一国情就是秦国"用间道路"的总依据。从总布局上看，所谓总布局就是实现目标总的部署或总的指导思想。很明显，武力一统的指导思想就成为秦国"用间道路"的总布局，所有的一切都要服务于这个大格局、大趋势。从战略布局来看，"用间道路"的"四部曲"，规划了秦国"用间"的战略、战术举措，是秦国在统一战争中"用间"的中心工作。从总任务上看，尉缭与李斯都对这个总任务有清晰的表述。"赂其豪臣，以乱其谋"，最终诸侯可尽，实现统一是尉缭的目标设计。"离其君臣之计，秦王乃使其良将随其后"，实现统一是李斯的目标设计。简言之，通过贿赂政要，打乱诸侯国的既定谋划，离间君臣，武装打击等任务的完成，实现统一的总布局与总目标。

第三，从实践领域上讲，秦国"用间道路"是一个由不同层面的具体道路组成的体系。从学理上看，秦国"用间道路"同"秦国道路"相同，它不是一个单纯的道路表象，而是一个由若干不同层面具体道路组成的道路体系，具备了这些具体的道路支撑，秦国"用间道路"才会是成熟的道路。这个体系包含了政治道路、农本道路、人才道路、法治道路、文化道路、改革开放道路、创新道路等等，这些道路以明确的内涵要求支撑着秦国的“用间道路”，构成秦国“用间道路”的组成体系。

三、秦国“用间道路”的特点

区位特征明显的秦国，在不断学习、吸取经验、包容创新实践中，经过不懈的努力，积累孕育了作用指向明确、特点鲜明灵动的“用间道路”，在秦国统一中屡试不爽，起到了粉碎、打乱关东六国既定的军事部署，灭将、擒王，消弭战争阻力，减少自身伤亡的作用，最终“数年之中，卒并天下”。“用间道路”以鲜明的特征成为理论与实践统一，历史与现实统一，秦国与六国统一不朽的时代记忆与时代符号。

（一）历史主动

历史主动是历史主体在实践中形成并遵守的一种共同意志和态度，是具体的社会关系参与者在历史实践中对社会生活的能动反映。在观念意识上体现为高度的历史自觉，在精神信念上体现为坚定的历史自信，在社会责任上体现为强烈的历史担当，在社会实践上体现为伟大的历史创造。当秦王嬴政催动东向一统的战车，胜利在望的秦人并未因此而有丝毫松懈，反而以积极作为的态势，正确分析时局，反复商议，明确思路，确定细节，落实秦国“用间道路”，体现出高度的历史自觉。战国后期，尽管秦国的军事力量足以单独应对关东六国，但要应对六国联合的力量还是存在质疑的。但是秦人不怕邪，不信邪，整合国内力量，毅然决然践行“用间道路”，彰显了坚定的历史自信。“用间道路”实施的结果无非有二，一是成功，二是葬送秦国现有的大好局面，面对成功失败各半的选择，秦人，尤其是秦王嬴政坚定信念，坚守信心，锁定目标，义无反顾地承担起社会责任、历史责任，凸显了强烈的历史担当。当然，秦人以独创的“用间道路”取得了辉煌成就，这份成绩单上飘逸着创新的芳香，书写了伟大历史创造的华章。

（二）全面铺陈

秦国“用间道路”的萌发、形成到成熟，既是对先辈“用间”理论全面学习与传承的必然结果，也是对秦国“用间”与“被间”经验教训的全面总结，当然也蕴含着全面思考与全面实践的深邃智慧。以偏邦弱小国家发展起来的秦国是一个敞开国门、吸引人才、善于学习的国家，“用间”指挥者与主导者大部分是秦国引入的关东人才，如张仪、范雎、尉缭、李斯、姚贾、顿弱等，他们大都是饱读诸子百家理论，代表一方流派的知识分子，系统全面学习《孙子兵法》是情理中的事情。在春秋战国500余年的历史中，残酷激烈的军事对抗，使得秦国同其他诸侯国一样，“用间”处于常态，秦惠文王用张仪，一生都未停下“用间”的脚步。自秦昭王起，每逢遭遇重大战争，都能见到秦国“用间”的身影。当然，秦国也从未放松“被间”的警惕。可以说，立国后的秦国就是在“用间”与“被间”中，积累了丰富、全面的正反面实践经验与教训，为秦国“用间道路”的形成提供了全面素材的实践铺垫。郭嵩焘在罗列分析秦国的多次用间后讲：“盖秦君臣专务以欺诈诸侯，尤善以反间离其君臣，其由来久矣。”①秦国“用间道路”形成后，并非只停留在口头与文书，而是雷厉风行地全面实施，尽管在有限的史料中，我们能够看到秦国“用间道路”全景的只有对赵间杀李牧、对齐间后胜与赴秦齐使，但是秦王以万金资顿弱，“使东游韩、魏，入其将相。北游于燕、赵而杀李牧。齐王入朝，四国必从，顿子之说也”②的画面足以说明秦国“用间道路”实施的全面，可以说关东六国无一不在秦国“用间道路”的射程之内。正是有了全面性的铺陈，秦国“用间道路”更富有内在魅力。

（三）综合表达

尉缭与李斯用简短的语言阐述了“用间道路”的基本内容，语言虽短，但内涵丰富，是在对国情、世情做出精准研判后的综合表达。一是对综合国力的正确研判。尉缭与李斯谏言秦王嬴政时，从秦国发展的历史过程出发，充分客观、有理有据地分析了秦国的综合国力现状与一统大业的必然关系，足以证明秦国具备相当的综合国力。二是对用人政策的正确研判。韩国水工郑国的“用间”事件，激怒了秦王嬴政，秦王一怒之下，下令逐客，李斯以《谏逐客书》的宏论，力排众议，端正了秦国用人的政策方向，保证了不拘一格、开放包容用人政策的延续。三是对政治作为的正确研判。在秦国“用间道路”提出之际，年轻的秦王刚刚清除了嫪毐与吕不韦两大政治势力，中央集权牢牢地掌握在自己手中，开启了王朝政治作为的新篇章。与其说“用间道路”水到渠成，倒不如说“用间道路”是综合研判的直白表述。

（四）高端发轫

秦国“用间道路”萌生于秦国高层，定夺于秦国最高统帅，成为战国后期秦国的一项基本国策，体现了最高国家意志。道路制定后，秦国以高度站位落实实施。“用间道路”要花钱，尉缭的标准是三十万金。秦王曾明确表示财政

---

① 转引自李斯:《秦统一进程的间谍史考察》,《湘潭大学学报(哲学社会科学版)》2020年第3期,第170-174页。

② 缪文远、缪伟、罗永莲译注《战国策》,中华书局,2012,第194页。

紧张，对顿弱提出万金的要求答复是："寡人之国贫，恐不能给也。"[①]但最终还是以高度的站位支持实施。年轻的秦王赋予执行者高规格的形象，体现"用间道路"的国家意志。姚贾在出使四国时，秦王"乃资车百乘、金千斤，衣以其衣冠，带以其剑"[②]，成为秦王形象与国家意志的代言人。"用间道路"的设计直指敌方高层，也体现了"用间道路"的高端特点。从史料记载能够清楚地看到，"用间道路"具体发挥的作用主要集中在韩国、赵国、齐国，对象或是骨干将领，或是最高统治者。其他国家虽未提及，但并不能说秦国未有动作。同时秦国"用间道路"的执行者大都是秦国的高层官员，也体现了这条道路的高端本质。秦国以高层决策、高度的国家意志体现、高度站位、高规格的标准、对象直指高层、"用间"执行者的高层属性诠释着"用间道路"的高端特性。

盛秦陵工作单位：宝鸡开放大学

胡益萍工作单位：陕西建工第二建设集团有限公司

① 缪文远、缪伟、罗永莲译注《战国策》，第194页。

② 同上书，第229页。

从关陇地区畤文化遗存考古发现再谈西畤地望及其相关问题

孙宗贤　吴海峰　郑丽娟

畤是东周秦汉时期国家祭祀天地和五帝的重要场所，探讨畤祭遗存是研究秦汉历史文化的一个不可或缺的方面。秦国经历了从附庸—诸侯—帝国的壮大发展之路，并借鉴和继承周人的祭祀文化传统，在东出陇山、步入关中的征途中，先后按照“陵随都迁”“畤随都移”传统礼制，建立了西畤、鄜畤、密畤、吴阳上畤和吴阳下畤，至西汉刘邦时期在雍地增建北畤，历史文献上将在雍地建立的畤统称为雍五畤。目前，关陇地区经过田野调查发现和考古发掘的畤祭遗存，先后有西畤、北畤、吴阳上畤、吴阳下畤、密畤。2004年以来，早期秦文化联合考古队相继发掘了甘肃礼县鸾亭山、西山祭祀遗址，发掘者认为应分别属于秦汉畤文化范畴，应是历史上的西畤或其中之一部分[①]。这是东周秦汉畤祭遗存的首次重要发现，引起了史学界的广泛关注和深入研究，取得了不少研究成果，但也曾有学者提出不同意见。针对祝中熹先生发表的鸾亭山西畤的否定意见，当时曾遭到抨击。随着2020年以来凤翔雍山血池、陈仓吴山、宝鸡下站等遗址考古发掘资料的陆续刊发，以及凤翔灵山之南蔡阳山、天水平南遗址的新发现，在从春秋战国到秦汉以瘗埋祭祀坑为特征的畤祭遗存得到充分展现的情况下，近20年之后有必要回过头来对礼县鸾亭山祭祀遗址的属性进行重新审视和检讨。

2018年国家博物馆等单位在调查吴山祭祀遗址的同时，与天水市博物馆等同仁于天水市西南部又调查发现了平南祭祀遗址。作者通过梳理雍畤遗址的发掘情况认为，无论从地理环境、布局结构、形制规模、瘗埋方式、祭牲种类及出土器物等方面均具有其典型特征，与2004年发掘的礼县鸾亭山祭祀遗存具有较大区别，而天水平南祭祀遗址与上述祭祀遗存却十分相似。因此，判断天水

---

① 梁云：《对鸾亭山祭祀遗址初步认识》，《中国历史文物》2005年第5期，第15-31页；王志友、刘春华、赵丛苍：《西畤的发现及相关问题》，载《秦俑博物馆开馆三十周年暨秦俑学第七届年会论文集》，三秦出版社，2010，第236-249页。

平南祭祀遗址属于秦襄公时期所建西畤更为可靠。这样一来，关于秦早期畤祠、秦国“九都八迁”等地望问题还有待做进一步深入讨论。下面，就关陇地区畤文化遗存予以梳理分析与比较研究。拙文不妥之处，敬请方家斧正。

一、关陇地区畤祭文化遗存考古调查和发掘成果

2004年，早期秦文化联合考古队对礼县鸾亭山祭祀遗址进行了考古发掘，发掘总面积约600 m²。在山顶祭坛下的发掘区域，共发掘夯土墙一段，祭祀坑1个，房址4处，灰坑19个，灰沟4条，柱洞22个。祭祀坑K1位于祭坛下方的平台上，平面为圆角方形，其东西对角线长1.5 m，南北对角线长1.6 m，坑深2.52 m。坑口以下有连续堆积的大量兽骨，能够辨认的动物种类有牛、羊、猪、鹿、狗以及一些禽类，祭祀坑的年代应为汉代。

F3是鸾亭山祭祀遗址中的核心遗迹单位，呈长条形状，从地层关系上看分为上下二层。F3（2）层土色呈灰黄色，土质比较疏松，土中夹杂了一些红烧土颗粒。该层出土物有5组完整的玉器。第一组玉器位于房子东北角，由1件玉璧和2件玉圭组成。第二组玉器位于南侧，由1件玉璧和1件玉圭组成。第三组玉器位于东南侧，由1件玉圭和2件玉璧组成，皆为素面。第四组玉器位于房子的中部，由1件白玉璧和1件青玉圭组成。第二组玉器与第三组玉器之间是第五组玉器，这组玉器数量最多，共有12件，其中青璧1件、白璧1件、青玉人1对、青玉圭1件、白玉圭1件、墨绿色玉圭6件，两个玉人置于白玉璧上，头向东北（见图1）。

发掘者认为应属汉武帝时期两次祭祀活动的遗存，而且属于汉代畤文化范畴。同时认为是在秦襄公于公元前770年设立西畤的基础上发展演变而来的，山顶祭祀遗址应是历史上“西畤”的一部分①。

2016—2018年由陕西省考古研究院主持，多家单位联合对雍山血池秦汉祭祀遗址开展了持续三年的考古发掘，发掘面积5000多平方米，分别发现夯土台、祭祀坑、建筑、道路、兆域等各类遗迹292处。血池祭祀坑分布于该村中山梁，中山梁面积约32万m²，共勘探出祭祀坑570处（组），考虑到祭祀坑之间打破关系较为复杂，勘探不易辨识，实际推测该山梁祭祀坑近千座。2016年发掘的血池祭祀坑以东西向车马坑为主，祭祀坑在形制规模上有大小之分，表现在出土器物上也有实用器与模型明器的区别，在打破关系上存在小坑打破大坑的普遍规律（见图2、图3）。

① 早期秦文化联合考古队：《2004年甘肃礼县鸾亭山遗址发掘主要收获》，《中国历史文物》2005年第5期，第4–14页。

图1　礼县鸾亭山祭祀遗址出土器物组合

（图片来源：早期秦文化联合考古队：《2004年甘肃省礼县鸾亭山遗址发掘主要收获》，《中国历史文物》2005年第5期，第4-14页）

图2　2016年雍山秦汉血池祭祀遗址发掘出土器物

（图片来源：陕西省考古研究院：《陕西凤翔雍山同血池秦汉祭祀遗址考古调查与发掘简报》，《考古与文物》2020年第6期，第3-49页）

北斗坊祭祀坑位于血池遗址东山梁，山梁由北向南形成扇形缓坡，该区域勘探发现的祭祀坑数量较多。2017年发掘面积2000 m^2，共发掘祭祀坑41座，其中动物祭祀坑27座，车马祭祀坑14座。车马祭祀坑与血池祭祀坑类同，动物坑包括排列整齐的长条形马坑、长方形马坑、窄长方形牛羊坑、东西向长方形坑等。此类祭祀坑埋葬动物以马为主，部分埋有牛和羊，相对于此前血池村发掘的车马祭祀坑出土的大量玉器和铜器，该类祭祀坑内出土器物较少，说明两类祭祀坑瘗埋形式之间存在较大差异①（见图4）。

① 陕西省考古研究院：《陕西凤翔雍山血池秦汉祭祀遗址考古调查与发掘简报》，《考古与文物》2020年第6期，第3-49页。

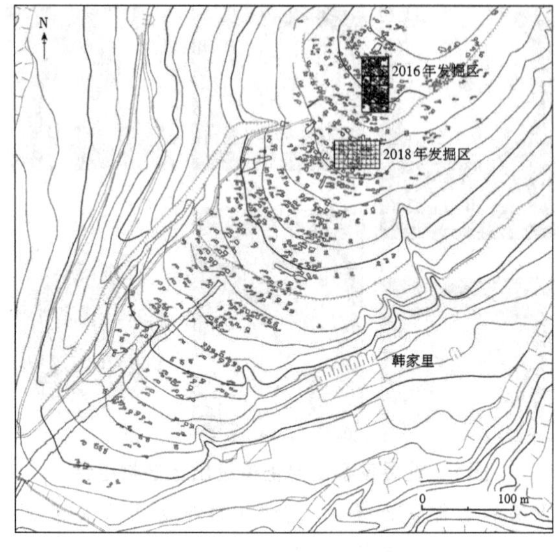

3-1

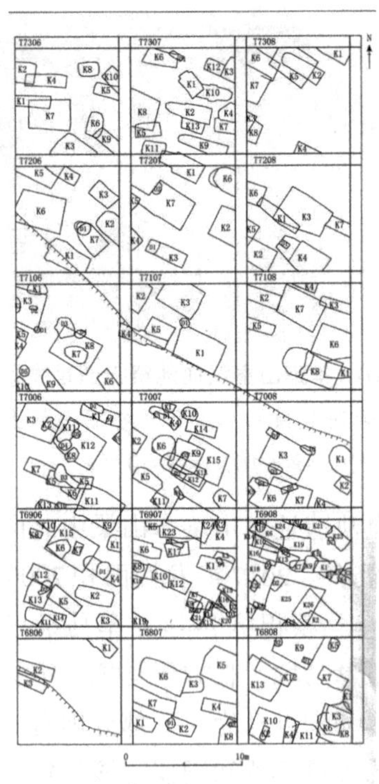

3-2

图3　2016年雍山秦汉血池遗址勘探遗迹分布图与发掘平面图

（图片来源：陕西省考古研究院：《陕西凤翔雍山同血池秦汉祭祀遗址考古调查与发掘简报》，《考古与文物》2020年第6期，第3-49页）

4-1

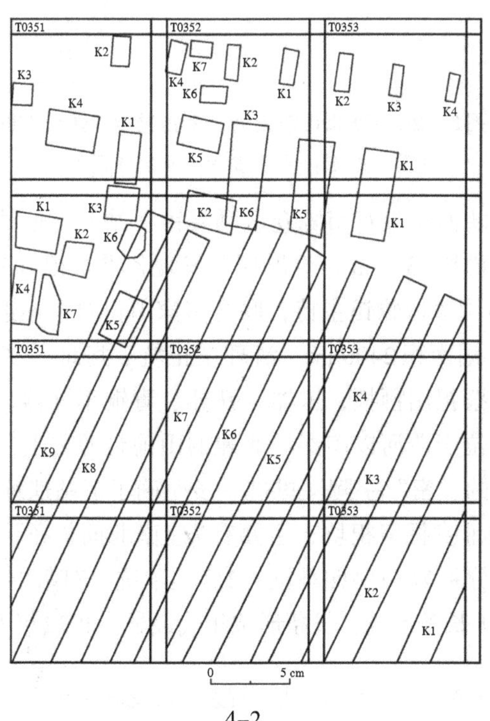

4-2

图4　2017年雍山北斗坊祭祀遗址东山梁遗迹分布图与发掘平面图

（图片来源：陕西省考古研究院：《陕西凤翔雍山同血池秦汉祭祀遗址考古调查与发掘简报》，《考古与文物》2020年第6期，第3-49页）

2019年雍城考古队依据作者发表《秦汉五畤原及五畤地望的考古学观察》一文，所研究指出的“吴阳上畤应在依附于灵山之南的蔡阳山”论断，经过勘探取得了蔡阳山祭祀遗址的新发现[①]（见图5）。

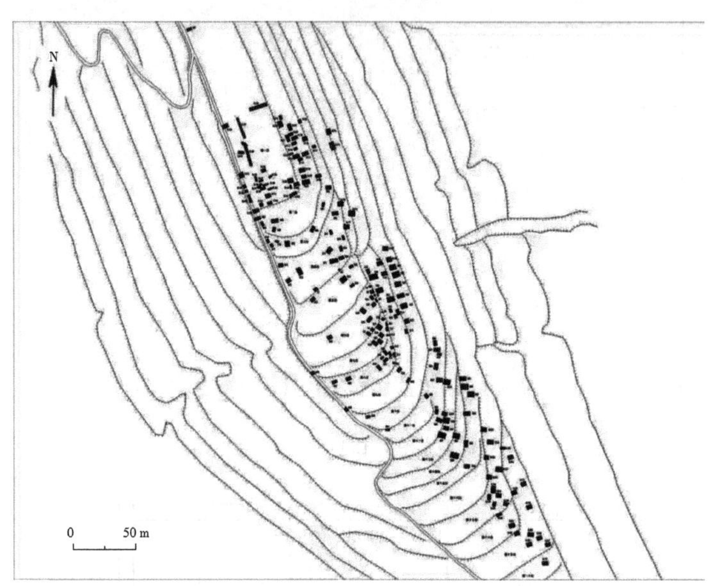

图5　2019蔡阳山祭祀遗址考古勘探遗迹分布图

（图片来源：陕西省考古研究院网站）

下站遗址位于陕西省宝鸡市陈仓区磻溪镇下站村，地处秦岭北麓渭河南岸的台塬之上，总面积约23万 m^2，经勘探共发现各类祭祀坑1400余座。2020年、2022年、2023年由国家博物馆主持，联合多家单位对下站遗址进行了三次主动性考古发掘，共发掘面积2400 m^2。清理祭祀坑、房址、灰坑等各类遗迹，出土大量马、牛、羊祭祀用牺牲，玉器、铁器、青铜车马器，以及砖、瓦、瓦当等遗物。下站遗址位于渭河以南秦岭北麓的山前台塬之上，地点与文献记载高度吻合，遗址出土的“密”字陶文更进一步明确了下站遗址是密畤[②]（见图6）。

2020年下站遗址发掘祭祀坑，主要有7座南北向长条形牛羊坑，45座东西向长方形竖穴坑，分别为36座四马坑、2座四羊坑、7座四牛坑。四牛坑打破四马坑，二者共同打破长条形坑，长条形坑年代最早。2022年下站遗址共发掘清理

① 孙宗贤：《秦汉五畤及五畤原的考古学观察》，载段晓明编《湖南省博物馆馆刊》第十四辑，岳麓书社，2018，第22-23页。

②《五畤祭天 秦汉祀典——陕西宝鸡陈仓下站秦汉祭祀遗址》，国家文物局官方微博中国文博，https://weibo.com/ttarticle/p/show?id=2309404623366370754773，访问日期：2021年4月12日。

祭祀坑14座，除以往发现的长条形祭祀坑、长方形马坑、羊坑外，还清理了5座窄长条形祭祀坑；同时，清理了4座大型长方形祭祀坑，虽均被盗扰，但盗洞中仍出土精美玉车马饰件、金饰件、青铜兵器、漆皮等，由此推知大型祭祀坑中应放置有高等级车马。2023年下站遗址考古发掘，共清理各类祭祀坑28座。祭祀坑的种类分为长方形祭祀坑、洞室祭祀坑、窄长形祭祀坑和长条形祭祀坑四类。第一类为长方形车马坑，发现超大型车马坑1座；中型车马坑，坑内置大型木箱，木箱内放置车马一乘，舆前部有男女玉人各1件，玉璜、玉琮各1件。

图6　2018年宝鸡陈仓下站祭祀遗址遗迹分布平面图

（图片来源：中国国家博物馆：《2020、2022、2023陕西陈仓下站遗址发掘情况》，国家博物馆官网，2024年9月9日）

第二类洞室祭祀坑，规模稍小，洞室内放置小型偶车马，部分偶车还配有伞盖，伞盖边缘垂挂铜铃。第三类窄长形祭祀坑，形状近长方形，坑内埋藏有铜质模型车马器和少量玉器。第四类长条形祭祀坑，坑内主要埋藏牺牲为牛，头向北。发掘者认为，下站遗址前后延续长达600年，是研究先秦至西汉时期祭天礼制及其演变最为完备的实物材料。考古发掘工作中发现的不同时代的各类祭祀遗存，将为我们建立秦汉国家祭祀遗存的分期年代标尺提供重要资料①。

二、雍五畤与鸾亭山所谓西畤遗址比较研究

目前，雍五畤中除秦文公所建立的鄜畤尚未发现外，其余密畤、吴阳上畤、吴阳下畤及北畤等四畤，均已被基本确认。宝鸡下站密畤遗址经过三年的考古发掘，就其所处渭河以南特殊的地理环境，结合新发现的“密”字陶文及

① 游富祥、卢一等：《陕西宝鸡下站遗址发现祭祀坑1400余座　为研究先秦至西汉时期祭天礼制提供完备材料》，https://mp.weixin.qq.com/s/mT1wCiM22dULe_EjT5PEFw，访问日期：2023年12月25日。

各类祭祀坑，完全得到了印证。凤翔血池秦汉祭祀遗址经过三年持续不断的考古发掘，先后揭露了雍山以南血池村中山梁和北斗坊村东山梁祭祀坑。血池遗址发掘者认为：一是该处早期在战国时期即为秦上畤设立之处，汉代继续在原上畤基址上建北畤；二是汉代为了简化雍五畤烦琐的重复内容，遂将原秦四畤一并整合，即在雍山上设立西汉时期的雍五畤。[①]

作者根据血池遗址祭祀坑形制、打破关系、出土遗物、年代检测等综合研究认为，雍山之南直线距离2～3 km的血池中山梁和北斗坊东山梁遗存属于性质不同的两个祭祀区，血池中山梁为汉高祖刘邦建立的北畤，而北斗坊东山梁为秦灵公建立的吴阳上畤之所[②]。这一判断很好地回应了发掘者所谓“秦人的上畤不应该有这么大的规模。对此，我们提出了‘五畤整合说’这一观点”[③]。在对吴阳下畤的探讨中，2018年主持吴山祭祀遗址考古发掘的国家博物馆游福祥研究员，依据发掘发现的8座东西向车马祭祀坑均分别出土男女玉人、玉琮和舆周边出土铁锸等研究认为，吴山祭祀遗址为祭祀炎帝的吴阳下畤[④]。作者根据吴山遗址所处的地理位置、布局结构、祭祀规模、出土遗物等分析认为，吴山祭祀遗址并非畤文化遗存，而是秦汉时期专门用于祭祀山川的遗址[⑤]。

作者2008年调查发现了雍山血池建筑遗址以来，又相继配合多家单位开展了关中西部离宫别馆等调查项目，从此一直关注和研究雍五畤地望及相关问题，在做了大量田野调查工作的基础上，曾撰文分析认为，“雍山血池祭祀遗址为汉高祖刘邦所建立的北畤。吴阳上畤应就在依附于灵山之南的蔡阳山”，2019年考古队据此通过考古勘探发现了蔡阳山祭祀遗址[⑥]。同时，结合吴阳上、下畤的对应关系，进一步认为吴阳上畤应处雍山北斗坊祭祀区，吴阳下畤应处

① 陕西省考古研究院：《陕西凤翔雍山血池秦汉祭祀遗址考古调查与发掘简报》，《考古与文物》2020年第6期，第48页。

② 孙宗贤：《秦汉畤文化遗存属性及相关问题探析》，《宝鸡社会科学》2022年第1期，第36页。

③ 陕西省考古研究院：《凤翔雍山血池遗址初步研究》，《考古与文物》2020年第6期，第71页。

④ 国家博物馆：《吴山祭祀遗址2016—2018年考古调查与发掘简报》，《中国国家博物馆馆刊》2022年第7期，第6页。

⑤ 孙宗贤：《西镇吴山山川祭祀亘古未变》，载宝鸡市陈仓区文化和旅游局编印《西镇吴山文化论集》，2024，第215页。

⑥ 孙宗贤：《秦汉五畤及五畤原的考古学观察》，载段晓明编《湖南省博物馆馆刊》第十四辑，第30页。

于灵山之南的蔡阳山，一北一南，上下位置得当，关系明确[①]。新发现蔡阳山祭祀遗址以后，由于部分学者受吴山祭祀遗址发掘者所谓吴阳下畤的干扰和影响，还有一种观点认为凤翔灵山蔡阳山祭祀遗址有可能属于目前尚未发现的鄜畤[②]。但从蔡阳山文物勘探遗迹分布图来看，发现的祭祀坑形制上并不符合秦德公都雍“用三百牢于鄜畤”的条件。

长期以来，在对东周秦汉时期畤祭文化遗存的研究探讨中，大多学者倾向于认同2004年发掘者提出的礼县鸾亭山祭祀遗址属于秦襄公所建立西畤在汉代的延续。目前对密畤、吴阳上畤、北畤的发掘表明：春秋战国以至秦汉时期畤祭遗址从地理环境、布局结构、形制规模、瘗埋方式、祭牲种类、出土器物等方面均具有其典型特征。作者依据近年来大量的雍五畤考古调查和发掘资料，对比研究认为，鸾亭山祭祀遗址与雍五畤之间存在较大的差别，前者并不属于畤文化范畴。

主要阐述以下几个方面理由：①两者所处地理环境不同。鸾亭山祭祀遗址地处西汉水流域以北山顶上，而发现的雍畤，则多处于主山脉半山腰位置，其完全符合“大山之下，小山之上”的置畤要素。②从布局结构而言，鸾亭山祭祀遗址仅发现两次汉代祭祀文化遗存，而雍畤中的诸畤都经过了严格的规划设计，半山腰平台存在建筑遗址和坛场，半山腰以下依次瘗埋牺牲祭祀坑。③从形制规模来讲，鸾亭山所谓西畤与雍畤无法比拟。雍畤前后经历了长达600多年的祭祀过程，祭祀坑演变发展具有明显的时代特征。祭祀坑形制类型复杂，整个瘗埋区域规模宏大，祭祀坑动辄数百上千，呈现出祭祀频次较高，其完全符合东周秦汉国家延续增设置畤的祭祀规制。④从瘗埋方式上，鸾亭山祭祀遗存仅发现一个圆角长方形祭祀坑，雍畤祭祀坑则普遍依山梁阳坡从上往下、从左到右实施，整个一架山梁形成了以祭祀坑群落为载体的畤祭文化遗存，相互交接区域早晚打破关系明确。⑤从祭牲种类方面讲，雍畤中祭牲种类以牛、马、羊为主，而礼县鸾亭山祭祀坑仅瘗埋牛、羊、猪、鹿、狗及一些禽类，却背离了文献资料记载的“乃用骝驹、黄牛、羝羊各三，祠上帝西畤”三牢礼制。⑥从出土器物组合来讲，鸾亭山祭祀遗址在F3（2）中出土五组玉璧、玉圭、玉人等数量不等的组合玉器，而关中雍畤祭祀坑中则以玉璜、玉琮、玉人为主，其同样属于西汉时期遗存，却呈现出了截然不

① 孙宗贤：《秦汉畤文化遗存属性及相关问题探析》，《宝鸡社会科学》2022年第1期，第36页。

② 史党社：《秦祭祀研究》，载王子今主编《秦史与秦文化研究丛书》，西北大学出版社，2021，第3087页。

同的遗存面貌和文化内涵。

上述对比研究中，无论从畤祭遗址所处地理格局，还是以祭祀坑为载体的各种文化属性考察，鸾亭山祭祀遗址与雍畤之间存在着较大的差别。特别是雍五畤普遍具有时代延续、特征鲜明、规模宏大且以祭祀坑群落为载体的畤祭文化属性，这是礼县鸾亭山祭祀遗址所无法比拟的。正如甘肃秦文化研究专家祝中熹先生早年预言："西畤这种性质的祭址，延续使用了五六百年，如后来未经历毁灭性变故，有幸被当世考古发现的话，必将呈示相当可观的文化蕴藏，而非鸾亭山、西山坪这类遗存所能当之。"①祝先生过去长期工作、生活在礼县，综合考量后最终作出这种判断，放在今天来看得到了考古发掘资料的充分验证，无疑是具有前瞻性的。虽然雍畤从东周以至秦汉，不同时代祭祀坑形制有所变化，但其发展演变的规律仍然是有迹可循的，处在同一时代的祭祀坑形制是完全相同的。从雍五畤祭祀坑演变发展过程来看，既有跨时代的突变，又有一定时期内相对稳定的态势。春秋中期以来的南北向长条形牛羊祭祀坑，东西向长方形车马祭祀坑，长方形四牛、四马、四羊祭祀坑，到战国以至秦汉不断有所继承和发展。长条形坑由窄浅的牛、羊坑，演变为宽深的马坑；同时，又反映出长方形车马祭祀坑普遍由外椁箱式路车马坑向西汉后期无箱式窄长方形偶车马坑和竖穴坑道洞室偶车马坑退化的演变过程。这种演变过程，不仅与文献资料记载高度吻合，而且映射出时代兴废更替的历史本来面貌。

需要特别指出的是，雍畤与鸾亭山遗址唯一的共性是两者均有西汉时期遗存。西汉时期雍畤遗存中以东西向长方形车马祭祀坑以及瘗埋玉人、玉琮、玉璜为主的文化内涵，本应在鸾亭山祭祀遗址中出现，却反而没有出现，这与西汉时期畤祭规制是无法衔接的，反映出具有偶然性的祭祀文化特征。虽然"西畤畦畤，上不亲往"与雍畤礼制有明显区别，但若是西畤必有太祝常驻，长期举行奉祭活动的遗迹；同时，从西汉司马迁著《史记》中透露出秦汉时期才真正实行礼玉制度的过程。这些出土的男女玉人、玉璧、玉圭、玉琮、玉璜等礼玉现象，在经科学考古发掘的鸾亭山、血池、下站、吴山、平南等秦汉祭祀遗址中得到了进一步印证。

根据鸾亭山祭祀遗址出土玉璧、玉圭、玉人组合关系看，更为符合《周礼正义》谓"四圭有邸，以祀天，旅上帝。两圭有邸，以祀地，旅四望。祼圭有瓒，以肆先王"②。周礼规定，天子祀天，要以先祖配享，是谓"禘天"。《礼

① 祝中熹:《秦国西畤地望研究述评之鸾亭山篇》,《天水师范学院学报》2017年1月第1期,第12页。

② 孙诒让:《周礼正义》,中华书局,1987,第1584-1588页。

记·大传》:“礼,不王不禘。王者禘其祖之所自出,以其祖配之。”[①]因此,汉武帝时期一度在陇西举行“禘天”活动,是在有司、祝官等众议提出“今上帝朕亲郊,而后土无祀,则礼不答也”,遂在诸侯秦创立的畤祭有所摇摆的形势下,试图恢复周人《周官》所谓的“以玉璧祭天,以玉珪配祖”祭天礼仪的一种思想表达。因此,随着畤祭文化遗存考古发掘资料的不断丰富,综合来看,部分学者对于鸾亭山作为畤祭遗存的属性判断,是不能成立的。这里,还需要就1997年礼县石桥镇瑶峪村西山出土春秋晚期“西祠器”铭铜豆[②]是否属于西畤牢熟具或可直接证明西畤就位于礼县一带的问题做探讨。依据雍山血池北畤出土的“上畤”“上”、北斗坊吴阳上畤出土的“下畤”“下祠”“下祠□”汉隶陶文[③],这件铜豆亦应属于畤祠的牢熟遗物。但问题是祭祀用的牢熟具,作为国家所有的公用器在各个畤祠之间相互移用的实例是屡见不鲜的,并不能认定那里出现带铭牢熟具,那里就是某个畤祠所在地。因此,鸾亭山祭祀遗址缺乏成为西畤的有力证据,也就显然不属于畤文化范畴。

三、天水平南祭祀遗址的新发现及相关问题

平南遗址位于天水市平南镇西的山坡上,北距天水市约20 km。2018年10月国家博物馆游富祥研究员和天水市博物馆考古研究所同仁一起对平南遗址进行了现场实地走访、踏查和小范围考古勘探,随即发现了几处方形祭祀坑和暴露的马骨。接下来,天水市博物馆考古研究所还做了一些后续工作,发现了多处祭祀坑遗迹。文博工作者根据早年天水博物馆征集到的平南遗址玉人、玉圭、玉琮,结合地理环境,新发现了天水平南祭祀遗址,并判断平南遗址很可能为秦襄公时所建立的西畤。调查者认为天水平南遗址与凤翔血池遗址、宝鸡下站遗址内涵相同,基本可以排除墓祭的可能性,是秦人专门祭天的祭祀遗址[④]。从田野考古调查看,上述发现透露出畤文化遗存的基本特性。

天水平南遗址的新发现,又一次颠覆了人们对礼县鸾亭山祭祀遗址的认知。目前,参照雍畤来看,天水陇南一带已经调查发现和见诸报告的祭祀遗

① 杨天宇:《礼记译注》下册,上海古籍出版社,2004,第427页。

② 马建营:《西祠器铭铜豆考释》,载雍际春、田佐、南玄子主编《嬴秦西垂文化——甘肃秦文化研究会首届学术研讨会论文集》,甘肃人民出版社,2013,第222页。

③ 陕西省考古研究院:《陕西凤翔雍山血池秦汉祭祀遗址考古调查与发掘简报》,《考古与文物》2020年第6期,第40-41页。

④ 董卫剑:《宝鸡吴山遗址考古发现的一些认识》,载秦始皇帝陵博物院编《国际视野下的秦始皇帝陵及秦俑学研究学术研讨会论文集》,西安地图出版社,2021,第147-148页。

址，无论从其文化属性、地理环境还是布局规模，都与畤祭遗存无法相提并论。赵逵夫、祝中熹、康世荣等先生分别认为，礼县祁山堡为秦人祭祀场所或秦襄公设立的西畤之所[①]。作者认为祁山堡目前未发现任何祭祀遗存单位，其为西汉水两岸之间孤立的一座山峰，作为军事堡垒的功能更为确切，并不符合畤祭的条件。而就平南祭祀遗址放在天水及以西地区来说，这与创立西畤的唯一性和排他性是密切相关的。若今后对平南遗址展开大面积文物考古勘探，将会有规模宏大的祭祀坑遗存一一呈现。接下来，包括"九都八迁"秦都邑的迁徙路径及地望节点等在内的一系列问题都将浮出水面。这些必将为早期秦都邑、畤祠及秦公诸器等相关问题的深入研究开辟一个新的探索空间。

在秦人东迁的过程中，"陵随都迁"与"畤随都移"几乎成为定制，形成了秦国独具传统特色的政治礼制。目前，受到专家学者普遍认可的秦国"九都八迁"设定架构中，其中的汧渭之会、汧邑、秦邑、襄公新都等有待做进一步探讨。接下来，如果天水平南祭祀遗址能得到考古发掘资料进一步印证的话，那么春秋早期秦人已东扩至天水一带活动并建立新的都邑，并以此为据点向周围扩张。由此判断，襄公从西垂跳跃式直接进入关中是不可靠的，必然经历了一个渐进式的过程。非子所居秦邑，清水县、张家川县一带秦亭遗址，大多学者认为属于驿站性质，文献资料中出现较晚。西北大学梁云教授最早认为清水李崖遗址属于秦邑[②]。主持当年李崖遗址考古发掘的赵化成先生则将其定性为秦人早期向陇右迁徙的首选之地，从葬式、葬制、墓向、腰坑等分析，时代均在西周中期以前，非子所封"秦邑"在何处有待通过考古发现落实[③]。北京大学中文系李零先生等认为非子始封之地与赐嬴称秦都在宝鸡一带的汧渭之间，这在《史记》里记载非常清楚[④]。关于汧邑问题，唯《帝王世纪》云"秦襄公二年徙都汧"，却不见载于《史记》等正史及先秦文献。张天恩先生认为磨儿塬古城即为秦襄公二年所迁汧邑[⑤]。但以李零、祝中熹先生为代表的学者否定汧邑为秦都，认为"襄公徙汧"是"文公徙汧"之误，"汧"与"汧渭之会"

---

① 赵逵夫在天水举办的第三届秦文化论坛上的发言；祝中熹：《秦国西畤地望研究述评之祁山堡篇》，《陇右文博》2017年第1期，第26页；康世荣：《祁山稽古》，载礼县秦西垂文化研究会、礼县博物馆编《秦西垂文化论集》，文物出版社，2005，第322页。

② 梁云：《西垂有声：〈史记·秦本纪〉的考古学解读》，生活·读书·新知三联书店，2020，第69页。

③ 赵化成：《李崖周代遗存与嬴秦西迁研究》，载秦始皇帝陵博物馆编《国际视野下的秦始皇帝陵及秦俑学研究学术研讨会论文集》，西安地图出版社，2021，第94页。

④ 李零：《史记中所见秦早期都邑葬地》，《文史》1983年第20辑，第211页。

⑤ 张天恩：《边家庄春秋墓地与汧邑地望》，《文博》1990年第5期，第231页。

是同一含义[①]。根据全国第三次文物普查资料，也将原来确定的磨儿原春秋城址修正为汉代城址。目前，襄公是否迁“汧”问题仍然没有定论，而探讨秦襄公建国初期都邑问题就显得尤为重要。汧渭之会都邑，经过西北大学梁云教授团队持续三年的考古调查发掘，秦高等级贵族墓葬、铸铜陶范、建筑构件、夯土建筑基址、城垣等遗迹逐步显现，汧渭之会都邑即将露出真容[②]。这样一来，随着汧渭之会都邑的发现，作者认为非子“秦邑”位于凤翔长青孙家南头一带的可能性逐渐增大[③]。

《史记·封禅书》载：“雍有日、月、参、辰……百有余庙。西亦有数十祠。”[④]作者认为这里的“西”，亦代表雍以西之天水或西县的数祠，除平南西畤祭祀遗址外，亦应包括鸾亭山祭祀遗址以及新发现的礼县四角坪礼制性建筑遗址等等。戴春阳研究员分析认为，大堡子山秦公陵园仅有两座大墓已成定局，分别应为秦襄公及夫人的异穴合葬墓，陪葬坑是经过统一规划而成的，并未出现其他高等级墓葬的可能性[⑤]。秦襄公在天水西南一带立国，即在新都近郊设置西畤祭祀白帝，以昭示“君权神授”，不久伐戎而战死军中，新中国成立初期只好将灵柩归葬大堡子山。笔者以为天水称秦，亦应有其特殊地缘因素，应与秦襄公早期活动有其必然联系。同时，对于天水地区出土秦青铜器的研究，一直以来亦成为史学界焦点话题，特别是中国国家博物馆藏1919年出土于天水秦岭乡的秦公簋，其出土地、器主、铸造年代、归属用途等问题历来众说纷纭。天水平南祭祀遗址的新发现以及秦都邑的探索，对这些秦青铜器的研究将不无裨益。雍际春先生依据天水放马滩木板地图，研究认为“邽丘”即邽县之城，也就是春秋时期秦武公所设邽县县治所在地，亦在天水以东四十里的北道区一带[⑥]。因此，也不能排除秦武公所置邽县与秦早期都邑的联系。结合

① 李零：《史记中所见秦早期都邑葬地》，《文史》1983年第20辑，第213-214页；祝中熹：《地域名“秦”说略》，《文史》1983年第20辑，第143-144页。

② 西北大学、陕西省考古研究院、秦始皇帝陵博物院、中国国家博物馆、宝鸡市考古研究所：《陕西宝鸡魏家崖遗址D发掘点2022年发掘简报》，《国家博物馆馆刊》2024年第2期，第33-34页。

③ 孙宗贤：《秦邑与汧渭之会地望探析》，载祝中熹、赵文博主编《嬴秦文化论考：甘肃秦文化研究会第四次学术研究会论文集》，三秦出版社，2022，第321页。

④ 司马迁：《史记》，时代文艺出版社，2001，第135页。

⑤ 戴春阳：《礼县大堡子秦公墓及有关问题》，《文物》2005年第5期，第78页。

⑥ 雍际春：《邽丘、上邽县地望考辩》，《历史地理》2005年第十九辑，第142页。

天水放马滩地图中的“邽丘”、秦公簋出土地天水西南乡[①]、礼县三大秦文化中心聚落之一的红河镇“费家庄—六八图”遗址[②]等，均与天水秦州区平南祭祀遗址相距不远的情况，综合判断，天水西南一带具有秦都邑的可能性较大。

综上所述，周秦以来传统文化中的畤祠祭祀是十分复杂的文化现象，许多问题有待深入研究，尤其以畤祠地望与属性最为核心。以2008年雍山血池祭祀遗址的调查发现为标志，真正意义上推动了雍畤考古调查发掘和深入研究。2004年早期秦文化联合考古队发掘的礼县鸾亭山所谓的西畤祭祀遗址，当时在真正缺乏畤文化遗存面世与印证的情况下，经历了开创性和摸索性的阶段，多认为祭祀遗址就与西畤有关。随着近年来考古资料的不断丰富，参照2020年以来凤翔雍山血池、陈仓吴山、宝鸡下站祭祀遗址考古发掘资料，以及天水平南、凤翔蔡阳山祭祀遗址的新发现，分析认为甘肃礼县鸾亭山祭祀遗址不具备雍五畤时代延续、特征鲜明、规模宏大且以祭祀坑群落为载体的畤祭文化属性，其并非西畤文化遗存。经考古调查新发现的天水平南遗址却与雍畤文化内涵极为相似，平南遗址很可能是畤祭文化遗存中的西畤。基于此，按照秦国“陵随都迁”“畤随都移”传统礼制，推测春秋早期秦人已东扩至天水一带活动并建立新的都邑，而且此都邑亦应在距离天水平南祭祀遗址不远处的台原地带。因此，平南遗址将成为天水又一具有代表性的秦文化遗产资源项目，而加以发掘保护和展示利用。

作为血池、蔡阳山祭祀遗址的踏查发现与撰文报告者，长期以来高度关注秦汉畤文化研究，有幸见证了秦汉雍畤遗存的考古发掘，特别对秦汉诸畤文化属性讨论提出了自己的观点，并得到考古实物资料的印证与专家学者的认可。在此，对于礼县鸾亭山祭祀文化属性做初步梳理研究，并就涉及的秦早期畤祠、都邑等地望问题，提出一个新的研究思路，企望与学界做进一步交流探讨。当然诸多问题的揭示和解决，尚需田野考古工作者付出大量艰辛的努力。

孙宗贤工作单位：宝鸡市凤翔区博物馆
吴海峰工作单位：宝鸡市凤翔区博物馆
郑丽娟工作单位：宝鸡先秦陵园博物馆

① 冯国瑞：《秦公簋器名考释》，载礼县西垂文化研究会、礼县博物馆编《秦西垂文化论集》，文物出版社，2005，第460页。

② 早期秦文化联合考古队：《西汉水上游周代遗址考古调查简报》，《考古与文物》2004年第6期，第19页。

宛丘地理考辨

李 铭

“宛”作为一个历史地名，出现在出土文物天水放马滩木板地图中，它与《秦公簋》铭文中的“𬮱”，《诗经·陈风》里《宛丘》中的“宛丘”，《蒹葭》中的“宛”应是一地，即嬴秦故都邑西犬丘。本文就此问题试做考辨。

一、“宛”在水中央

1986年，天水市北道区小陇山林业局党川林场职工在放马滩护林站修建房舍时发现古墓葬。随后，在1号战国墓中出土了四块七幅木板地图（其中一块断成三块），经过多位中外学者的研究，现已经基本弄清楚其中六幅用单线描画表示山水地理的地图的位置及所对应的山脉、水系，并达成了学术界的共识。

天水放马滩木板地图绘制于公元前4世纪末①，放马滩秦墓地3号地图上有“宛到口廿五里”的标注（图1）；放马滩秦墓4号地图上有“北谷下道宛”的标记（图2）。“宛”显然是一个地理专名。《诗经·陈风》第一首《宛丘》通常被认为陈地诗，但从诗中出现的乐器“缶”来看，应是秦风。缶，位在“八音”之外，《易》说离：“日昃之离，不鼓缶而歌，则大耋之嗟，凶。”许慎《说文解字·缶》中说：“缶，贮酒器，秦人鼓之以节歌。”《史记·李斯列传》说：“夫击瓮扣缶，弹筝博髀，而歌呼呜呜，快耳目者，真秦之声也。”《史记·廉颇蔺相如列传》载赵王使人“奉盆缶”，秦王为其击，以羞辱秦王。根据《墨子·三辩》《淮南子·精神训》的记载，击缶在其他地方也有短暂的流行，但主流还是“秦人鼓之以节歌”。总的看来，击缶是秦地地方传统音乐，应与陈风无涉。故笔者认为诗中“坎其击缶，宛丘之道”是在秦地作乐。春秋战国时期，“宛丘”在秦国、陈国并存，但《陈风·宛丘》所指应是秦宛丘

① 李铭：《放马滩木板地图研究系列之一——放马滩1号墓墓主初探》，载宝鸡市社会科学界联合会、天水市社会科学界联合会、平凉市社会科学界联合会、固原市社会科学界联合会编《陇山文化发展论集》，2015，内部资料，第264-270页。

(犬丘，今陇南市礼县）非陈宛丘（今河南淮阳东南)。《宛丘》一诗是《秦风》的末一首，编者误为《陈风》。或因《东门之枌》一诗中也出现地名“宛丘”，而将其从《秦风》移至《陈风》。在放马滩木板地图发掘之前，这种情况即使有人怀疑，但不能确指。

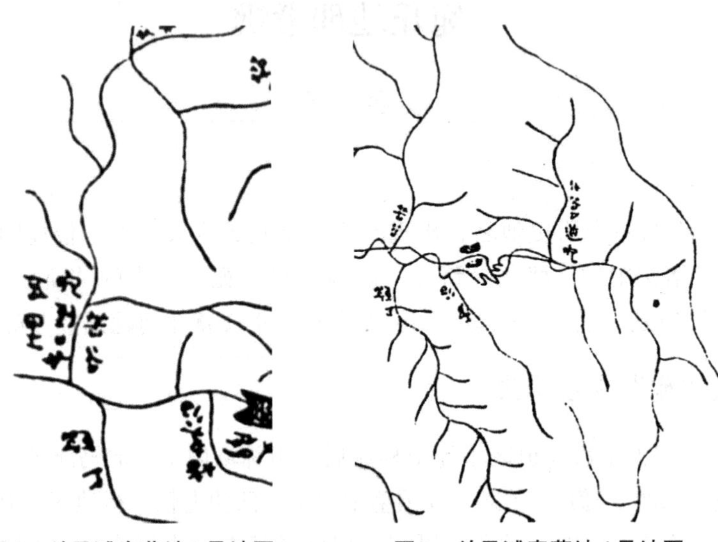

图1　放马滩秦墓地3号地图　　　　图2　放马滩秦墓地4号地图

（图1 图片来源：雍际春：《天水放马滩木板地图研究》，甘肃人民出版社，2002，第47页。　图2 图片来源：雍际春：《天水放马滩木板地图研究》，甘肃人民出版社，2002，第47页）

对于古诗，大致存在文学阐释和历史真实之差别，当诗歌创作的具体地理环境和历史背景在岁月的长河中被淡忘以后，只有文学阐释带来的新意在不断加强，诗歌的寓意和审美趣味发生了变化。《秦风·蒹葭》是《秦风》中的名篇，评者历来给予很高的文学评价，注家对诗中“宛在水中央（坻、沚）”句中的“宛（yuān）”，解释成“宛（wǎn）若”“仿佛”等，但诗中明确说：“所谓伊人，在水一方”“在水之湄”“在水之涘”，意思是在河的那一岸边，从文气来讲，“宛”作“宛若”解释并不通畅。作者寻找“伊人”不得，溯游而上时有河水阻隔，顺流而下时会遇到“宛”的阻挡。河水的阻隔是有办法克服的，更主要的是“宛”的阻隔，使作者无语而止、无可奈何。“宛”是怎样一个地方，竟如此不可逾越，诗中没有也不可能说明。

坻，《说文解字》解释道：“小渚也。诗曰：‘宛在水中。’坻从土氏声。”[①]历史学家吕思勉在《先秦史》谈古代宫室一节中提及古代湖居时说道：“渔猎

①〔汉〕许慎:《说文解字》,中华书局,2013,第289页。

之世，民多山居，亦有藉水以自卫者，希腊史家赫罗多德谓古屋皆在湖中，筑于杙上，惟一桥通出入，与《史记·封禅书》：公玉带上明堂图，水環宫垣，上有楼，从西南入，名为昆仑者酷相似。西元一八五三年，欧洲大旱，瑞士秋利伊湖涸，湖居遗址见，人类学家、古物学家皆以为邃古之遗。今委内瑞拉、新几内亚之民，仍有湖居者，可知水自环，实野人防卫之法也。……《易·泰卦爻辞》曰：'城复于隍'，《尔雅·释言》曰：'隍，壑也'，城临壑，犹湖居时遗法也。"[①]总的看来，宛就是承荒古湖居之制，建在水中小岛上的小城。在秦地找宛丘，放马滩木板地图中的"宛"，自然就是我们的理想答案。

二、宛丘、犬丘与𡉚音义辨

1916年，在陇南礼县红河乡出土了珍贵的秦公簋，簋上的铭文中有"鼏宅禹迹，十又二公，在帝之𡉚"之语。陈泽先生说："'𡉚'音坯。《说文》：'坯，丘再成者也'，为人工所筑，中间凹面四周高，是城的前身。用在这里的，实指犬丘。因犬丘遗址在天台山之下，所以说在帝之𡉚[②]"，又《广雅·释诂》中说："丘，居也"，即为众人聚居之处。由此，可以说，《秦公簋》"鼏宅禹迹""在帝之𡉚"铭文是目前已发现的最早反映嬴秦人在西垂聚居地的文字，值得重视。从文字解释的角度来看，《诗经·陈风》毛传说："四方高中央下曰宛丘。""宛"字本身有弯曲、周围高中间低的意思，可见"𡉚""宛"同义，为四周高中间低的城。天水曾经存在"苑亭"（在秦州区牡丹乡），具有"小盆地"的地理特征。麦积区琥珀乡政府所在地是一个规整的小盆地，当地人称为"圆川子"。"苑""圆"发音也相同，笔者认为两字其实都是"宛"的借字，具有"盆地"的含义。

从音训上看，《玉篇》《集韵》《类篇》载"宛"是"于袁切，音鸳"；而"犬"，《说文解字》段注说："苦泫切，十四部。"按古音，"宛""犬"二字是声近韵通，故相混淆。在礼县方言里，"犬丘"一名长期存在，据红河镇上的个别老人回忆说，他们的祖辈父辈把上街寺垛脑山下的现叫"塄坩"的某些地方当时分别还称为"大犬""小犬"和"犬丘"等名称。《水经注》记载西城是故犬丘，在杨廉川谷，即今甘肃天水市西南的峁水河（又称红河）川道。汉时岑彭曾壅西谷水灌故犬丘城，可见秦犬丘就是水上或水边城，亦是"犹湖居时遗法"，从这个可靠记载来看，故犬丘就是宛丘。

---

① 吕思勉:《先秦史》,上海古籍出版社,2009,第369页。

② 陈泽:《秦公簋铭文考释与器主及作器时代的推定》,载陈泽《西垂文化研究》,五洲文明出版社,2005。

三、“宛”在木板地图上的重要地位

峁水河在天水放马滩木板地图（图1）上明确绘出，并且沿河有“苦谷”“宛到口廿五里”的注记。周制三百步为一里，六尺为一步，每尺合今0.231 m。周一里合今415.8 m，廿五里约折合今10.2 km。按现在的地理地图，若河口从礼县北堡村－高楼村连线处算起，沿河上溯10.2 km是石沟村，石沟村以北就是红河水库。虽然古今地貌会有一定的变化，但是木板地图所指的“宛”在红河水库川区当无大误。另外，在放马滩秦墓地4号地图所标注渭河流域东部北一水旁有“北谷下道宛”。而且在此处渭河河谷向西画一横线，至达渭河南支流“柏谷”，柏谷即今麦积区伯阳镇西的“毛峪河”，在《水经·渭水注》里是“伯阳谷水”。这是一条用横线标注的从今小陇山沿小河下到渭河河谷向西直达伯阳川道的上古“渭水狭道”，它越过伯阳镇大利岭之后，进入马跑泉，再连接西南去嬴秦故都“西犬丘”的道路。可见，人们所说的古代“陈仓—渭水狭道”是存在的。“宛”在这条交通线上是重要的目的地，它比邽丘更为重要。

四、放马滩木板地图上的宛丘辨析

虽然学术界对木板地图所绘画、标注的山川基本达成共识，但对用闭合线表示地理的5号地图①，人们一直以为是一幅未完成的地图，而且没有深入分析过它所反映的地理环境和具体位置。

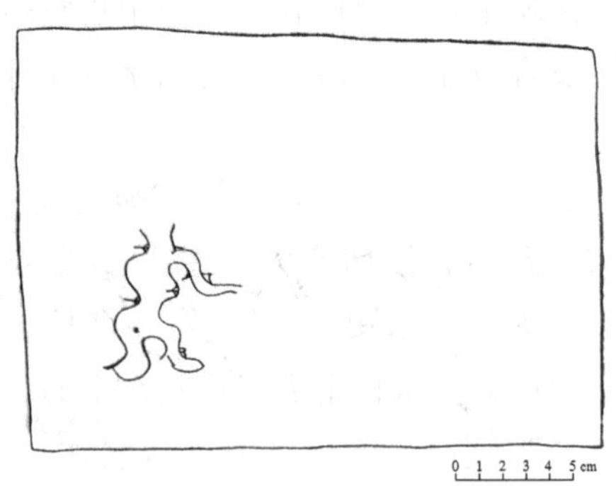

图3　放马滩秦墓地5号地图

（图片来源：雍际春：《天水放马滩木板地图研究》，甘肃人民出版社，2002，第46页）

针对5号地图的特殊性，我们要研究它，揭开其中隐藏的秘密，就有必要根据地图反映的地理实况、依照图内印证和区域重要地理比定相结合的思路进

① 雍际春：《天水放马滩木板地图研究》，甘肃人民出版社，2002，第47页。

行推定。第一，学术界已经通过大量水系、山系的比较，确定了其他六幅地图的实际位置，这种图实比较的方法我们依然采用。第二，根据图内互证的思路，确定5号地图是六幅单线图中的某个区域，而且应该是重要区域。第三，由于六幅单线图所表现的详略特征、地域交叉特征、比率特征都表明了作者在不同地域做了定位观察，从而确认5号图也是对某一区域做了调查或定点观察而得到的对该地区地理形貌的描画。第四，不仅有某一地区的地理形貌的概括描画，还附以“·”状、“Λ”状、“ε”状、“Ψ”状等类似今天地图图例的标示，其地理特征应当更为明晰。有必要在木板地图所反映的区域内进行重点排查。

（一）从诸多因素综合判断5号地图的可能位置

根据以上分析，我们重点将目光投向放马滩秦墓地3号地图①。3号地图的东北部分是反映秦州区耤河水系的“相谷”水系，图的西南部分是反映陇南礼县和秦州南部的西汉水水系，图上，这两大水系的南北之间用一条线隔开，其东西之间也用一条曲线隔开。曲线表示瘦驴岭。这就是西犬丘以东及以北的自然地理状况。同时，我们看到在“相谷”水系三条支流的上源地带分别分布着一个关隘，通过与当地地图地理比较，我们发现“松利十五里”关隘在今金家河上的铁炉坡，其正南水小河子源头与稠泥河上源在秦岭和关家店相望，再沿河南下就是三国时的木门道；以东“大松利十三里”关隘在太京乡南河沟的上源，即牡丹乡的李关仁湾，再东“杨谷八里”关隘在南沟河上的吕二沟和皂郊镇两地的分界线附近，南沟河历来是从秦州南下沿西汉水通向陇南的重要孔道；在西汉水的上源也有一个标志突出的关隘，叫作“燔史关”，其地址在小天水一带。这些关口显然是护卫秦西垂故都安全的。放马滩木板地图的绘制者能够注意到这些孔道和关隘，就必然首先将目光投向作为政治要地、军事重镇的秦故都。另外，在所有天水渭河水系（含甘谷县散渡河水系、秦安县葫芦河水系、秦州耤河水系、清水县牛头河水系）、西汉水水系（含秦州区南路稠泥河水系、礼县东北红河水系）中最重要的地理区域莫过于西垂宫这个秦早期都城区域，其次是秦亭，再次是封丘等。从政治、军事因素综合判断，5号地图的位置可能在红河流域。

（二）通过对比分析查明5号地图的实际位置

要推定5号地图位置在红河流域的关键是要进行木板地图的图内互证，同时要对比与实际地图的切合程度。如果将描绘红河水系的部分从木板地图3号上择出，与5号图倒置后比较，会发现它们的轮廓基本相似，甚至可以重合。

① 雍际春:《天水放马滩木板地图研究》,甘肃人民出版社,2002,第46页。

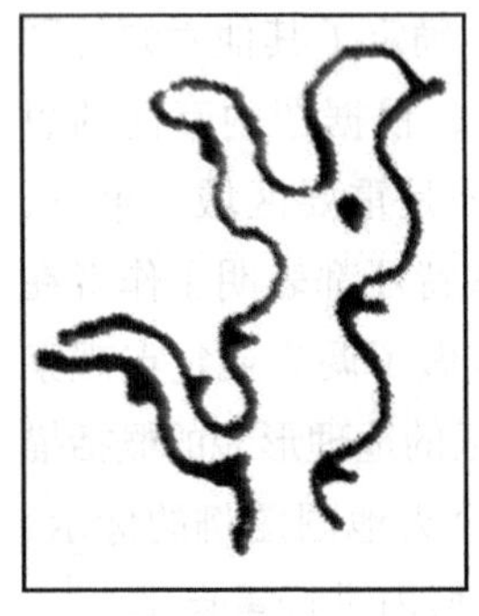
图4　5号地图旋转图

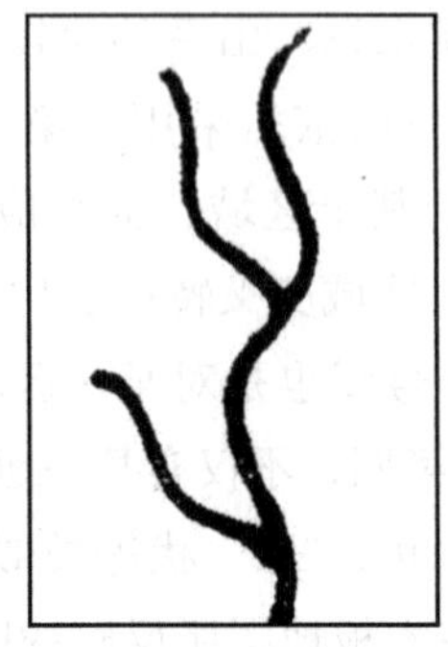
图5　宛到口廿五里水系

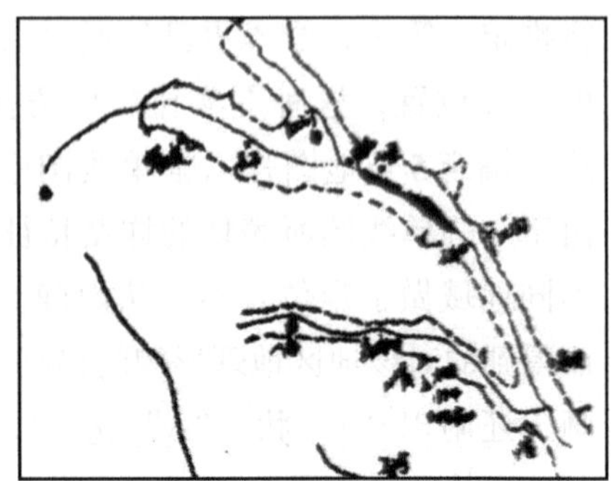
图6　红河水石联村以上部分按照相同等高线绘图效果

（图4 图片来源：作者手绘　图5 图片来源：雍际春：《天水放马滩木板地图研究》，甘肃人民出版社，第46页　图6 图片来源：作者手绘）

接下来，我们依照《天水市区地图》①绘出的红河流域石联村以上部分按照从内向外第二层等高线复制成缩图（见图6）与5号木板地图比较，发现两者的北段在基本形态上相似，南段差距较大。红河乡的地理概况是：礼县红河乡与天水市秦州区秦岭乡、杨家寺乡接壤，杨家寺河与花石河从北面和西北面流到红河街道相汇，形成峁水河流入西汉水。杨家寺河与花石河冲积，从而形成了红河川、杨家寺川和花石川相连的一片广阔地带，四周是地势低缓的矮山丘陵，气候温润，土地肥沃，最适宜于放牧。我们进一步比较发现，红河上游，石沟村东边的沟谷区，5号地图用“Ψ”状标示；套边村北的山嘴、大咀山（海拔1894 m）靠近郭家河（即《水经注》中的西谷水）的山嘴，5号地图用“Λ”状标示；吴河村、花石村一带向花石水（即《水经注》中的茅川水）逐渐下降的平缓坡地，5号地图用“ε”状标示，这一带河谷宽广，5号地图所画闭合曲线也比较宽。而“·”状标示正北面对应的士子川也画成宽阔的闭合曲线，“·”处正是六图村北，应该表示宛丘。现代地图上都是用圈、点表示城镇、乡村，古今思路一致。

五、结论

至此，我们可以得出基本结论：其一，宛丘是产生秦诗《宛丘》和《蒹葭》的地方。现在可以肯定地说《蒹葭》中的“宛”实指建在峁水河中段小洲上的城。其二，5号地图就是反映宛丘所在红河流域地理环境的完整的地图，图1、图2标识的“宛”就是指“宛丘”城。其三，秦故都遗址西犬丘就在红

① 甘肃省测绘局1986年编制，兰州七二二七厂印刷。

河乡同心村北的河川地下，西犬丘又称宛丘、故犬丘、西垂宫。其四，放马滩木板地图是我国现存的最早使用图例的地图。关隘用“‖”表示、城用“·”表示、山嘴用“Λ”表示、缓坡用“ε”表示、冲沟用“Ψ”表示等，5号地图其实是对秦都犬丘周围地理环境的具体描画。

总之，天水放马滩5号木板地图是中国考古实物上首次明确绘制出、标注出嬴秦故都西垂宫的文物。《宛丘》《蒹葭》中的“宛”实指建在红河水中段小洲上的城宛丘。作为秦嬴最早的政治中心，宛丘盛行击缶之乐且戒备森严，常人难以靠近。

李铭工作单位：中共天水市麦积区纪律检查委员会

石鼓文通释

官波舟　官竹寒

本文使用《中权本》，参考了《先锋本》和《后劲本》。

一、《吾水》鼓，秦王出行

全文为："吾水既清，吾道既平。吾□既止，嘉树则里。天子永宁，日唯丙申。昱昱薪薪。吾其旁道，□马既陈。蔽□康康，驾奕逾□。左骖骊骊，右骖骍骍。牝□□□，毋不□□，四翰霾霾，交□□□。公谓大□，金及如□□，害不余从。"可识字66个，缺字15个。

1. "吾水既清，吾道既平。""吾水"，秦人之水，即渭水。"既清"，渭河之水平日为黄泥沙水，水要清必须是连续多日的晴朗天气。"吾道"，指秦人的道路。"既平"，意指秦王出行，道路亦修得宽畅平坦。

诗曰：

水清天也晴，
道路已整平。
应是好日子，
秦王要出行。

2. "吾□既止，嘉树则里。"送秦王一行的文武官员们到树木茂美之地为止，即咸阳以西十里，"列树以表道，立鄙食守路"之处，不要再送了。一切准备就绪，正式启程了。

诗曰：

车子已备好，官员均送行。
都西十里处，嘉树亦蓬蓬。

3. "天子永宁，日唯丙申。""天子"，为周显王姬扁，其在位48年。此次出行"猎祭"为公元前325年，是其在位第四十四年，长期稳定，方谓"永宁”。《史记·周本纪》载：“四十四年（公元前325年）秦惠王称王，其后诸侯皆为王。”[①]从此，战国天下，有了“周天子”，又有了秦“嗣王”。这是秦王称王的第一时间。“日唯丙申”即“丙申日”。用《中国先秦史历表》推算，为公元前325年4月16日。此为秦王出行之日。

4.“昱昱薪薪。”“昱”，明亮。“薪”，为可做燃烧的木柴，木柴燃烧自有光明。秦王出行“燔（fān）柴告天”。此为秦惠文王称王后首次西行“猎祭”，亦便僭越天子礼仪“燔柴告天”。

诗曰：

恩承周天子，江山永安宁。
燔柴告天帝，军阵何威风。

5.“吾其旁道，□马既陈。”“吾其旁道”，即我们的道路两旁。“□马既陈。”“陈”假借为“阵”，即军马列阵。状其秦惠文王出行时，道路两旁军马列阵之威武。

6.“蔽□康康，驾奕逾□。”“蔽”即遮挡、隐蔽之意。“康”，言其康强、充足。“蔽□康康”，出行时旌旗蔽天，兵强马壮。“驾奕逾□”，指驾驭着威武车马，神采奕奕，一乘乘飞跃而过。

诗曰：

车马两行，
陈列道旁。
军容整肃，
战旗飞扬。

7.“左骖騚騚，右骖骭骭。”“騚”，《玉篇》：“马四蹄皆白”。“骭”，《集韵》：“马青黑色”。全句意为：你看那威武的车骑，左骖马四蹄皆白，直奔向前；右骖马呈青黑色，奔腾不驯。

8.“牝□□□，毋不□□，四翰霾霾，交□□□。”“牝”，指雌性鸟兽，此指雌马。“毋”，假借“无”。“翰”指山鸡的一种毛，呈红色。全句意为：雌马雄马无不奋力。“天子驾六，诸侯与卿同驾四”。秦王尽管称王，仍属诸侯，其驾的四匹骏马均呈红色，奔腾荡起烟尘，交杂难辨。

诗曰：

白蹄马在左，

① 司马迁：《史记·周本纪》，上海古籍出版社，2011，第108页。

黑色马在右。
众马分雌雄，
争先又恐后。
却惊飞野雉，
扬尘飞烟走。

9.“公谓大□，金及如□□，害不余从。”“金”，意指“以五行言之为西方之行”。本次惠文君称王西行猎祭，从咸阳宫启程。咸阳居东，雍城、陈仓在西，为“西方之行”。“及”通“彶”，急行之意。“如”，此处意为“往”。“害不余从”为倒装句，“害不从余”。全句意为：秦王身边的公卿说“大吉”，此“西方之行”占卜顺利，应疾速前行；危害、伤害不会伴随。

诗曰：

秦王要猎祭，
占卜定吉凶。
大军浩荡荡，
一路向西雍。

二、《而师》鼓，出行原因

全文为：“□□而师，弓矢孔庶。□□□以。左骖右骖，滔滔是炽。具夺信复，□具吁来。□□其写，小大具□，□□来乐。天子□来，嗣王始□，古我来□。”可识字37个，其中重文1处，合文1处。

1.“□□而师，弓矢孔庶。□□□以。”“而师”，即秦惠文王率领之军马，秦王之师。“弓矢”，即弓箭。“孔庶”，“孔”，意为“很、甚”。“庶”，即众多。“弓矢孔庶”，指秦王之师狩猎的弓箭准备得很充足。此次“猎祭”，祭祀之后还要打猎强军，故言其打猎器具准备之状。“□□□以”不明。

诗曰：

西行猎祭，弓箭齐备。
秦王之师，威武无比。

2.“左骖右骖，滔滔是炽。”“骖”，三匹马驾一辆车为骖。“大夫驾三”。“左骖右骖”，指护卫在秦王前后左右的将军、大夫之属。“滔滔是炽”：“滔”，指大水弥漫的样子；“炽”，指旺盛、强盛。全句意言其车马川流不息，非常热闹。

诗曰：

将军大夫，前呼后拥。
车水马龙，热气腾腾。

3.“具夺信复，□具吁来。”“具”，意为“全部，都”。“夺”，意为“夺取、夺得”。“信复”，相信会胜利归来。“吁来”，即“王曰吁来”！言其秦王政通人和，一呼百应，召之即来。前面写了车马，此转为议论。

诗曰：

秦王之师，一呼百应。
召之即来，战之能胜。

4.“□□其写，小大具□，□□来乐。”“其写”，即“其泻”。“泻”，指倾泻。“小大”为合文。“具”，意为“都，全部”。全句意为：秦王军马奔腾疾行，车马如泻；参加本次猎祭的大小僚属都来了。“来乐”，随行还有祭祀必需的乐人、乐器。

诗曰：

车马奔腾，如泻疾行。
带有乐人，祭祀必恭。

5.“天子□来，嗣王始□，古我来□。”此鼓诗最后叙述本次出行猎祭原委。“古”通“故”。全句意为：天子赐来，嗣王始嗣，故我来祭。咏述公元前325年，此“丙申年”之“丙申日”，由于周“天子”显王姬扁的封赐，“嗣王”秦惠文王嬴驷才称王。在称王后第一时间回雍城祖庙告祖，三畤原祭天，陈仓祭地祭陈宝，陈仓北坂打猎强军。

诗曰：

天子恩德厚，赐我做秦王。
永为周室屏，为国守西疆。

三、《銮车》鼓，经过郿邑

全文为：“□□銮车，贲（bī）漆真□。□弓孔硕，彤矢□□。四马其写，六辔骜□。徒驭孔庶。郿□宣搏，眚车载行。□徒如章，原湿阴阳。趋趋捘马，射之铼铼。逾□如虎，兽鹿如□。□□多贤，陈禽□□，吾获允异。”共57字，缺字14个。

1.“□□銮车，贲漆真□。”“銮车”，指古代帝王用车，即秦惠文王乘车。“贲漆真□”，即其车髹漆装饰精良，雕刻彩绘真漂亮，秦王銮车高贵自无可比。

2.“□弓孔硕，彤矢□□。”“弓”即弓箭。“孔硕”：“孔”，意为“很、甚”；“硕”即硕大。“彤矢”，指朱漆箭。潘迪云：“彤弓、彤矢，天子以赐有功诸侯”。全句意为：那硕大之弓箭，非常力能开，红彤彤的弓箭为周天子所赐。咏述秦王威武。

诗曰：

銮车真精美，髹漆何辉煌。
弓箭长又大，天子赐我王。

3.“四马其写，六辔骛□。”“写”即“泻”，倾泻。“六辔”，六根辔绳。“骛”，指骏马。秦王銮车的四匹骏马在六根辔绳牵引下奔驰，如水流泻。“天子驾六，诸侯与卿同驾四。”驾四马者为秦王。秦惠文王尽管称王，仍属诸侯卿士一级。

4.“徒驭孔庶。”“徒”，指徒步、步行、步兵。“驭”，指驾驭车乘。“孔”，意为“很、甚”。“庶”，意为“多、众多”。全句意为：徒步行进之兵伍及驾驭一匹马、两匹马之士，人多势众，浩荡威风。

诗曰：

四马共奔腾，六辔都紧绷。
步兵和骑士，队伍真威风。

5.“鄜□宣搏。”此“鄜”为千古一字，有十余种读法，余从马叙伦读“鄜”。战国时鄜邑在渭水北面，从咸阳出发至此百余里，为秦军宿营地。“搏”，打斗，格斗。全句意为：秦王军马从咸阳启程行军一天了，驻营鄜邑，使千年古镇喧闹起来，传来阵阵搏击打斗之声。

6.“眚车载行。”“眚车”，即省车，犹言田车，为打猎车乘，由原军车稍改而成。“载行”。“载”，充满、充斥。“行”指道路。全句意为：狩猎的车乘拥拥挤挤地充斥鄜邑大道。

诗曰：

鄜邑稍修整，到处是暄声。
登上打猎车，浩浩又西行。

7.“□徒如章，原湿阴阳。”“□徒如章”，“徒”，指徒步、步行、步兵，

“章”，假借为“障”。“原湿阴阳”，“原”，指宽广平坦的土地，指关中西部渭水北岸广袤的平原。全句意为：秦王步行军伍拥挤，却似屏障。要上原了，阴面低凹处潮湿，阳面和稍高一点的路面干燥。

诗曰：

步队何整肃，铁流直向前。
阴谷转阳坡，滚滚上高原。

8.“趍趍掕马，射之镞镞。”“趍趍”，即快走，奔步的样子。“掕马”，即勒马。“射之镞镞”，即射出了镝镞。全句意为：正在疾速行进之军伍，忽然发现猎物，迅速勒马射出了一枚枚箭镞。此在郿邑以西之地。

9.“逾□如虎，兽鹿如□。”“逾”，即跳过、越过。“如虎”，即像老虎那样。“兽鹿如□”，意为“兽鹿如梭”。述其兽鹿受到惊吓，逃跑连成一溜，飞快如梭。全句意为：经过郿邑，遇到猎物。有的跳跃像老虎；兽鹿受到惊吓，奔跑如梭。

诗曰：

挽弓搭长箭，
快马追猎物。
如同猛虎跃，
百兽逃无处。
争先又恐后，
战士竟追逐。

10.“□□多贤，陈禽□□，吾获允异。”“多贤”，即秦王之师多有贤才，广有良将。“陈禽”，即陈述、申报获得猎物。“吾获允异”，即我们猎获众多珍禽异兽。全句意为：秦王之师众多贤才良将，途中射猎已获佳绩，纷纷陈述，申报捕获的珍禽异兽。

诗曰：

将良武士勇，今日收获多。
评功来行赏，满营奏凯歌。

四、《作原》鼓，祭祀准备

全文为：“□□□猷，作原作□。□□道遄，我嗣□□。□除帅皮，阪□□□。草为卅里，□□□微，秩秩追罟。□□□栗，柞棫其□。□□棕柏。祈祈鸣□，□□亚若。其华□□，□为所游优□□□，盩道二日树，□□□五日。”此为一“臼形”鼓，上半部被消掉，行损3字。本应有79字左右，实有45字。其中重文2处，合文3处。

1.“□□□猷，作原作□。”“猷”，意为“计谋、计策、计划”。韩愈“恐须革正，以赞鸿猷”。“作原”，即整治园囿。其在渭水北岸，雍城之南的“三畤原”。《诗经·驷驖》中有“游于北园”之处。全句意为：计划做好了，开始祭祀准备，整治已有的园囿。

2.“□□道遄，我嗣□□。”“道遄”，“道”，指北园之道路。“遄”，意为“疾速、快速”，犹言尽快整治。“我嗣”：“嗣”即“司”，意为“掌管、管理”，言其管理祭祀之地。全句意为：北园内道路要尽快整治，祭祀重地要加强管理。

3.“□除帅皮，阪□□□。”“除”，即“整治、修整”。“帅”，即“师”，指秦王之师。“皮”假借“彼”，即“那、那个、那些，与‘此’相对”。“阪”，指山坡。全句意为：秦惠文王之师整治“北园”，驻扎在那较高的山坡上。

诗曰：

计划已做好，
赶快整畤原。
道路先清理，
平坦通北园。
王师打头阵，
全军总动员。

4.“草为卅里，□□□微，秩秩逌罟。”“草”，即园囿之草。“为卅里”，即“北园”范围为三十里。“微”，即隐隐约约，有藏匿状。“秩秩”，即次序、秩序。“逌”，指神态轻松自得的样子。“网罟”，即捕获鸟兽之网。全句意为：“北园”范围为三十里，这里还暗暗藏有极有秩序地，捕捉那些轻松自得禽兽的网罟。

诗曰：

周围三十里，
到处是芳草。
架好大网罟，
随时捕飞鸟。

5.“□□□栗，柞棫其□，□□棕柏。”其中的“栗、柞、棫、棕、柏”，皆树木也。此类树木皆“北园”原有之木，非“作原”，即刻长成。

6.“祈祈鸣□，□□亚若。”“祈祈”，有“祈求、请求”之意。此处指向神明祈福。“鸣”，即飞禽啼叫、鸣叫。“亚若”，“亚”，即“相似的、同类的”。“若”，即“如、好像”。全句意为：鸟叫声与祈福之音多么相像。

诗曰：

北园树木盛，
满目郁葱葱。
百鸟齐声叫，
犹如祈神灵。

7.“其华□□，□为所游优□□□。”“其华”，即“其花”。即你看美丽的鲜花。“游优”，即“优游”。指此地亦为秦王一行逍遥游玩之佳境。

8.“盩道二日树，□□□五日。”“二日”“五日”为合文。“盩道”，“盩”，“山曲曰盩”。“盩道”，即崎岖的道路。“二日树”，即二日树起了祭坛。“五日”，即祭祀活动要持续五日。

诗曰：

园囿鲜花遍地，
君王优游惬意，
盘道已经修好。
祭坛高高树起，
一切准备周全，
就要五日祭祀。

五、《吴人》鼓，秦王祭天

全文为：“吴人怜亟，朝夕敬□。载西载北，勿灶勿代。□而出□，□献用□。□□大祝，□曾受其享。□艺寓逢，中囿孔□，□鹿□□。吾其□□，□申申大，□□□求，又□□是。”此鼓存40字，其中重文1处。至“三畤原”祭天之处。

1.“吴人怜亟，朝夕敬□。”“吴人”即“虞人”。“虞人”，指“掌山泽之官”。“怜亟”，即“怜爱、爱惜”。“亟”，即“急迫、急切、赶快”。“朝夕”，即早晚。“敬”通“警”，此处意为“警惕、戒备”。全句意为：“北园”管理官员非常爱惜自己的工作，异常勤快，早晚保持高度警惕，戒备森严。

《天净沙》：秦人建立北园，从初历经百年。北园吴人经管。赫赫北园，早晚严格把关。

2. “载西载北。”“载”，本义为“装载、负载、乘坐、充满、充斥、记载”，此处意为“精心管理”。《诗经·生民》有云：“厥声载路。”《诗经·菁菁者我》：“泛泛杨舟，载沉载浮。”“载西载北”，指北园管理官员，异常忙碌，既要管好西面，又要管好北面。本月东南为禁忌，西面管好天神，北面管好祭祖。

诗曰：

虞人恪尽职守，精心料理管护。忙西还要忙北，全力尽心祭祖。

3. “勿灶勿代。”“勿”，郭沫若曾说：“勿”假借为“忽”字。“代”，《说文解字》解释为“以此易彼为之代。”此处泛指其他神灵。《礼记·月令》：“仲夏（五月）之月”，“其祀灶”①。知此祭天之月为“仲夏（五月）之月”。“勿灶勿代”，即在五月重在祭祀灶神，同时还要祭祀其他神灵。此句确定了石鼓文制作之年的月份。

4. “□而出□，□献用□。”“而出”，指秦王及随行文武官员都出来，到祭祀之地，随秦王祭祀了。“献用”，指给神灵献上祭品，供天神先祖享用。天神祭品为“骝驹黄牛羝羊”，其他祭品依礼而行。

诗曰：

先祭司厨灶君，
再祭天地诸神。
大王登上祭坛，
献上祭品酒樽。

5. “□□大祝，□曾受其享。”“大祝”，《周礼·春官宗伯第三》：“大祝，掌六祝之辞，以事鬼神祇，祈福祥、求永贞”②。“曾受其享”，指上天神灵，秦历代先祖，本应受到这样的祭祀享用。

诗曰：

首奉天地诸神，再告祖宗先人。

---

① 戴圣编《礼记·月令》，载许嘉璐主编《文白对照十三经》上册，广东教育出版社、陕西人民教育出版社、广西教育出版社，1995，第68–69页。

② 周公旦：《周礼·春官宗伯第三》，载许嘉璐主编《文白对照十三经》上册，广东教育出版社、陕西人民教育出版社、广西教育出版社，1995，第78页。

愿祈赐恩下界，永保大秦子孙。

6.“□艺寓逢，中囿孔□。”“艺”，《说文解字》解释为“种也”。“寓”，即“居住、居处、寄居”。此处意为“在那里”。“逢”假借“蓬”，指树木蓬勃。“中囿孔”“中囿”，即“北园”之“苑囿”。《说文》：“有墙曰垣，无墙曰囿”，又“养禽兽曰囿”。“孔”，意为“很、甚”。全句意为：在那种植的繁茂树木间，有围绕的大范围栏栅，其中养有很多禽兽。

7.“□鹿□□，吾其□□。”“鹿”，指饲养于囿中的鹿。此石夺字甚多，当有其他动物。“吾其”，指秦王及其从员参与祭祀活动后，顺便参观了“北园”的禽兽。

诗曰：

树木葱郁婆娑，
到处兽走鸟歌。
而今百业兴旺，
都是先祖恩德。

8.“□申申大，□□□求，又□□是。”“申申大”，指祈求上天以无尽之国祚大大重赐于秦，使秦势大国强，威震东方，以达到祭祀的最终目的。“是”，指此意。

诗曰：

禀告先祖上天，多多赐福人间。
保我大业兴旺，子孙国祚永绵。

六、《车工》鼓，北坂狩猎

全文为：“吾车既工，吾马既同。吾车既好，吾马既阜。君子员猎，员猎员游。麀鹿速速，君子之求。骍骍角弓，弓兹以持。吾驱其特，其来趩趩。趍趍炱炱，即敔即时。麀鹿速速，其来夹次。吾驱其朴，其来遭遭。射其肩独。”此鼓文最齐，可识76字，其中重文10处。祭祀已毕，南下越过渭河，至陈仓北坂。打猎强军。

1.“吾车既工，吾马既同。”“吾车”，“吾”，指我，第一人称。“车”，指战车、兵车。“工”，《说文解字》解释为“巧饰”。“凡善其事曰工”，此处“工”同“攻”。“攻”，此处指坚利，精良。“同”，潘迪解释为“同，齐也，物马齐力”。全句意为：我们的车辆已整理坚固，我们的马匹已选择齐同。

诗曰：

北园祭祀罢，大军渭南行。
车辆都整齐，骏马列阵同。

2. “吾车既好，吾马既阜。”“吾车既好”，“好”指完备，停当。我们打猎的畋车准备完好停当。“吾马既阜”，“阜”，指马匹高大。《诗经·吉日》：“四牧孔阜”，指我们的马儿大又高。

诗曰：

畋车已备好，猎马大又高。
射猎秦岭北，将士呈英豪。

3. “君子员猎，员猎员游。”“君子”，指秦王及其从员，众射猎者。“员”作“云”。“云”即“说”。“云云”，即“如此，这样”。“员猎”，即秦王一行射猎。“员猎员游”，即秦王一行既在射猎亦为悠游。

诗曰：

秦王一声令下，军队浩浩横天。
穿过丛林山涧，狩猎奋勇向前。

4. “麀鹿速速，君子之求。”“麀”，“牝鹿也”，即雌鹿。“鹿”，即牡鹿，雄鹿。“速速”，指疾驰状。“麀鹿速速”，即牝鹿、牡鹿疾驰奔跑。“君子之求”，“君子”，指秦王一行。“之求”，所需要的，即正是秦王及其随员射猎的好机会。

5. “骍骍角弓，弓兹以持。”“骍”，作红色解。《周礼·地官·草人》：“凡粪种，骍刚用牛。”“角弓”，即以兽角饰弓。“骍骍角弓”，即以红色兽角饰做之强弓。“弓兹以持”，“兹”通“弦”，即弓弦已拉紧待发。此特写不为一般将军、大夫，而是写秦王。“彤弓彤矢天子以赐诸侯”。

诗曰：

风动鹿群惊，
战士万马腾，
秦王挽长箭，
百兽逃不成。

6. “吾驱其特，其来趩（chì）趩。”“特”：大公牛。“吾驱其特”，即我们驱赶大公牛。“其来趩趩”，“趩”，《说文》：“行声也。”有畏惧惊恐状。即其他鹿兽受惊吓杂奔而来，十分急促，发出趩趩响声。

诗曰：

战士齐声吼，
围住大野牛。
狼奔又豕突，
仓皇叫哞哞。

7.“趼（xiān）趼臭臭，即敔即时。”“趼”，即翩趼，指跳舞、跳跃。《蜀都赋》：“翩趼趼以裔裔。”“臭”，指凝聚的烟雾。《通俗文》：“积烟以为臭煤。”“敔”，指古时乐曲结束时打击乐器。“即敔即时”，指忽奔即止是发射良机。

8.“麀鹿速速，其来夹次。”“麀”即牝鹿。“鹿”即牡鹿。“速速”指疾速惊恐奔驰状。“麀鹿速速”，即雌鹿雄鹿惊恐疾速奔跑。“其来夹次”，“夹”即“狭”，即狭窄。《后汉书·东夷传》：“其地东西夹，南北长。”其句为：麀鹿奔跑有秩序地连成狭长一溜。

诗曰：

黄尘连天起，
群兽被包围。
战士齐振奋，
嗖嗖羽箭飞。

9.“吾驱其朴，其来遭（dú）遭。射其肩独。”“吾驱其朴”，“朴”指大雄鹿。我们驱赶巨角大雄鹿。“其来遭遭”，“遭遭”，指奔走时发出的声音。群鹿随之奔跑发出遭遭之声。“射其肩独”，“肩”，《毛传》：“兽三岁曰肩”。《诗经·齐风·还》：“並驱从两肩兮”。“贵者先杀”。我们的秦王射向那只大雄鹿。

诗曰：

收紧包围圈，
大鹿无处钻。
君主射中了，
狩猎大团圆。

七、《田车》鼓，秦王射猎

全文为：“田车孔安，攸勒悬悬，四介既简；左骖旛旛，左骖骞骞，吾已跻于原。吾戎止陚，宫车其写，秀弓持射，麋豕孔庶，麀鹿雉兔。其庐又绅，其□赴夜，四出各亚。□□臭褊，掬而勿射。多庶砾砾，君子逌乐。”可识字

70个，其中重文4处。

1. “田车孔安，攸勒悬悬，四介既简。”“田车”即“畋车，狩猎用车”。“孔安”即很安全。“攸勒”，《说文》：“攸以饰勒。”“勒”，即带嚼子的马笼头。“悬”，即悬挂。“四介既介”，即四匹马卸去重甲。全句意为：狩猎用车准备很好，金饰辔勒整齐垂悬，四匹马卸去重甲轻装待发。此鼓一开始便点明写秦王。“天子驾六，卿与诸侯同驾四。”驾四马者为秦惠文王。

诗曰：

秦王车马已就，
套索牵绳原上。
四马整装待发，
战士英姿赳赳。

2. “左骖旛旛，右骖骞骞，吾已跻于原。”“左骖旛旛”，“旛”，指“旗幅下之华者”。“右骖骞骞”，“骞”，《说文》：“马腹垫也。”马腹低陷的样子。“吾已跻于原”：我们登上高台原。全句意为：左侧骖马的鬣毛像长条旗帜飘扬，左侧骖马曲腹用力扬蹄奔忙，我们的秦王已经登上渭河滩上、秦岭北坂的高台塬。

诗曰：

左马长鬣飞舞，
右马身背如弓。
奋力牵车原上，
迎面吹来凉风。

3. “吾戎止陚，宫车其写。”“吾戎止陚”，“戎”，此指秦军伍。《周易·同人》：“伏戎于莽。”“陚”，《说文》：“陚丘名。”“止陚”，即秦王之师射猎到了山丘停了下来。“宫车其写”，“宫车”，指秦王之车。“写”同“卸”。秦王安稳宫车被卸，改用轻骑行狩。

诗曰：

队伍浩浩荡荡，
一路到达高丘。
秦王车马劳顿，
到此稍稍作休。

4. “秀弓持射，麋豕孔庶，麀鹿豕兔。”“秀弓”，潘迪云：“秀同绣，绣弓，戎弓也。”指秦王美丽的戎弓。“孔庶”：“孔”，意为“很、甚”解；“庶”，众多意。言其“麋、豕、麀、鹿、雉、兔”众多。全句意为：秦王那美丽的戎弓拉满发射，麋、豕、麀、鹿、雉、兔众多，猎物成群，是秦王射猎的良机。

诗曰：

秦岭吞云吐雾，麋豕麀鹿雉兔。
三军驱马围猎，一时收获无数。

5.“其庐又绅，其口赴夜，四出各亚。”“庐”，《说文》：“庐，寄也。秋冬去，春夏居。”“绅”，《说文》：“绅则大带之垂者也”。“其庐又绅”，指猎物奔跑像野外庐棚下的长条飘带。“其□赴夜”，指射猎一直延续到夜里。“四出各亚”，“各”即“格”，“亚”即“椏”，即宿营地四面用树枝围成栏栅。

《天净沙》：猎物拼命奔逃，宛如大带在飘，射猎情趣正好。夜晚已到，宿营栏栅围绕。

6.“□□臭褊，掬而勿射。”“臭”，《说文》：“古文以为泽字。”即大白泽也。“褊”，指衣服窄小。《左传·昭公元年》：“带其褊矣。”“臭褊”，指秦王之师宿营在狭窄的沼泽旁边。“掬而勿射”，“掬”，即双手捧起。《左传·宣公十二年》：“舟中之指可掬也。”全句意为：他们把肥美猎物双手捧起，没有射杀。

7.“多庶趼趼，君子逌乐。”“多庶”，指秦王之师人员众多。“趼”，指跳跃、走。《大戴礼·劝学》：“骐骥一趼，不能千里。”“多庶趼趼”，即秦王众多从员欢歌跳跃。“君子逌乐”，“君子”，即秦王及从员。“逌”：神态轻松自得的样子。“乐”，《汉书·礼乐志》：“乐者，圣人之乐也，而可以善人心。”全句意为：秦王之师沉浸在轻松愉快的音乐中。

诗曰：

夜晚宿营泽边，
个个收弓下鞍。
清点今朝战果，
一派喜庆狂欢。

八、《汧沔》鼓，千河渔祭

全文为：“汧殹沔沔，承承皮淖渊。鰋鲤处之，君子渔之。澫有小鱼，其游散散。帛鱼皪皪，其盗氐鲜。黄帛其鳊，又鲋又鲌，其影孔庶。脔之驶驶，汗汗谠谠。其鱼唯可，唯鱮唯鲤。可以橐之，佳杨及柳。”赘文一字。全文70

字（包括一赘文）。其中重文7处，合文、赘文各1处。此又至渭河以北之千河。

1.“汧殹沔沔，承承皮淖渊。”“汧”，即千河。“殹”，即“也”，此作为语气词“啊”。“沔”：水流满溢的样子。“汧殹沔沔”：千河的水啊弥弥漫漫。“承”，连接之意。司马光《训俭示康》：“世以清白相承”。“皮”，假借为“彼”。“淖”，指泥沼。“渊”：深潭、深池。“承承皮淖渊”，指从上游流淌下来，在此形成沼泽、深潭。至今的千河入渭处，仍是此等模样。

2.“鰋鲤处之，君子渔之。”“鰋”，指鲶鱼。“鲤”，指鲤鱼。鲶、鲤为淡水鱼。“鰋鲤处之”，即鲶鱼、鲤鱼游聚在一处。“君子渔之”：“君子”，指秦王及从员；“渔之”，指捕鱼。《吕氏春秋·义赏》：“竭泽而渔，岂不获得。”全句意为：正是秦王及其从员捕捞的好时机。

诗曰：

千河流水汤汤，
深潭游鱼深藏。
鲤鱼鲶鱼都有，
秦军捕鱼奔忙。

3.“澫有小鱼，其游散散。”“澫”，《康熙字典》：“澫即漫字。”“漫”，即遍及，弥漫。姚鼐《登泰山记》：“亭东自足下皆云漫。”“澫有小鱼”，即浅水处弥漫小鱼。“其游散散”，指鱼儿悠然自得地四散游去。

4.“帛鱼皪皪，其盗氐鲜。”“帛鱼”，“帛”，本指丝织品，此当为白色的鱼。“皪”，指明亮、鲜明。“帛鱼皪皪”，即白色的鱼儿在水中游动，闪烁水面。“其盗氐鲜”，“氐”同“柢”，根柢也。盗食的鱼儿却游入水底，不被发现。

诗曰：

忽见小鱼无数，
悠然游来游去。
有的白鳞闪闪，
有的深藏水底。

5.“黄帛其鯾，又鲋又鲌，其影孔庶。”“黄帛”，黄色丝织品袋子，为秦王祭祀所用。“鯾”，即魴鱼。《说文》：“魴，赤尾鱼也。”“鲋”，指鲋鱼微小。“鲌”，即栖息于淡水中上层的中型鱼。“黄帛其鯾，又鲋又鲌”，全句意为：黄颜色的丝织品袋子里，盛有赤尾的魴鱼、小一点的鲋鱼和大一些的鲌鱼。而黄色丝织品袋中所装之鱼非同一般，不是祭品，亦为秦王所用。“其影孔庶”，

“其影”，指水里鱼影。“孔庶”，指千河里穿梭的鱼影又大又多。

诗曰：

鲢鱼鲋鱼鲌鱼，锦鳞有黄有红。
水中游来游去，鱼影来去匆匆。

6. “脔之驶驶，汗汗遄遄。”“脔”，指将肉剁成小块。《庄子·至乐》：敢食一脔。”“脔之驶驶”，罗君惕云：“取鱼将脔，鱼则跃去也！”“汗汗遄遄“汗”，指身体排出的汗液。“遄”指疾速，快速。《诗经·小雅·巧言》：“君如怒，乱庶遄沮。”捕鱼者来回急速奔忙，汗流浃背。

诗曰：

取鱼即将脔，
鱼跃则飞然。
兵卒来回走，
汗流亦遄遄。

7. “其鱼隹可，隹鱮隹鲤。”“隹”通“唯”。“可”通“何”。“鱮”，鱼。“鲤”，指鲤鱼。全句意为：这些鱼都是什么？都是鲢鱼和鲤鱼。时日，千河里仍游荡着此等鱼类。

8. “可以橐之，隹杨及柳。”“可”通“何。“橐”通“囊”。“囊”，即的口袋。《诗经·大雅·公刘》：“乃裹餱粮，于橐于囊。”“隹”通“唯”。意为：这些捕获的鱼用什么去盛装呢？只有杨柳树枝编织的筐。此野外捕急之作。

诗曰：

水中鱼种多，鲤鱮满千河。
杨柳编成筐，盛鱼做囊橐。

另：此鼓最后有一残赘文不可识。

九、《零雨》鼓，汧渭零雨

全文为：“□□□美，零雨□□。流迄涌涌，盈泚济济。君子既涉□流。汧殹洎洎，凄凄□□。舫舟西逮，□□自鄘。徒驭汤汤，隹舟以阴或阳，极深以丈。于水一方，勿□□止。其奔其敌，□□其事。”可识其中重文6处。此鼓是站在“汧渭之会”写零雨。因为既能听见汧河的泊泊”，又能看见渭河水面的“舫舟西逮”之地，只能是“汧渭之会”。

1.“□□□美，零雨□□。”“美”前三字难猜，当咏山、水、河、鱼等生物环境之美。“零雨”，即零落蒙蒙细雨。《诗经·豳风·东山》：“我来自东，零雨其濛。”全句意为：在那美丽的“汧渭之会”，秦王之师遇上蒙蒙细雨。

2.“流迄涌涌，盈泄济济。”“迄”，指到、至。薛福成《观巴黎油画记》：“迄今虽为陈迹。”“涌”，为波涛翻滚的样子。“盈”，指充满。“泄”，指泄漏。“济济”，指众多的样子。全句意为：充满汧河的流水波涛翻滚，满溢泛出河堤。

诗曰：

远望群山环翠，
天上细雨蒙蒙。
流水汩汩滔滔，
波浪滚滚翻腾。

3.“君子既涉，涉马□流。”“君子”，即秦王及其从员。“既涉”，即蹚水过河。《诗经·鄘风·载驰》：“大夫跋涉，我心则忧。”“涉马”，指乘马亦涉水过河，遇到涌流。全句意为：秦王之师蹚水过汧河，人马不顾水流湍急。

4.“汧殹洎洎，凄凄□□。”“汧殹”，即千也，千河的水啊！“洎洎”，即往锅里添水。《吕氏春秋·应言》：“多洎之则淡而不可食，少洎之则焦而不熟。”“凄凄”，指寒凉的样子。杜牧《阿房宫赋》：“风雨凄凄。”全句意为：千河的水啊浪卷流急，秦王之师涉水过河，经历凄风苦雨。

诗曰：

秦王随从仪仗，涉水跨过激流。
不怕风凄雨紧，队伍望不到头。

5.“舫舟西逮，□□自鄜。”“舫舟”，“舫”，船，亦指两船相并。《战国策·楚策》：“一舫载五十人。”“逮”，指赶上、及、到。徐珂《清稗类钞·冯婉贞》：“便捷猛鸷终弗逮”。“西逮”，指到了西面。渭河此为西东流向。“舫舟西逮”，即渭河上舫舟由东往西，逆水行舟，到了此地。“自鄜”，指舫舟来自鄜邑。

6.“徒驭汤汤，隹舟以行。”“徒”，指徒步、步行、步兵。“驭”，指驭手、车骑。此处指驾一匹马、两匹马之士及其庶人。“汤”，指荡之省。《诗经·卫风·氓》：“淇水汤汤，渐车帷裳。”“徒驭汤汤”，即渭河两岸步行兵伍及驾驭的车骑浩浩荡荡。“隹舟以行”，“隹”通“唯”，即只有那美丽的舫舟在渭河水中逆航。

诗曰：

大舟过鄗向西来，王师步军万马排。
船行水中波荡荡，车驰道上起尘埃。

7.“或阴或阳，极深以丈。”“或阴或阳”，咏其渭水之南阴面，及渭水之北的阳面均有秦王军马。“极深以丈”，“极”，指最高位置、顶点、极点。《诗经·唐风·鸨羽》：“悠悠苍天，曷其有极。”“丈”，十尺也。“极深以丈”，木楫在水中逆划，水深一丈有余。

8.“于水一方。勿□□止。”《诗经·秦风·蒹葭》：“所谓伊人，在水一方。”此诗为“于水一方”。“于水”在此亦可解为“禹水”“渭水”之称谓。“勿□□止”。“勿”，郭沫若认为，“勿”此作“忽”。“止”即停止。全句意为：渭河两岸军马互相看望对方，各在渭水一方；行进中的兵伍没有停止。

诗曰：

渭水其南其北，
阴阳夹岸数丈。
军马络绎不绝，
隔水遥遥相望。

9.“其奔其敔，□□其事。”“其奔”，即疾行军。“敔”，即古时用于乐典结束时的一种打击乐器。“乐之将末，戛敔以止之”。“其奔其敔”，指疾行之军伍，“戛敔而止”，这是秦王之命。“其事”，史官记下此等大事。

诗曰：

君王传下命令，全军就地安营。
史官奉旨执笔，记下今日行程。

十、《马荐》鼓，祭祀陈宝

仅剩残文为：“□□□天，□虹□皮，□□□走。济济马荐。蕃蕃芃芃，微微雉血，□心其一。□□美止。”共21字，其中重文4处。

1.“□□□天，□虹□皮，□□□走。”“天”：美丽的天空。“虹”：天空彩虹。雨后阳光折射水汽而成。“皮”假借为“彼”。《诗经·秦风·黄鸟》：“彼苍者天，歼我良人。”“彼”，指“那、那个、那些”，与“此”相对。“走”，此指行军。

诗曰：

雨后天空上，呈现一彩虹。

秦王率军伍，前往祭祀中。

2.“济济马荐。”“济济”，此为异体字，由郭沫若厘定。众多的状态，整齐美好的样子。《诗经·齐风·载驱》：“四骊济济”。《尚书·大禹谟》：“济济有众。”“马”，指战马。“荐”，此取祭祀之意。范晔《后汉书·礼仪志》：“斩牲于郊东门，以荐陵庙。”全句为：祭祀蓍草整齐丰盛，诱惑战骑。再现陈宝祠前之景。

3.“蓍蓍芃芃。”“蓍”，蒿属从草。“蓍蓍”，即以蓍草之排列顺序预测吉凶。《史记·龟策列传》：“王者决定诸疑，参以卜筮，断以蓍龟。”“芃芃”，《诗经·大雅·棫朴》：“芃芃棫朴，薪之槱（yōu）之。”即草木茂盛貌。全句指占卜蓍草很丰盛。

诗曰：

蓍草郁葱葱，
战马紧相从。
草径摆齐整，
占卜决吉凶。

4.“微微雉血，□心其一，□□美止。”“微微”，指隐藏、隐形、不显露，犹有“冥冥”之意。“雉”，指山鸡、野鸡。陈仓，今宝鸡的“陈宝祠”，从秦文公祭祀至今，“其光景动人民，唯陈宝。”“陈宝”为神鸡化身。“血”，指雨后阳光照射水汽形成彩虹折射之色。“微微雉血”，即冥冥看见陈宝夫人显示之红色。“心其一”，即“心齐一”。猎祭完毕，实现秦国军心、民心统一。“齐一”，达到祭祀目的。“美止”，即完美终止。

诗曰：

雨后望鸡峰，
云霞如血红。
天意助大秦，
君臣一心同。

官波舟工作单位：宝鸡青铜器博物院
官竹寒工作单位：宝鸡青铜器博物院

《石鼓文》"麀"字发微

王欣欣

一、《石鼓文》"麀"是哺育幼仔的母鹿

扬雄《法言·问道》：

> 或曰：太古德怀不礼怀。婴儿慕，驹犊从，焉以礼？
>
> 曰：婴犊乎！婴犊母怀不父怀。母怀，爱也；父怀，敬也。独母而不父，未若父母之懿也。①

马、牛、鹿、羊等哺乳动物的繁殖，有长短不同的哺乳期，这段时间幼崽离不开母畜。

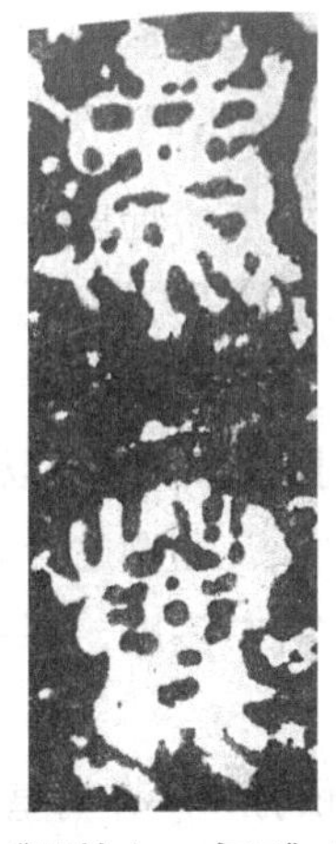

图1　《石鼓文·车工》麀鹿

图2　《石鼓文·田车》麀鹿

（图1 图片来源：宝鸡青铜器博物院 编：《宝鸡金石录·石鼓文》，陕西人民美术出版社，2020年版，第6页　图2 图片来源：宝鸡青铜器博物院编：《宝鸡金石录·石鼓文》，陕西人民美术出版社，2020年版，第17页）

---

① 扬雄：《法言·问道》，中华书局，2012，第102页。

《诗·大雅·灵台》："王在灵囿，麀鹿攸伏。"段玉裁《说文解字注》："鹿，兽也。像头角四足之形。"

从《石鼓文·车工》《石鼓文·田車》"鹿"字形分析，有突出的歧角，表示这是"麚"、牡鹿。《说文解字》："麀，牝鹿也。从鹿，从牝省。"如果从字形分析，"麀"头上没有枝角，有硕大的耳朵，腹部之下有一只面朝东的幼鹿，依偎着母鹿吮吸乳汁，从其形象可以隶定为"匕"字，表示"麀"是哺育、携领幼鹿的母鹿。

图3　秦战国鹿纹瓦当

［图片来源：冯长哲、上官存德、李昌峰 编著：《宝鸡瓦当》（上、下卷），陕西人民美术出版社，2018年版，第38页。］

秦战国鹿纹瓦当，左边一只是面朝东、头有枝角的牡鹿——"麚"，右边是一只面朝西、耳朵硕大的幼鹿，其形象可以隶定为"刀"字。"匕"与"刀"代表幼鹿形象，分别是头朝东和头朝西的幼鹿。

宋代孙兴宪《北梦琐言》："江陵松滋枝江村射鹿者，率以淘河乌胫骨为管，以鹿心上脂膜作簧，吹作鹿声，有大号、小号、呦呦之异。或作麀鹿声，则麚鹿毕集，盖为牝声所诱。人得彀矢而注之。南中多鹿，每一牡管牝百头，至春羸瘦，盖游牝多也。"

清朝皇帝每年秋天到围场打猎，称"木兰秋狝"。清朝皇室设置有多处"木兰围场"，其中最著名的就有人所熟知的热河行宫，又称为承德避暑山庄。"木兰"是满语，汉语为"哨鹿"的意思。"哨鹿"就是通过模仿母鹿的声音，引诱公鹿出现，然后进行围猎、射杀。《辽史·耶律夷腊葛传》："辽法，麚歧角者，惟天子得射。会秋猎，善为鹿鸣者呼一麚至，命夷腊葛射，应弦而踣。"

秦战国鹿纹瓦当，过去习惯被命名为"子母鹿纹瓦当"，并不准确。可称为"双鹿纹瓦当"或者"麛鹿纹瓦当"[①]。如果参考鹿群"一牡管牝百头"的繁衍方式，它们实际上是亲密相处的"父子鹿纹瓦当"。

二、《史记·平准书》"字牝"是哺育幼驹的母马

《史记·平准书》："众庶街巷有马，阡陌之间成群，而乘字牝者傧而不得聚会。"裴骃《集解》引《汉书音义》："皆乘父马，有牝马间其间则相踶啮，故斥不得出会同。"裴骃的理解是问题的一个方面，却未必合乎行文逻辑。

《庄子·马蹄》："夫马陆居则食草饮水，喜则交颈相靡，怒则分背相踶。"

《周礼注疏》："凡马特居四之一。""注：欲其乘之性相似也，物同气则心一。郑司农云：四之一者，三牝一牡。""疏：注释曰：云'欲其乘之性相似也'者，是使三牝各产，其一通牡为四，共驾一车，取同气一心之义。"[②]

有学者研究指出，秦人对不同功能的马有不同的管理方式。骑兵乘的牡马是身强力壮、体格高大、力速兼备的良马。而车马均为阉割后的牡马，它们性情温顺，耐力更好。

韩兆琦《白话史记》："谁要是骑着一匹母马就要受到歧视，不许参加体面人的聚会。"[③]

台湾十四院校六十教授合译《白话史记》："大家只骑雄马，如果有骑母马的，会被人引以为耻而受到排挤。"（罗宗涛、李时铭译）[④]

王力《同源字典》：

> 《史记·平准书》："乘字牝者，傧不得聚会。"朱骏声曰："字牝，孕字之牝也。"《汉书·食货志》下："亭有畜字马，岁课息。"《严安传》："六畜遂字。"师古曰："字，生也。"
>
> 《说苑·政理》："臣故畜牸牛，生子而大，卖之而买驹。"王念孙曰："牸之言字，生子之名。"[⑤]

综合《同源字典》列举的颜师古、朱骏声和王念孙的解释，"字牝"的意思既可以指怀孕的母马，也可以指哺育幼仔的母马，要根据文意判断。

幼马断乳的时间，现代养马专家主张是五至八个月。母马一般一胎生产一

① 王欣欣、东卫华：《鹿纹释读》，《寻根》2019年4期，第82-88页。

② 郑康成、陆德明、贾公彦：《周礼注疏》，吉林出版集团有限责任公司，2005，第625页。

③ 韩兆琦：《史记：文白对照本》，中华书局，2008，第627页。

④ 司马迁：《白话史记》，台湾六十教授合译，岳麓书社，1987，第282页。

⑤ 王力：《同源字典》，商务印书馆，1982，第99页。

只小马驹，在六个月左右的哺乳期内，小马驹离不开母马，慕恋跟随母马是其天性。“字牝”所指应是哺乳期养育着幼仔的母马。

分析《史记·平准书》的叙事逻辑，从“自天子不能具钧驷，而将相或乘牛车”，到经过多年的繁殖、繁育，马匹“阡陌之间成群”，随处可见，人们出行的选择范围极大地增加。对于骑乘出行的人来说，虽然公马一般是优先的选择，然而母马一样能满足骑乘的需要。如果有人骑乘带着幼驹的母马，说明其出行的选择范围小于常人，所以，“傧而不得聚会”。

三、“字”“牝”释义

1.“字”指怀孕

《周易·屯卦》：“女子贞不字，十年乃字。”虞翻注：“字，妊娠也。”《说苑·政理》：“臣故畜牸牛，生子而大，卖之而买驹。”《盐铁论·未通》：“师旅数发，戎马不足，牸牝入阵，故驹犊生于战地。”牸牛、牸牝，指怀孕的牛、怀孕的马。

《列子·黄帝篇》：“阴阳常调，日月常明，四时常若，风雨常均，字育常时，年谷常丰。”《晋书·食货志》：“典牧种牛不供耕驾……宜大出卖，以易谷及为赏直。诏曰：孳育之物，不宜减散。”

《周礼·地官司徒》大司徒“以阜人民，以蕃鸟兽，以毓草木，以任土事”。《史记·平准书》：“令封君以下至三百石吏以上差出牝马天下亭，亭有畜字马，岁课息。”先说“牝马”，后说“字马”。“字马”，指怀孕的母马。此处另写，是要考核繁殖的数量。

2.“字”指生育、生产

《论衡·气寿》：“妇人疏字者子活，数乳者子死。”《汉书·谷永杜邺传》：“急复益纳宜子妇人，毋择好丑，毋避尝字，毋论年齿。”如淳曰：“王凤尝上小妻弟以纳后宫，以尝字乳，王章言之，坐死。”

《说文》：“字，乳也。”《广雅》：“字，生也。”《汉书·严安传》：“五谷蕃孰，六畜遂字。”颜师古注：“字，生也。”段玉裁《说文解字注》：“字，乳也。人及鸟生子曰乳。兽曰犍。引申之为抚字。亦引申之为文字。叙云：‘字者，言孳乳而浸多也。’”

3.“字小”指哺乳、爱护幼小

《周礼注疏》疏：“大国贡轻，次国小国贡重，非字小之法。于义不可，故后郑不从。……故据汉法以况之，大国贡重正之也，小国贡轻字之也者，谓若

四之一是也。字，爱也。谓爱小国之法。”[①]《周礼注疏》：“冯弱犯寡则眚之。”注：“冯，犹乘陵也。言不字小而侵侮之。眚，犹人眚瘦也。王霸记曰：‘四面削其地。’”[②]《左传·成公四年》：“楚虽大，非吾族也，其肯字我乎？”

4.“牝”的初义应是“字小”

目前所见“牝”字，有从虎、从马、从犬、从羊、从牛、从豕的等等，据此笔者猜测，“牝”的造字初义应是“字”，指哺育携带幼仔的母兽。区别牝牡，是人们帮助种群繁殖的需要。第一性征是区别牝牡的关键，第二性征是区分牝牡的常识。在种群繁殖当中，牝兽阶段性的鲜明形象就是哺育幼仔，过了哺乳期，幼仔通常会离开母兽。这应是“牝”的造字初义。

《石鼓文》的“麀”，《史记·平准书》的“牸牝”，都包含“字小”的意思，指哺育幼仔的母鹿、母马。

王欣欣工作单位：北京瞬瞬顺顺意艺术设计工作室

---

① 郑康成、陆德明、贾公彦：《周礼注疏》，第192页。

② 同上书，第553页。

陇南发现的半两钱与秦货币文化初谈

黄　涛

半两钱是我国重要的古钱币，它开启了方孔圆钱的先河，象征着天圆地方，也是方孔圆钱形制的起源，是中国两千年钱币形制之鼻祖。它从战国中早期秦献公（前284年）执政后期到西汉武帝元狩五年（前118年）改铸五铢钱止，半两钱历经战国秦汉三代铸币铸行260多年，在我国货币史上占有重要的地位。

在历史长河中，半两钱作为货币和实物资料，受到史学家、钱币研究者等诸家的高度重视。从半两钱本身来讲，其铸造方式、形体形状、文字都有鲜明的特征。如有些半两钱，历尽千年，但仍不生锈，当时冶炼金属配比及技术是如何做到的？此外，一些半两钱的铸造方式、铸造时间及分期断代问题仍需进一步探讨。

陇南是秦人的发祥地，陇南礼县更是秦人最早的都邑和活动所在地，被称为秦皇故里。半两钱作为秦人最早使用的货币，在陇南有大量的遗存和发现。本文研究的半两钱是从武都、徽县、西和县、成县等地修梯田和道路时发现的，是从几千枚半两钱中整理精选出的具有时代特征和地域特征的实物资料，结合先前考古发现和《中国钱币》杂志收集报道的秦汉半两货币，为深入探讨半两货币的起源演变提供了十分重要的科学实证依据，也对研究秦文化有着重要的历史意义。半两钱最早受古玉璧及玉琮的影响，制成外圆内方，象征着天圆地方及皇权天授的思想。目前半两钱的铸行可分为四个时期，即初创期、过渡期、定型期以及推广试用期。

初创期的半两钱“早期品铸工原始，钱体多畸形，似圆非圆”[①]（见图1）。

① 华光谱:《中国古钱大集》,湖南人民出版社,2008,第140页。

图1　初创期半两钱

（图片来源：作者摄）

过渡期的半两钱钱体“较厚重，背面平素”[①]，文字方折（见图2）。

① 崔玫英:《岐山出土的秦半两》,《陕西金融·秦汉钱币研究专辑》,1991年增刊,第86页。

图2　岐山类型分脚半两钱

（图片来源：作者摄）

定型期的半两钱，钱体规整，钱文高挺有力，是秦始皇（公元前221年至公元前214年）统一六国以后铸行的秦半两（见图3）。

图3　定型期半两钱

（图片来源：作者摄）

推广使用期的半两钱。半两钱由重变轻，由厚变薄，由大变小，文字可谓千钱千面，错综复杂（见图4）。

4-1

4-2

4-3　　4-4

图4　推广使用期半两钱

（图片来源：作者摄）

一、陇南发现的半两钱及其特征

（一）发现概况

陇南地区和天水、宝鸡地区都是秦人的重要活动地区。近年来，从陇南的各个县区，在历年整修农田、道路建设及考古发掘中都发现了大量的半两钱，尤其在礼县、西和、徽县、成县、武都发现的数量众多。20世纪80年代，西和县出土了一批战国及秦统一后的半两钱，这批半两钱“绿锈居多，褐红锈次之”，“铸造规整”“钱文高挺”[①]，关汉亨先生所著的《半两货币图说》[②]中有载。2015年，徽县永宁一农户修院时出土300多枚战国半两钱，选其中几枚(见图5)。

5-1　　5-2

① 辛甫:《西和出土秦半两》,《陕西金融·秦汉钱币研究专辑》,1991年增刊,第64-65页。

② 关汉亨:《半两货币图说》,上海书店出版社,1995,第29页。

5-3　　5-4

图5　徽县永宁出土战国半两钱

（图片来源：作者摄）

2016年，徽县泥阳修路时出土秦汉半两1000多枚。选其中一部分半两钱（见图6）。

6-1　　6-2

6-4　　6-5

图6　徽县泥阳出土秦汉半两钱

（图片来源：作者摄）

2021年，武都修路时出土1000多枚战国及秦时期的半两钱。这是其中具有代表性的几枚（见图7）。

7-1

7-2

7-3

7-4

7-5

7-6

7-7

7-8

7-9

7-10

图7　武都出土战国及秦时期半两钱

（图片来源：作者摄）

2015年7月9日，据钱翥发表的《陇蜀道上的金融活动及钱币文化考证》一文，文县铁炉沟境内出土了一枚铁质的秦半两，径42 mm，厚度5 mm，重27克①。礼县也发现了一批体大厚重的半两钱，同时也发现了几枚铅质半两钱（见图8）。

图8　礼县出土铅质半两钱

（图片来源：作者摄）

也发现了多枚豆半两，径在0.5 mm左右，重量在1克以下。目前上海博物馆保存有几枚豆半两，全国发现豆半两的数量比较少。20世纪90年代礼县发现了两枚豆半两，选其一（见图9）。

① 刘果强:《陇蜀道上的金融活动及钱币文化考证》,《甘肃金融》2015年第6期,第57页。

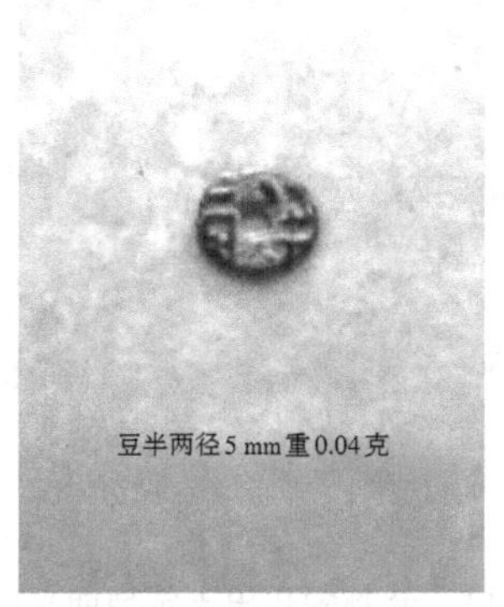

图9　礼县出土豆半两钱

（图片来源：作者摄）

（二）半两钱的特征

1.形制文字多样

从出土的半两钱来看均为外圆内方，穿孔有半两二字，有早期即初创期的半两钱，战国半两钱中半两多以泥范、石范为主，有毛边斜坡、厚薄不一、背多不平、文字大篆特征，文字粗犷飘逸，身手分离。其主要在西和礼县发现的一批半两中多见。过渡期的半两钱前期较为规整，文字较为扁平，以岐山型分脚两、长字为主，为秦惠文王二年（前336年）铸行的钱式较多。在徽县永宁发现的一批也属该类型（见图10）。

图10　徽县永宁出土过渡期半两钱

（图片来源：作者摄）

有定型期的半两钱，以武都安化发现的一批较多，钱形相对规整，文字清晰（见图11）。

11-1　　11-2

图11　武都安化出土定型期半两钱

（图片来源：作者摄）

2.铸造工艺各有特色

从陇南发现的一批半两钱来看，铜质精良，武都出土的1000多枚半两钱中，有的铜质泛白带黄（见图12）。

12-1　　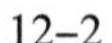

12-3　　12-4

图12　武都出土铜质半两钱

（图片来源：作者摄）

有的半两钱呈褐黑色（见图13）。

13-1　　13-2

图13　武都出土褐黑色半两钱

（图片来源：作者摄）

在陇南发现的半两中，均很少生锈，说明了当时当地冶炼技术的高超和冶炼金属配比已相当的先进。

3.体现了民俗特征

如发现的有些半两穿口变化，有菱形穿、八口穿、梅花穿等，梅花穿的形制在唐代开元通宝中出现，但实际上在战国时期的半两钱中已有雏形，说明工匠和前人已经开始追求美，是早期花钱和民俗的体现（见图14）。

菱形梅花穿

菱形穿

梅花穿

14-1　　14-2　　14-3

菱形穿

梅花穿

14-4　　14-5

图14　早期半两花钱

（图片来源：作者摄）

4.有地域性和个体特征

有的半两面背带有星点或凸起，有的却有红斑绿锈，如在徽县永宁发现的岐山型半两，钱体浅绿，有红斑绿锈，有的极其规整，有的有内外郭等，如在徽县泥阳镇发现的一批半两（见图15）。

15-1

15-2

图15　徽县泥阳出土半两钱

（图片来源：作者摄）

5.钱文字体变化较大

在陇南发现的半两中，无论哪个时期的半两钱，在“半两”二字的书写上都有变化，而且各具特征，有大篆、小篆、大字、长字、粗字、细字，笔画由圆折向方折转变，特征是后期的半两钱文“半两”二字有简笔现象，从大篆向小篆、大字向小字转变。“两”字由“人字两”向“连山两”“十字两”演变（见图16）。武都发现的一批半两中，有的笔画相连，有的缺笔少笔，形成了陇南半两钱的特色和特征（见图17）。

16-1

16-2

16-3

16-4

图16　半两钱“两”字演变

（图片来源：作者摄）

17-1

17-2

17-3

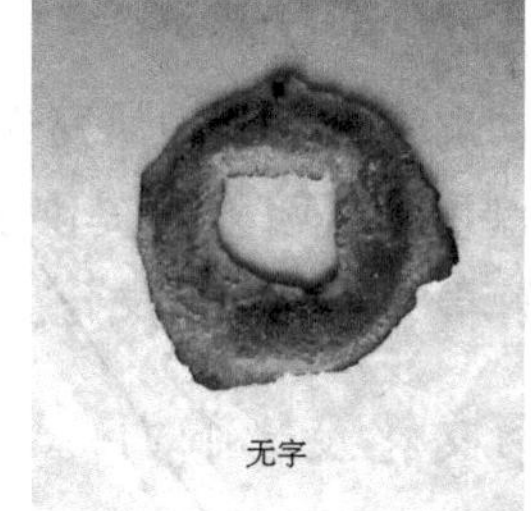

17-4

17-5

17-6

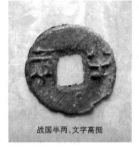

17-7

17-8

17-9

17-10

17-11

图17　武都出土陇南特色半两钱

（图片来源：作者摄）

6.历史价值较高

陇南发现的大批半两钱，为研究先秦文化提供了重要的实物资料，同时为了解秦文化政治制度及经济发展提供了重要窗口，通过对它们的分析和研究，可以更深入地了解秦的历史和秦文化。

二、秦货币文化及影响力

（一）秦货币的文化形成

秦货币文化是在长期的历史发展过程中逐渐形成的。在秦统一六国之前，秦国已经形成了较为完善的货币思想和货币制度，随着秦国的不断扩张和统一大业的完成，秦朝的货币得以在全国范围内推广和实施。这一过程中，秦货币文化思想和货币制度才逐渐形成，并有自己的独特风格和特征。

1.货币思想

半两钱的形制是外圆内方，象征着天圆地方之意，秦人生活在天水、陇南、宝鸡等地，这些地区有着深厚的文化底蕴，崇尚自然、崇拜天地、天人合一、皇权天授的思想根深蒂固。秦人在铸造半两时，对半两钱的形制做了深入的研究，制成外圆内方象征着天圆地方的形制，一则源于古人礼天的玉璧、礼地的玉琮之形（见图18）；二则源于战国时的货币圜钱，圜钱文字有计地计值(见图19)。秦人对半两钱中的“半两”二字的使用除计地计值外，有更深更玄妙的内涵。笔者通过对半两钱实物的研究及对“半两”二字的考证，就“半两”二字为何能用在秦货币的钱体上，笔者认为半两钱的外形是天、地之形，“半两”二字在天地之间内含人、物、事。半两二字中“半”字的解析是：“物中分也，从八从牛。牛为物大，可以分也，凡半之属皆从半。”①所以半的含义就是牛（金文写法见图20)。牛是农耕的产物，也是秦人生产生活的必需品，为农耕所需。“两”字的解析是：在字源解说中，“两”是“辆”的本义，“两”在金文中是象形字（见图21)。其字形像车架，有一双套马的车轭“从”。“如果直接将字形的两轭跟一辆车的关系对应起来，则表示‘车一辆’的{两$_2$}也可以看作‘两’字的本用。”②造字本义是古代双马牵引的战车。“两”字汉帛书解析是双人双马的辇。秦人对马情有独钟，其祖先非子在犬丘秦邑（今礼县盐关镇、平南镇）和秦亭（今清水县秦亭镇）为周天子牧马，马是重要的军事物资，为军资所需。双人双马，有一人乘辇驾马，有一人高高在上乘辇，这是秦人皇权的象征。有了牛就可发展农业，保障人民安居乐业；有了马就可保障军功，就可开疆拓土；有了皇权就可一统天下，这正是秦人奋斗追求的目标。所以秦人铸行半两钱有其深厚的文化思想和历史背景。历史事实证明，秦人实现了梦想，建立了大一统的大秦帝国。当然，秦文化博大精深，半两货币文化思想有待进一步挖掘。

古玉璧、径80 mm
厚53 mm、重58克

图18　古玉璧

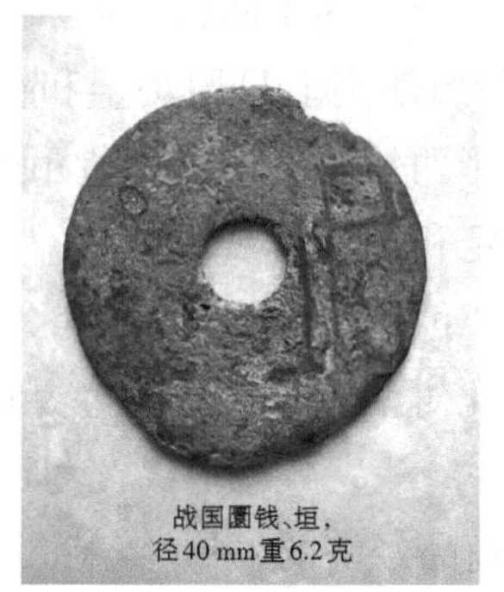

图19　战国圜钱

（图18 图片来源：作者摄　图19 图片来源：作者摄）

---

① 许慎:《说文解字》,中华书局,2013,第63页。

② 李运富、何余华:《“两”字职用演变研究》,《励耘语言学刊》2014年第2期,第244-268页。

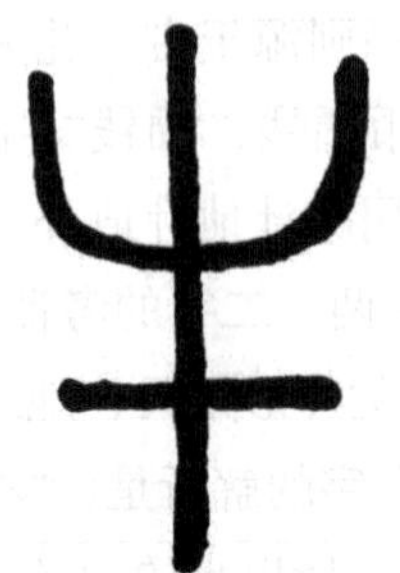

图20 “半”字的金文写法　　图21 “两”字的金文写法

（图20 图片来源：作者摄　图21 图片来源：作者摄）

2.货币制度

货币思想形成后，必须有货币制度的保障，秦货币制度的建立和完善，主要是秦国统一六国后完成的，秦统一度量衡，统一文字，统一货币。秦朝统一前的六国货币，货币的材质、货币的形态、货币的大小、货币的轻重、货币的文字纷繁复杂。秦国统一后对半两钱也做了五个统一：即统一尺寸，径一寸二分，折合今3.2至3.4 cm之间；统一重量，半两重十二铢，秦朝的重量单位为斤、两、铢、钱、镒，一斤为16两，一两为24铢，半两即为12铢，一铢约合现在的0.673克，秦半两约为现在的7.8克；统一文字，钱文为“半两”二字；统一铸造，由中央政府选择精铜统一铸造，规范精整；统一发行，由中央政府统一发行。《史记》记载，在半两的发行上，百枚半两钱的发放由县丞统一加盖官印，甚至几十枚的半两钱也要加盖县丞的印章发放，民间使用不得挑重捡轻。①货币的材质使用上只用黄金和铜钱，禁止珠、贝、帛等其他货币，以黄金为上币，以半两钱为下币，把货币的铸造权、发行权集中到国家，从而确保国家政权的稳定和经济的繁荣。

（二）秦货币的文化影响力

秦货币文化对中国古代乃至世界货币都产生了深远的影响，具体体现在以下几个方面：

1.促进了商品经济的发展

经济的繁荣离不开货币这个载体。秦统一之前的六国刀布等各种货币已经出现，但大小不一，轻重不一，文字难以辨识，在各国之间难以顺畅地流通和交易。秦半两的铸造和使用，便于流通，便于使用。特别是秦国统一前秦献公

① 刘森：《再论秦货币铸行问题》，《陕西金融·秦汉钱币研究专辑》，1991年增刊，第78-81页。

七年（公元前378年）初行为市后，市场更加繁荣，就需大量的货币半两钱作为支撑，半两钱的铸行更加促进了商品的流通。通过开放官市，招律商贾，以有易无，各得所需，四方来集，远乡都到，自然财物充足，国用民用，不感缺乏，百事顺利。出现商旅于市、百工献艺的繁荣景象。到秦惠文王时，市场已高度繁荣，需要大量的货币，由中央颁布钱法，统一铸行半两钱供市场需求。秦统一六国后，统一了货币半两钱，使其更加标准规范，更加便于携带，便于流通，便于使用，民皆乐用。更加有力地促进了当时经济的繁荣。

2.促进了政治的更加稳定

半两钱的使用，促进了经济的繁荣，经济的发展，为秦国拓疆开土，称霸六国，统一中原，建立真正的大秦帝国，打下了坚实的物质基础，秦统一六国以后的政治生态，呈现出社会治理一元化、中央高度集权的大一统特征。通过官治而治民，强调“大一统”的法治思想，与现代的依法治国有着异曲同工之妙。

3.促进和推动了货币制度的演变

主要体现在以下几个方面：首先体现在统一了货币制度。秦统一后废除六国的旧钱，统一铸行半两钱，以秦币为基础，推行了新的货币制度，即半两钱制度。这一举措改变了战国时期七雄割据、币制复杂的局面，消除了各国贸易壁垒，奠定了半两钱在中国古代货币制度中的基本形制。

其次集中了货币铸造权。秦朝加强了对货币铸造权的控制，实行以中央政府为核心，同时授权以地方政府铸造的政策。这一举措使得货币更加规范，质量得到了更好的保障，避免了私铸货币带来的弊端和不良影响。

最后加强了货币流通管理。秦朝通过法律对货币的流通管理做出了明确的规定，如《金布律》等，对货币半两钱的材质、规制、币制以及流通中的违法行为都做了评定并制定了相应的违法行为的处罚，从而维护了货币流通的正常秩序。

4.为后世货币奠定了基础

秦半两的发行，标志着中国货币进入规范化、标准化轨道，为后世制定了范本。这种货币的推行，不仅便利了全国商品交换和经济往来，而且克服了以往因诸侯割据造成的货币杂乱的困难。秦半两钱的成功推行，使得方孔圆钱成为中国货币的基本形式，沿用2000多年，不仅标志着中国货币的初步成熟，并且对相邻国家和地区的货币体系、货币制度产生了深远的影响，具有非凡的历史意义。

三、结论

从陇南发现的半两钱来看，秦半两货币不仅具有深厚的历史底蕴和独特的艺术魅力，而且对中国古代乃至世界货币史都产生了深远的影响，通过对秦半两货币的分析和研究，可以更深入地了解秦朝的历史和文化及其在货币制度方面的创新和贡献，同时这也提醒人们要珍惜和保护好这些珍贵的历史文化遗产，让其继续为社会提供宝贵的历史信息和文化滋养。

黄涛工作单位：中共徽县委政法委员会

"诗具史笔"与"史蕴诗心"
——以钱锺书《管锥编》中《毛诗正义·秦风·驷驖》为考察对象

王 义 冉 丹

"打通"是钱锺书先生学术思想的核心要义之一，他在《谈艺录》序言中写道："东海西海，心理攸同；南学北学，道术未裂。"①"每借西方之哲思慧眼，带着美学'鉴赏'的眼光回眸中土典要，引'古'而节'今'，中西会通，古今融合。"②主张中西文化的打通、文学与历史的打通、不同文类之间的打通、多学科之间的打通等方式，不断拓宽学术研究的视野和领域。其中，"诗具史笔"与"史蕴诗心"是其"打通"思想的具体表现，揭示了诗歌与历史之间的内在联系与相互渗透。钱锺书先生以为《左传》在文学上的成就绝不局限于遣词造句般的小巧，其最大的贡献是"史有诗心、文心"③。实际上，诗的产生要比历史学早得多，正如鲁迅先生"杭育杭育派"之说，先有抒情言志，后有记事传人，历史和文学本就合二为一，互相打通。鲁迅的"史家之绝唱，无韵之离骚"，就是从历史和文学两方面对《史记》做的高度凝练的评价。本文旨在通过钱锺书先生的这一学术观点，解读他眼中的《秦风》，探讨诗歌如何蕴含历史笔触，以及历史中又如何蕴含诗意与文心。并用这种学术方式细读《毛诗正义·秦风·驷驖》，体味其诗意与文心，探讨诗歌背后的史实，从而揭示秦人的尚武精神。

一、钱锺书对《秦风》的解读

《秦风》作为《诗经》中的一部分，共收录了十首诗歌，钱锺书先生在

---

① 钱锺书:《谈艺录》,中华书局,1984,第1页。

② 路新生:《〈管锥编〉经解中的历史美学》,《河北学刊》2017年第2期,第69-76页。

③ 钱锺书:《谈艺录》,中华书局,1984,第38、363页;钱锺书:《管锥编》,中华书局,1986,第88、164、1298页;傅道彬:《"六经皆文"与周代经典文本的诗学解读》,《文学遗产》2010年第9期,第4-16页。

《管锥编》中主要对《驷驖》和《蒹葭》两首诗进行了深入的探讨。他在辨析《蒹葭》一诗时还首次创造性地提出了“企慕情境”这一文学理念，它描绘了一种“美在距离”的美学理念。在《蒹葭》中，“在水一方”这一描绘，不仅寓意着对美好事物的向往，还展示了人们因追求而不得的慕悦之情。这种情感不因时间的流逝而减弱，反而因追寻的过程而愈发坚定。①

钱锺书先生在《驷驖》中主要辨析了“媚子”一词：“公之媚子，从公于狩”，也先后引陈奂、朱熹、钱大昕等人论述，先是追溯“媚子”的最初意义：在《诗经》时代，“媚子”一词并不含贬义；及至汉唐时期，“媚子”专指贤能之才，是“能和合他人，使之相爱”，对于国家、社会有用的人才；同时又指出“媚”还具有谄谀献媚之意，梳理出“媚”实际上有贤能和谄媚两种感情色彩。这是钱锺书先生在《管锥编》中常用的“一词多训”，一词兼有正反两义，甚至多义。通过词汇含义变迁，揭示社会变迁与人之心理变化。同理，随着时代的变迁，“媚子”一词也发生了变化，逐渐演化为专指以色事人的男宠或女宠，这一变化反映了社会风气与道德观念的演变。钱锺书先生梳理了历史上有关“媚子”的阐释，进而博征“媚子乱政成风”的史实。②

无论是男宠、女宠都能使帝王“亲小人，远贤臣”，从而造成国家动乱，甚至亡国的恶果。《战国策·秦策》中记载荀息说服晋献公给虢公送美女，离间虢国君臣关系，又贿赂犬戎攻打虢国；再向虞公赠送良马美玉，最终得以借道伐虢。这种现象，无论古今中外都十分普遍，因此“丁宁儆戒，必非无故”。钱先生正是通过对春秋战国史料的梳理勾陈，指出：“盖古之女宠多仅于帷中屏后，发踪指示，而男宠均得出入内外，深闱广廷，无适不可，是以宫邻金虎，为患更甚。”列举了《史记》创《佞幸列传》，李贺《秦宫诗》，阮籍《咏怀》诗，得出结论古之女宠不过是隐于幕后进行操纵，不及男宠之危害。无论是深宫还是广阔的社会，男宠出入自由，权势滔天，对国家社会造成的伤害是

---

① 钱锺书:《管锥编》,第121—123页。

② 钱锺书:《管锥编》,第122—123页:王符《潜夫论·忠贵》:“息夫、董贤,主以为忠,天以为盗。……是故媚子以贼其躯者,非一门也;骄臣用灭其家者,非一世也”,正以董贤为“媚子”也。《书·伊训》所谓“远耆德,比顽童”,即《汲冢周书·武称解》之“美男破老”,《国策·秦策》一记荀息曾援引以说晋献公者。乱于其政,相率成风,经、史、诸子,丁宁儆戒,必非无故。……《墨子·尚贤》中、下两篇反复论“王公大人”于“面目佼好期使之”,“爱其色而使之”。《韩非子·八姦》篇曰:“一曰在同床:贵夫人,爱孺子;便僻好色,此人主之所惑也。”通过梳理历史史料,发现“媚子乱政”的现象在春秋战国时期尤为突出,男宠因其能自由出入宫廷,往往对国家政治造成极大危害。

毁灭性的。[①]

二、“媚子”与秦人的尚武精神

雒江生先生久居陇右，对秦地、秦人、秦史十分熟悉，每每会有独到之见解。他在《诗经通诂》中指出《驷驖》中的“媚子”是驾驭技艺超群者，为君所爱。“六辔在手”，进止全在掌握之中，可以想象出御者高超的驾驭技术和威猛雄强的仪表。[②]“媚子”在这里指的是受到君主宠爱的御者，这些御者不仅技艺超群，更以“六辔在手”的高超驾驭技术赢得了君主的青睐。这一解读不仅丰富了我们对《驷驖》诗篇的理解，也从一个侧面展现了秦人尚武精神的独特风貌。甲骨文中已经出现了“御”字，“初形从‘卩’从‘午’，午亦声，季旭昇谓‘会人跪坐持午操作之意，因此有用、治的意思’，或谓像人跪而迎迓之形，加‘彳、行’表示迎迓于道中。”“御”本意是驾驭马车，也常用来指驾驭马车的人。史书中与“御”相关的记载最早可以追溯至黄帝时期，《史记·五帝本纪》曾记载黄帝时“相土作乘马，作驾”；殷商时期，存世文献中“御”的出现频率明显增多，在安阳殷墟出土的马车、战车表明，车驾已广泛用于运输与战争，极大地推动了交通运输的发展，并增加了大规模战争的可能性。[③]《礼记》中记载：“周人上（尚）舆，故一器而工聚焉者车为多。”

在西周时期，“射”与“御”技能已被纳入个人成长的考核体系，成为关键考试内容。《礼记·内则》：“十有三年，学乐诵诗舞勺。成童，舞象，学射御。”御技水平的高低，是衡量男子是否达到成年标准的一个重要标志。《曲礼下》曰：“问大夫之子，长，曰‘能御矣’，幼，曰‘未能御也’。”[④]要求学习者要掌握“鸣和鸾”“逐水曲”“过君表”“舞交衢”“逐禽左”五项驾车技术。而将御者写进诗里，从一个侧面体现了秦人的尚武精神。另外，《诗经·秦风》中《车邻》《小戎》《无衣》诸篇不仅与《驷驖》相呼应，也与秦人尚武的历史背景相契合。值得一提的还有被称为“石刻之祖”的石鼓文，它详细记载了田猎的全过程，几乎每首都与车、马有关，亦可看作秦人质朴刚健、英勇豪迈的尚武精神的一个侧面。霍志军教授撰文指出，在秦人早期的历史中，历经多次辗转迁徙，处于中原大国和西部犬戎的夹缝之中，艰难的自然条件和生存环境

---

① 谢容英：《钱锺书对〈驷驖〉中“媚子”的阐释》，《青年文学家》2017第15期，第84-85页。

② 雒江生：《诗经通诂》，三秦出版社，1998，第312页。

③ 朱琳、薛天：《君子“六艺”之“御”文化的传承与发展》，《嘉应文学》2023年第16期，第90-92页。

④ 王文锦：《礼记译解》，中华书局，2001，第398、51页。

造就了秦人强烈的忧患意识和尚武精神，也正是在历次残酷的战争中形成了前赴后继、舍生忘死，崇拜英雄、勇武刚健的文化精神。[①]正如朱熹所言："秦人之俗，大抵尚气概，先勇力，忘生轻死，故其见于诗如此。"[②]

需要注意的是，秦人先祖的事迹，也有不少与车马有关。夏桀时期，费昌归附商汤，为商汤驾车，在鸣条打败了夏桀；另一先祖中衍，曾给商朝太戊帝驾车；"蜚廉善走""造父善御"的故事更是闻名天下，"秦人往往用马车来命名，比如大骆是一种马，衡父也是用车衡来命名，子车就是子车氏。""'戎胥轩'这个名字也很有意思，这个'戎'不是戎人，古代把战车称为戎，比如《秦风·小戎》，小戎就是指轻型的战车。戎胥轩也是拿车来命名，轩就是指车的前栏。"[③]及至《史记》载："非子居犬丘，好马及畜，善养息之。犬丘人言之周孝王，孝王召使主马于汧渭之间，马大蕃息。"这表明秦人无论是封土得名还是族群发展始终与马有着密切的联系：或善于养马，如大费、非子；或长于御马，如中衍、造父。而马者，"武也"。御者，"使马也"。不论马或御，都与武力相关，御者作为秦人中的重要角色，他们的技艺与威猛不仅为君所爱，更是秦人尚武精神的直接体现。这也就能够理解秦人对御者的重视和赞美，并把他写进了诗里。由此可见，这一民族从形成之初就与武力结下了不解之缘。[④]

毛家坪遗址考古为秦人牧马提供了强有力的印证，考古发现也为秦人牧马的传统提供了有力证据。毛家坪遗址出土的饲草类植物种子，特别是大量苜蓿属植物的发现，表明秦人在早期就已经掌握了优良的牧草种植技术，为牧马提供了充足的饲料来源。[⑤]雒江生先生早在30年前就在《秦国名考》一文中从甲骨文金文字形结构、古代汉语同源字以及古方言、古史地理等方面，对"秦"

① 霍志军:《陇右出土秦早期车马葬与〈诗经·秦风〉的互证研究》,《天水师范学院学报》2014年第6期,第49-53页。

② 朱熹:《诗集传》,中华书局,2017,第120页。

③ 梁云:《西垂有声:〈史记·秦本纪〉的考古学解读》,生活·读书·新知三联书店,2020,第31、52页。

④ 王晓玲:《〈诗经·秦风〉文化简论》,《宝鸡文理学院学报(社会科学版)》2010年第5期,第76-79页。

⑤ 刘嘉祺、杨瑞琛、赵兆、赵志军:《早期秦人的农业实践探索——以甘谷毛家坪遗址植物遗存研究为例》:"毛家坪遗址还出土了许多具有丰富利用价值的种子。如豆科植物蛋白质含量高、质地优良,适口性好,一直以来都被作为优良的牧草用于牲畜饲养,其中胡枝子属和草木樨属植物利用率较高的牧草。""毛家坪遗址发现的饲草类植物中,豆科的蓿属出土数量较多,且大量种子集中出土于战国时期的一个灰坑中,数量达926粒。苜蓿属植物大多富含粗蛋白等营养物质,是非常优质的饲草。"载《农业考古》2023年第1期,第5-17页。

字的本义进行了详细考证。他认为，“秦”字的本义为古代养马的饲料“谷草”，也名“毛谷”。秦人祖先因种“草谷”为周王朝养马受封而立国，故国号为“秦”。[①]他详细分析了秦国名称的起源、演变及文化内涵。通过考证，他认为秦国名称的由来与秦人祖先的养马事业和受封立国密切相关，体现了秦人对立国根本的标示和传承，为秦人尚武精神的形成提供了物质基础。[②]考古发掘恰好印证了雒先生的判断，这显然与秦人牧马紧密相关，可为秦人尚武的精神做一注脚。

由此可见，“媚子”一词所体现的秦人尚武精神，不仅源于对驾驭技术的重视和传承，更与秦人先祖的传奇事迹、牧马传统以及《诗经·秦风》中的诗篇紧密相连，这些元素共同构成了秦人尚武精神的丰富内涵和独特风貌。《秦风》不仅是秦人早期的诗歌作品，更是秦人历史与文化的生动写照。这些诗篇不仅描绘了秦人车马之盛、武艺之强，更通过艺术的手法表达了秦人对英勇善战、尚武精神的崇尚和追求。

三、考古视角下的秦人车马与尚武精神

考古发现印证了《秦风》的“史笔”特征。1947年裴文中先生在渭河流域调查时发现甘谷县毛家坪遗址，1982年、1983年甘肃省文物工作队、北京大学考古学系对该遗址进行了两次发掘。[③]毛家坪遗址出土陶器、石器、玉器、青铜器、骨器等各类大小件文物1000余件，其中出土青铜容器51件，出土短剑、戈、矛等青铜兵器11件。发掘车马坑4座，其中，最高级别的一座出土驾车3辆，驾马10匹，系贵族出行车辆。[④]毛家坪遗址的发掘表明，秦人在早期就掌握了先进的制陶和青铜冶炼技术，同时车马坑的出土更是彰显了秦人对车马的重视。李学勤先生以为，清华简《系年》提到周成王时周公东征，将山东的商

---

① 薛世昌：《雒江生〈秦国名考〉与〈诗经通诂·秦风〉叙议》，《天水师范学院学报》2023年第5期，第39-45页。

② 雒江生：《秦国名考》：“通过分析‘秦’字的形义及验证实物，说明‘秦’的本义是‘密植丛生的谷子’，它的形象，就是后代民间种植的‘草谷’。”“在今天看来，它不过是一种普通的饲料作物，是微不足道的。但是在三千年以前，秦人的祖先非子种植它的时代，问题就不那么简单。在那个时代，‘秦’（草谷）也曾经是一种了不起的谷类饲料作物，它的大量种植，可以说是秦人从漫长的游牧部族时代向文明发达的民族之林过渡的里程碑。”载《文史》1994年第38辑，第221-232页。

③ 赵化成、宋涛：《甘肃甘谷毛家坪遗址发掘报告》，《考古学报》1987年第7期，第359-395页。

④ 牛彦君：《甘谷毛家坪遗址发掘获重大突破》，《甘肃日报》2014年9月5日第1版。

奄之民西迁至“邾圄”，是秦人的祖先；“邾圄”被认为甘谷的朱圉山。[①]

1992—1993年，甘肃礼县大堡子山的秦公大墓遭群体性盗掘，出土了包括有“秦公”字样铭文的鼎、簋、壶、钟等大型铜礼乐器，以及棺饰金片等珍贵文物。1994年3—11月，甘肃省考古研究所对礼县大堡子山被盗秦墓进行了清理发掘，出土刀、戈等铜器残片，其中就有车马坑1座。2006年挖掘车马坑1座。[②]1998年2—6月，甘肃省文物考古研究所与礼县博物馆对圆顶山春秋秦墓进行了抢救性发掘。大堡子山秦公墓被盗掘后，仍出土了包括车马坑在内的大量珍贵文物，进一步证实了秦人车马文化的繁荣。圆顶山春秋秦墓的车马坑则为我们提供了西周中晚期到春秋早期秦国车制发展的实物资料。[③]需要注意的是，“将秦早期考古发掘成果和《秦风·小戎》两相对照，《小戎》全诗‘写车、写马、写兵、写饰，无一不实、无一不确……先秦古车的轭靷式系驾方式，更因《小戎》描写了最为关键的部件，以最简洁的语言，留下了准确的，也是唯一的记录’。”可见《秦风》“诗具史笔”的典型特征，同时又以诗歌的形式再现了秦人勇武刚劲、劲悍质朴的民族性格，无可辩驳地说明秦文化异常鲜明的尚武气质[④]。可见，《秦风》又有“史蕴诗心”的特点。

2006年，早期秦文化联合考古队、张家川回族自治县博物馆开始对马家塬墓地进行发掘，2009年、2010年、2012年、2018年分别在《文物》发表了2007—2008年、2008—2009年、2010—2011年、2012—2014年四份发掘简报，2024年又在《考古与文物》发表了《甘肃张家川马家塬墓地2015年发掘简报》。截至2020年底，共发掘墓葬80座，祭祀坑3座，出土礼仪性车辆68辆及随葬品万余件，其奢华程度、制作之精、数量之巨在甘肃省绝无仅有，在国内也极为罕见。马家塬墓地出土的车辆除了少数外大多以髹漆、金银饰件、铜饰件以及料珠装饰车轮和车舆。这种装饰豪华的车辆基本上无法行驶，因而车辆

---

① 李学勤:《清华简关于秦人始源的重要发现》:“《系年》的记载还有一点十分重要，就是明确指出周成王把商奄之民西迁到‘邾’这个地点，这也就是秦人最早居住的地方。……因此‘邾’即是《尚书·禹贡》雍州的‘朱圉’，《汉书·地理志》天水郡冀县的‘朱圄’，在冀县南梧中聚，可确定在今甘肃甘谷县西南。”载《光明日报》2011年9月8日第11版。

② 早期秦文化考古联合课题组:《甘肃礼县大堡子山早期秦文化遗址》，《考古》2007年第7期，第38-46页。

③ 甘肃省文物考古研究所、礼县博物馆:《礼县圆顶山春秋秦墓》，《文物》2002年第2期，第4-30页。

④ 霍志军:《陇右出土秦早期车马葬与〈诗经·秦风〉的互证研究》，《天水师范学院学报》2014年第6期，第49-53页。

应该不是实用车辆，而是一种礼仪性质的用车代表墓主人的等级和身份。①

不同遗址出土的车马遗存各具特色，既有实用车辆，也有礼仪性质的用车。这些车辆不仅在制作工艺上精益求精，更在装饰上追求奢华与精美，既体现了秦人的审美情趣，也彰显了墓主人的等级和身份。这些细节表明，秦人对车马的推崇不仅仅停留在实用层面，更上升到了精神层面，成为其尚武精神的重要体现。这种对车马的极致追求，不仅反映了秦人的经济实力和工艺技术，更体现了其尚武精神和对英勇善战的崇尚。

值得一提的是甘肃礼县大堡子山秦公墓流散出去的金箔饰片，韩伟先生认为这批黄金饰件是西周晚期秦仲或庄公里棺上之装饰物。韩天恩先生则依据新、老考古资料，对大堡子山秦公大墓所出金饰片等用途做出了新的推论，认为这些片状金器都不是作为棺木上的饰物，而是与保护人和马的武备器具有关。大型的鸱枭形金片为马面颊上的防护甲片，与盾形当卢共同构成了一组马胄金饰，因器薄质软，其下应有皮革、竹篾等附垫物。②当然这种金甲很可能不是实战装备，而主要是用来作为祭祀、朝会等礼仪活动时的服饰，标志身份等级，借此以体现秦公英武有力的不凡气势，亦可视为秦人尚武的另一个侧面。

秦人先祖有着长久的牧马传统和高超的养马技术，考古发掘的大量的车马坑和豪华、复杂的装饰都充分体现了秦人车马之盛、对车马的崇尚和喜爱。雒江生先生“此诗赞美御者技艺超群，为君所爱”的判断新颖而着实，可谓发千古之覆。考古发掘中众多车马的出土也证明了“御者”的重要，“媚子”“为君所爱”，理所当然是秦人尚武的直接体现。秦人车马文化的繁荣与其尚武精神紧密相连。诗歌中赞美的御者技艺超群、车马之盛，正是秦人尚武精神的生动写照。同时，《秦风》作为秦人早期的诗歌作品，也以其独特的艺术手法记录了秦人车马文化的历史变迁，展现了秦人尚武文化的特质；考古发现中的秦人车马不仅为我们提供了珍贵的历史资料，更揭示了秦人尚武精神的深刻内涵。这些发现不仅丰富了我们对秦人历史文化的认识，也为我们理解中国古代文化与历史提供了重要的视角和启示。

王 义工作单位：陇南市徽县教育局

冉 丹工作单位：中国艺术报社

---

① 周广济、赵吴成、赵卓、花平宁、王辉：《张家川马家塬战国墓地2007—2008年发掘简报》，《文物》2009年第10期，第25-51页。

② 韩伟：《论甘肃礼县出土的秦金箔饰片》，《文物》1996年第6期，第4-17页；张天恩：《礼县秦早期金饰片的再认识》，《秦始皇帝陵博物院辑刊（第一辑）》，三秦出版社，2011，第173-181页。

放马滩秦简日书“禹须臾”出行方术研究

杨成军

在所出土的秦汉简帛文献中有一种类型的书籍被定义为“日书”。“《日书》，指战国秦汉时代以选择时日吉凶为主的一些书籍（由考古发掘所得），主要讲择日之学（后代又叫选择学）。”[①]自1975年睡虎地秦简出土以来，出土的“日书”已经有二十批左右，其中可以作为研究资料的内容并不是很多，主要有睡虎地秦简和放马滩秦简。放马滩秦简的甲、乙《日书》结构完整、保存情况比较好，是目前研究《日书》的重要资料，而《日书》在秦汉社会中是重要的知识与技术保存传承方式。特别是《汉书·艺文志》中所提到的古代方技数术知识，由于文献特别缺乏，今天很难进行全面的研究，但《日书》的出土得以填补这一空白。与秦汉时期六艺之学、诸子之学不同，《日书》所记载的是秦汉社会中一般人生活中所能用到的方技数术之学，不过它的内容又与史书上记载的服务于贵族的方士所掌握的技术不同，《日书》中的方术是一般人为“自己”所用，并不需要专业技术人员来施行。因而就思想内容层面来看，《日书》体现出中国社会秦汉时期的时空观念、朴素的信仰观念，以及应对各种困境和灾害的办法，可以说《日书》代表了秦汉时期一般民众对待社会与人生的思考方式、应对策略。

放马滩秦简《日书》的内容非常驳杂，其中有一类与人出行有关的方术以“禹须臾”为题名，这部分内容填补了《史记》中对于“须臾”术的记载。“禹须臾”之术是秦汉时期方术中重要的种类，一方面它是后世出行择吉之术的开端，另一方面它对后世道教中有关出行道法的发展产生了深刻影响。

一、“出行择吉”的方法

出行无论古今都是人类重要的活动，今天由于科技的进步人们有了不同的

① 刘乐贤:《睡虎地秦简〈日书〉研究二十年》,《中国史研究动态》1996年第10期,第2–10页。

出行方式，方便快捷是其特征，但即便是在今天仍然会有许多因素成为人们出行平安顺遂的障碍，例如极端的天气变化、疾病瘟疫的流行、治安环境的恶劣等。在古人的观念中出行更是生活中的重大事件，例如出门办事能否顺遂，特别是与社会地位高的人、官吏等人的见面在古人看来都是有关吉凶的重要事件。另外，特别是远行，不论目的如何，在秦汉骑士的眼中都是一次生死攸关的冒险活动，在途中饥寒交迫、毒蛇猛兽、强兵悍匪、瘟疫瘴气等危险因素特别多，能够到达目的地平安返回就成为人们最大的愿望。以放简《日书》的篇章次序来看，第一部分为“建除”，这是择日的基础，之后是“天干占盗”“地支占盗”，之后就是“禹须臾行日”，其内容是：

禹须臾·行日[①]

人月[②]一日，旦西吉，日中北吉，昏东吉，南吉。
人月二日，旦西吉，日中北吉，昏东吉，中夜南吉。
人月三日，旦西吉，日中北吉，昏东吉，中夜南吉。
人月四日，旦西吉，日中南吉，昏北吉，中夜东吉。
人月五日，旦南吉，日中西吉，昏北吉，中夜东吉。
人月六日，旦南吉，日中西吉，昏北吉，中夜东吉。
人月七日，旦南吉，日中西吉，昏北吉，中夜南吉。
人月八日，旦南吉，日中西吉，昏北吉，中夜南吉。
人月九日，旦南吉，日中西吉，昏北吉，中夜南吉。
人月十日，旦南吉，日中西吉，昏北吉，中夜南吉。
人月十一日，旦东吉，日中南吉，昏北吉[③]，中夜北吉。
人月十二日，旦东吉，日中南吉，昏西吉，中夜北吉。
人月十三日，旦东吉，日中南吉，昏西吉，中夜北吉。
人月十四日，旦东吉，日中南吉，昏西吉，中夜北吉。
人月十五日，旦东吉，日中南吉，昏西吉，中夜北吉。
人月十六日，旦东吉，日中南吉，昏西吉，中夜北吉。
人月十七日，旦东吉，日中南吉，昏西吉，中夜北吉。
人月十八日，旦东吉，日中南吉，昏西吉，中夜北吉。
人月十九日，旦北吉，日中东吉，昏南吉，中夜西吉。

① 此处采用放马滩简甲种“禹须臾行日”，乙种与此内容相同有残缺。
② “人月”有误，根据睡虎地简862号序数纪日方式为“入月某日”，此处当为“入月”。
③ “昏北吉”与“中夜北吉”矛盾，根据上下简文分析，此处当作“昏西吉”。

人月廿日，旦北吉，日中东吉，昏南吉，中夜西吉。
人月廿一日，旦北吉，日中东吉，昏南吉，中夜西吉。
人月廿二日，旦北吉，日中东吉，昏南吉，中夜西吉。
人月廿三日，旦北吉，日中东吉，昏南吉，中夜西吉。
人月廿四日，旦北吉，日中东吉，昏南吉，中夜西吉。
人月廿五日，旦北吉，日中东吉，昏南吉，中夜西吉。
人月廿六日，旦西吉，日中北吉，昏东吉，中夜南吉。
人月廿七日，旦西吉，日中北吉，昏东吉，中夜南吉。
人月廿八日，旦西吉，日中北吉，昏东吉，中夜南吉。
人月廿九日，旦西吉，日中北吉，昏东吉，中夜南吉。
人月卅日，旦西吉，日中北吉，昏东吉，中夜南吉。①

根据简文可以得知人们将一日分成“旦、日中、昏、中夜”四个时间段，每个时间段都对应一个吉方，因而这条简文的目的是让出行的人根据出行的目的地方向选择出发的时间。此种编排方式类似今天的表格，以便人们快速查找出行的时间，因而符合其题名“须臾”。就吉时变化的规律来看，其规律是顺时针改变，即随着时间的推移空间以顺时针的次序排列为吉时，在古人的观念中，“天道左旋”即产生了时间的变化，而与之呼应的则是地理空间吉方的“右转”。

与上简文类似，放马滩秦简甲种里还有一节为“禹须臾所以见人日”，两者的不同是此类出行是以“见某人”为目的，其内容是：

禹须臾·所以见人日

子，旦吉，安食吉，日中吉，日失吉，夕日凶。
丑，旦凶，安食吉，日中凶，日失可，夕日凶。
寅，旦凶，安食吉，日中凶，日失凶，夕日凶。
卯，旦吉，安食吉，日中凶，日失凶，夕日凶。
辰，旦凶，安食吉，②日失凶，夕日吉。
巳，旦凶，安食吉，日中凶，日失凶，夕日可。
午，旦凶，安食凶，日中吉，③夕日凶。

① 孙占宇：《放马滩秦简日书整理与研究》，博士学位论文，西北师范大学历史文化学院，2008，第20-21页。

② 根据上下简文下脱“日中凶”。

③ 根据上下简文下脱“日失凶”。

未，旦吉，安食可，日中凶，日失吉，夕日凶。

申，旦吉，安食凶，日中吉，日失吉，夕日凶。

酉，旦吉，安食凶，日中吉，日失吉，夕日凶。

戌，旦凶，安食凶，日中吉，日失吉，夕日凶。①

“见某人”的占卜预测吉凶的传统非常悠久，《周易》中爻辞就常见到“利见大人”，而就一般生活来说，见普通人不会慎重择日，而是在见重要人的时候才会谨慎择吉日。由以上简文可见，此时出门见人的日期是以“地支”纪日为选择依据，这是与“禹须臾行日”最根本的区别，而且在一日中的时间段的分割也不同，一般来说人们不会在夜间会客，因而所区分时间段为“旦、安食、日中、日失、夕日”。“安食”，有学者认为即“晏食”，以传世文献来看，“晏食”是傍晚，《淮南子》中说：“（日）至于曾泉，是谓蚤食；至于桑野，是谓晏食。”而“日失”，即为“日昳”，是指太阳偏西。就简文来推测，秦汉时期一般人都是两餐制，“安食”可能指的是上午就餐的时间。

二、放马滩秦简甲、乙两种《日书》出行用祈祝方术

放马滩秦简甲、乙两种《日书》各有一条出门时祈祝平安的方术：

禹须臾·行得择日：出邑门，禹步三，乡北斗质，画地，视之曰：“禹有直五横，今利行，行毋咎，为禹前除得。”②

禹须臾·行不得择日：出邑门，禹步三，乡北斗斲，画地，视之“禹有直五横，今利行，行毋咎，为禹前除道”。③

两条简文有“行得择日 ”与“行不得择日 ”的不同，当是第一条简文中脱了“不”字。因为“日书”中有许多出行择日之法，而这两条简文中的祈祝法是说遇到紧急情况的时候，来不及择日的情境之下的“应急措施”，即一种出行时为求得平安的预备方案。

两条简文的第一句为“禹须臾”，这个词语当怎样理解呢？“禹”就是上古传说中曾经遍历九州治水的“大禹”。“须臾”，《后汉书·方术列传》载：“其流又有风角、遁甲、七政、元气、六日七分、逢占、日者、挺专、须臾、孤虚

① 简文中缺少“亥”日之条。录文出自孙占宇:《放马滩秦简日书整理与研究》,博士学位论文,西北师范大学历史文化学院,2008,第28-29页。

② 同上书,第31页。

③ 同上书,第139页。

之术，乃望云省气，推处祥妖，时亦有以效于事也。”[①]唐李贤注：“须臾，阴阳吉凶立成之法也。”[②]由此可知，“须臾 ”是一种简便的占卜之术，以求吉凶之法，是一种“总目冠名”。据姜守诚统计，“禹须臾”在睡虎地秦简中出现两次，在放马滩秦简中出现四次，在孔家坡汉简中出现一次，可以看出这是一种在秦汉时代普遍流行的方技数术的名称[③]。刘乐贤认为，这种以大禹名字命名的须臾术是一种能够让人判断吉凶的方法，须臾就是立成之意[④]。不过就目前出土的简牍文献来看，“禹须臾”之术都和出行有关，例如在放马滩秦简甲种、乙种中都有“禹须臾行日”篇，以每月中一日至三十日为次序，将每日出行之时分为“旦、日中、昏、夜中”四个时间段，并配有宜出行的方向。可见以“大禹”的名字作为此类方术的原因与“大禹”遍行九州的传说有关，即“大禹”作为具有超凡能力的“行神”，他的某些形、神方面的特点得以广为流传且成为后人出行平安的保证。

由此可见，这两条简文是为求出行平安的祈祝术。虽然此时还没有“禁咒”的名称，不过它们已经具备了后世禁咒术的两个要素，一是有祝词；二是希望以大禹的强大力量震慑、威胁旅途中各种对施术人造成危险的因素，这就是“禁”。

除此之外，这两条简文中颇值得我们注意的是：第一，“禹步三”。所谓禹步，就是大禹走路时的步伐，《尸子·君治》：“禹于是疏河决江，十年未阚其家，手不爪，胫不毛，生偏枯之疾，步不相过，人曰禹步。”第二，“乡北斗质”[⑤]。“质”，在这里或可释为抵押，《说文解字》：“质，以物相赘也。”还可释为通“贽”，意思为以物相抵，《孟子·滕文公下》：“出疆必载质。”《广雅·释言》曰：“‘质，地也。’《仪礼·乡射礼》记郑注曰：‘白质、赤质，皆谓采其地。’是古谓地为质。郊本祭天，乃扫地而祭者，以天体空虚而地则实有形质。故就其有形质之处而祭之。所谓‘于其质也’，下文曰：‘器用陶匏’，以象天地之性也。盖于其质而祭之，故既取象于天，亦兼取象于地矣。”虽然此处我们无法确定“质”的准确含义，或可将其理解为礼敬北斗。第三，画地五

① 参见张鹏：《秦汉简所见“禹须臾”与“禹步”新论》，《世界宗教研究》2019年第1期，第83页。原文出自范晔：《后汉书》，李贤等注，中华书局，1965，第2701–2704页。

② 同上。

③ 姜守诚：《放马滩秦简〈日书〉“行不得择日”篇考释》，《鲁东大学学报（哲学社会科学版）》2012年第4期，第68–76页。

④ 参见刘乐贤：《睡虎地秦简日书研究》，文津出版社，1994，第165页。

⑤ 孙占宇在其博士学位论文《放马滩秦简日书整理与研究》中认为此处“质”字释读有误。

横。第四，祝词中的"禹前除道"。此四点在后世均为禁咒术所继承。

首先，"禹步"在道教中有"万术根源"之称。汉代扬雄《法言·重黎》云："昔者姒氏治水土，而巫步多禹。"晋李轨注："姒氏，禹也。治水土，涉山川，病足，故行跛也。""禹自圣人，是以鬼神、猛兽、蜂虿、蛇虺莫之螫耳，而俗巫多效禹步。"①可以看出，人们认为禹步之所以有效是因为"传自圣人"。人们相信禹在古时为非凡之人，生前行遍九州建立了"治平水土"的大功绩，这样的人在死后同样有巨大的力量，可以为人们驱除不祥，保佑人的平安。在祝词中这一点表达得更加明显，若是有不好的东西干扰行路之人，禹会为他们除去这些"咎"，即"行毋咎，为禹前除道"，这是对可能侵害人的各种精怪鬼神的威胁与恐吓。需要注意的一点是，这里由于资料有限，无法确定"禹"是作为"神明"受到人们的崇拜，还是作为有烈功于人的有强大力量的先祖鬼魂而受到祠祝。

其次，"乡北斗质"，由于文字可能存在误释，这一句的确切含义难以定论，但这句话中表现出北斗信仰则无疑。在后世道教的禁咒术中，有一种禹步与存思北斗结合的方法。《云笈七签》卷六十一：

> 诸步纲起于三步九迹，是谓《禹步》。其来甚远，而夏禹得之，因而传世，非禹所以统也。夫三元九星，三极九宫，以应太阳大数。其法先举左，一跬一步，一前一后，一阴一阳，初与终同步，置脚横直，互相承如丁字所，亦象阴阳之会也。踵小虚相及，勿使步阔狭失规矩。当握固闭气，实于大渊宫，瞥目自三，临目叩齿存神，使四灵卫己，骑吏罗列前后左右，五方五帝兵马如本位，北斗覆头上，杓在前指，其方常背建击破也。步九迹竟，闭气却退，复本迹又进，是为三反。即左转身，都遣神气纲目，直如本意攻患害，除遣众事。存用讫，却闭目存神，调气归息于大渊宫，当咽液九过。②

这种"北斗覆头"的存思之法，在南北朝成书的《上清握中诀》中亦有记

① 古今学者在讨论"禹步"的起源时一般有两种观点：一是"禹步"与大禹有关，或认为是大禹所创，或认为是模仿其跛脚之形；二是后代方士附会大禹而创。参见夏德靠：《"禹步"起源及其嬗变》，《四川师范大学学报（社会科学版）》2010年第6期，第93–99页。李剑国、张玉莲《"禹步"考论》一文梳理了"禹步"发展变化的轨迹为："禹步三""三步九迹""步罡踏斗（参见《求是学刊》2006年第5期，第93–100页）。这一观点目前看来更加符合所存资料的记载。现在所见记载"禹步"的文献中并没有说明"禹步三"是何种步法，至晋代依照李轨的看法这是一种模仿跛脚而行的步态。

② 张君房编《云笈七签》，中华书局，2003，第1355页。

载："中斗却恶守一，出入行住，恒存北斗覆头，柄指前，令天官去面七尺，如此百邪凶气不敢干犯也。"在中国，北斗的信仰起源很早，《史记·天官书》中载："斗为帝车，运于中央，临制四乡。分阴阳，建四时，均五行，移节度，定诸纪，皆系于斗。"基于此，"斗"作为"天官"鉴察人间妖祥自然顺理成章[①]，此处看到秦简中的记载是以星斗之神禁制人间不祥的最早证据。在汉代，"北斗"已经与出行的咒语有了密切的关系，而且是"辟兵"的关键，马王堆出土的一幅帛画描摹的"太一出行图"就表现了这些内容。而对于帛画的内容，学者却有不同的见解，最早公布照片的周世荣先生认为此帛画为"神祇图"；李零先生认为帛画的题记有避兵的咒语，称为"辟兵图"[②]；李家浩先生认为帛画中以"太一"为主神，因此称为"太一避兵图"；陈松长先生则根据题记开头的"太一将行"，将帛画命名为"太一将行图"[③]；胡文辉先生与饶宗颐先生都称之为"太一出行图"[④]。在这幅帛画中所描摹的是天神"太一"与所从属的神祇雷公、雨师等出行的场面，除了画作外在所画图像的旁边都有题记，所以将它称为"太一出行图"是合理的。下面来看其中的题记部分：

> 总题记（图右）："……□承弓，禹先行，赤包白包，莫敢我乡（向），百兵莫我敢［当］……狂谓不诚，北斗为正。即左右唾，径行毋顾。太一祝曰："某今且［行］，神［从之］……"

神像题记（中央）：太一将行，何日，神从之。以……

雨师像题记（上右）：雷币（师）光、风雨、雷。从者死。当［者有咎］，左弁其，右□□

雷公像题记（上左）：雷［公］……

武弟子像题记（中右一）：武夷（弟）子，百刃毋敢起，独行莫［里］。

武弟子像题记（中左）：我虒裘，弓矢毋敢来。

黄龙题记（右）：黄龙持炉。

---

① 赵继宁：《由〈史记·天宫书〉看上古社会的皇台等思想》，《渭南师范学院报》2014年第2期，第12-16页。

② 姜守诚：《放马滩秦简〈日书〉"行不得择日"篇考释》，《鲁东大学学报（哲学社会科学版）》2012年第4期，第68-76页。

③ 刘乐贤：《睡虎地秦简日书研究》，第165页。

④ 孙占宇：《放马滩秦简日书整理与研究》，博士学位论文，西北师范大学历史文化学院，2008，第139页。

青龙题记（左）：青龙奉容。[①]

这是一个以“太一”为主神，以雷公、雨师以及仙人为侍从的神仙出行队伍，其中“辟兵”的意思非常明显，在后世道教的出行禁咒术中有一种就是以存思或咒语的方式，将自己作为诸神护卫的对象，并以此达到“辟兵”或驱除不祥的目的。另外，因为北斗有帮助人们确定方向的功能，在远行之时向北斗祈求行路之时不迷失，可以平安归来。最后，“画地五横”，此“五横”代表什么意思呢？额济纳出土的一枚汉简或许可以提供一种理解的参考：

> 欲急行出邑，禹步三，唬“皋”，祝曰：“土五光，今日利以行，行毋死。已辟除道，莫敢义当，狱吏、壮者皆道道旁。”[②]

此条汉简中虽然没有“画地五横”的行动，但在祝词中却提到“土五光”，在九宫中“土”位于中央，其数为“五”，“土五光”可能是土地神的象征。《赤松子章历》卷四：“上请天地五光君，日月星宿五光君，东方请日光，西方请月光，北方请水光，中央请土光，上请寿命长生，付着某身形。”[③]这是以“五光”祈请长生之法。此外，这条汉简还提示出，这个与出门有关的祈祝之术所驱除的不仅是精怪鬼神，还有出行时的“人祸”，比如遇到官吏的刁难或是遇到山贼盗匪，即“狱吏”和“壮者”。另外，“五横”也可代表“五方五土”。此祈请之法为出行而作，出行就离不开土地，即无论出行何方都需要土地神的守护。对土地神的信仰是《日书》的重要内容，无论是放马滩还是睡虎地秦简中，都有许多关于“土禁”的内容，如“筑门良日”“四时土忌”“春日伐木日忌”等。这些都表明古人相信土地具有强大的神秘力量，并且与人的生死祸福息息相关。

后世这种“画地五横”的技艺发展为“四纵五横”之禁咒法，这一技术往往应用于出远门，或是行经军阵、丧葬、流行疫病之地。例如，《灵宝领教济度金书》卷二百八十五：“法师格邪心，以铁障诀书禁地上，禁地即藏牛处也，念四纵五横咒：四纵五横，六甲六丁。禹王治道，蚩尤辟兵。吾藏弟子于金牛之内，周游天下，回复往返，不见飞尸传疰，应有凶邪，并赴魁罡。急急如律令。”《太上六壬明鉴阴符经》卷四：“夫欲入阵掩车之事，避兵逃难、伏匿殡

---

① 胡文辉：《马王堆〈太一出行图〉与秦简〈日书·出邦门〉》，《江汉考古》1997年第3期，第83-88页。

② 刘乐贤：《额济纳汉简数术资料考》，《历史研究》2006年第2期，第173-176页。

③ 姜守诚：《放马滩秦简〈日书〉“行不得择日”篇考释》，《鲁东大学学报（哲学社会科学版）》2012年第4期，第68-76页。

葬凶事，即出天门，入地户，乘玉女而去。咒曰：诺诺译译，行无择日，返无择时，随斗入户，与神俱游。天地反复，心中所欲，皆得随意，使汝迷惑，以东为西，以南为北。知我者，使汝不得以算闭门而去。乘玉女咒曰：玉女玉女，天神之母。护我保我，二与我侍行。到某乡里，杳杳冥冥。人莫见我，闻声鬼神，莫睹其情。善我者福，恶我者殃。百邪鬼贼，当我者亡。千万人中，见我者喜。急急如律令。以刀画地，如后。律令律令，四纵五横，万鬼潜形，吾去人裹。呵吾者死，叱吾者亡，恶吾者自受其殃。急急如律令。"《北斗治法武威经》："凡有危墙坏壁下则仰而行之吉。禹步咒曰：四纵五横，六甲六丁。禹王治道，蚩尤辟兵。遍行天下，曲戈反复。所有一切虎狼、贼盗、凶恶等，并赴吾魁罡之下，无动无作。急急如律令。"可见后世道教的许多仪式，不仅在思想观念、方法技术而且还在语言行动等方面都对秦汉以来的传统方术进行了继承与发展，并将其整合进不同道派的法术传承体系中。

除了放马滩秦简外，睡虎地秦简中也有两条类似的祈祝法：

> 行到邦门阃（困），禹步三，勉一步，謼（呼）："皋，敢告曰：某行毋咎，先为禹除道。"即五画地，掓其画中央土而怀之。①
>
> 邦门，可☐行／禹符，左行，置，右环，曰☐右还，曰：行邦☐令行。投符地，禹步三，曰："皋！敢告☐"符，上车毋顾，上☐②

与放马滩秦简相比较，这四条简文中祈祝法的相同之处：第一，功能相同，都是出行时的一种祈祝平安的方术。虽然睡简中没有说需不需要择日，那么很可能这是在择日后也要施行的方术。第二，"禹步三"。第三，"五画地"。第四，在祝词中三条简文均有"禹为除道"。

而两地简文的不同之处也是非常明显的：第一，放简中表现出对"斗"的崇拜，而睡简则没有。第二，在施行此祈祝法时，睡简中有"禹符"的使用。第三，在祝词中，睡简有发语词"皋"。"皋"是一种长啸呼号之声。《礼记·礼运》"升屋而号告"曰："皋某复。"注：皋者，引声之言也。第四，睡简中有"掓其画中央土而怀之 "的程序，即取五画地所成图形中央之土随身而行，似是怀有故土以求平安归来。

对于这些异同之处，首先应当考虑的是地理因素。放马滩秦简发掘于甘肃省天水市的秦岭山脉中部，其中《日书》甲种73支，《日书》乙种388支（含《丹》篇7支），从《丹》篇内容来看，有学者推测可能是墓主人的"自传"，也

① 睡虎地秦墓竹简整理小组编《睡虎地秦墓竹简(精装版)》,文物出版社,1990,第222页。
② 同上书,第201页。

可能是地方官向秦国御史呈交的“谒书”，时间可定为战国至秦。睡虎地秦简则出土于湖北云梦县，这里古时为楚地，距离葛洪所说的禁咒术发源地“吴越”较近，这两条祈祝法有比放简更加复杂的形式，这可能是由于放简“禹须臾”本就是临时应急的简便方术。对于两地简文所记载法术的不同，定然是受到不同地域文化影响的结果。其中可以确认的是这类禁咒术的早期形态似乎不是“吴越”地区的特有，虽然没有证据说明这些方术来源于同一个源头，也不能证明它们是各自独立发展的结果。就目前来看，南北地域文化差异较大地区都出土了《日书》，并且其中的内容、功能有许多相似之处，至少说明了这些数术方技的知识很早就处在交流中。《史记·太史公自序》司马迁说：“齐、楚、秦、赵为日者，各有俗所用。”[①]也就是说日者的知识和技术是因地制宜的。此处的四条祈祝之法也是其中的一项内容，那么这种禁咒术的早期形态可能是多元发展而相互影响的。同时，基于“日书”的性质是日用之具，是一种历书，它的这一性质决定了其中所记录的占卜法实施者可能不是“巫”“祝”等专业人士，而是百姓自己。尤其是这四条简文中的出行祈祝之法，应当为出行者自己实施，这说明了这些术数方技的知识和技术的使用情况是相当普遍的。

杨成军工作单位：天水市武山县水帘洞文管所

① 引文出自瞿晓倩：《试论〈史记·日者列传〉中的日者形象》，《今古文创》2024年第37期，第10页。原文出自司马迁：《史记》，中华书局，1959，第2787-2874页。

天水地区秦早期文化遗址与出土文物概述

贾 坤

翻开秦人的历史，充满着腥风血雨的斗争和坚韧不拔的奋斗。《史记·秦本纪》记载了秦人先祖艰难创业的奋斗历程，经过一代代秦人的励精图治，最终成就霸业，创造出了彪炳史册的壮举。秦人祖先伯益辅助夏禹治水，因其治水有功，舜帝赐他姓嬴；伯益玄孙费昌，为商汤驾车，在鸣条之战打败夏桀；商末，秦祖中潏居住在西戎之地，为周王室保卫西垂边疆。西周时期，秦人与戎争战，栉风沐雨，因秦非子牧马有功在天水获封秦邑。东周时期，秦人东进西伐，建立秦国，位列诸侯。从秦人西迁到秦帝国的建立，经历了附庸、封国、王国、帝国四个发展阶段，历经八百余年的漫长岁月。天水地区既是秦人历史的开端之地，也是秦文化的肇源之地。

一、天水地区的秦早期文化遗址及重要出土文物

（一）清水县李崖遗址

李崖遗址位于天水市清水县城北侧，遗址面积约50万m^2。2010年、2011年共发掘墓葬20座，灰坑50多座。出土遗物年代主要集中在西周早期偏晚至中期偏早阶段，是迄今为止天水地区发掘的年代最早的秦早期文化遗址。

李崖遗址出土了大量陶器，多为灰陶，时代大多为西周中期偏早，即公元前977年—公元前922年。出土陶器主要有罐、鬲、簋、豆等。陶鬲为夹砂灰陶质，卷沿，方圆唇，短束颈，分裆，部分陶鬲足末端较尖，或有圆润较平的足端。陶簋器型多为侈口折沿，圆唇，弧腹，高圈足外撇，腹部饰绳纹或倒三角纹，呈现出明显的商式风格。李崖秦墓葬式也具有商代特点，如直肢葬的葬式、墓葬内腰坑有殉狗等。据文献记载，秦人嬴姓，其远祖作为东夷的一支，曾与殷商王朝关系密切，受商文化影响很深。因此，李崖遗址发现的遗存，也为秦人“东来说”提供了证据。

李崖遗址出土周代遗存的年代集中在西周早、中期，西周晚期及春秋时期的遗迹单位或标本发现较少，表明西周晚期以前是该遗址的繁荣期。《史记》

记载秦人先祖非子为周王室养马有功，周孝王赐嬴姓，赐封地为秦，结合《括地志》关于秦州清水县为“秦”的记载可知，非子所在时代与李崖遗址出土遗存年代相近。西北大学梁云教授认为李崖遗址很可能就是非子的封邑，但有学者提出从该遗址的遗迹遗物看，年代应在非子封秦邑之前，故作为非子封邑的可能性较小。非子封邑之属地仍存在争论，需要后续的考古发现加以证明。①

（二）甘谷县毛家坪遗址

毛家坪遗址位于甘谷县城西25 km处，遗址面积大约60万m^2，是渭河流域目前最大的秦文化遗址。根据随葬品的特征，毛家坪遗址的墓葬可以分为两类：一类是秦式墓葬，出土有鬲、豆、鼎、喇叭口罐的陶器，墓葬形制为竖穴土坑墓，葬式为屈肢葬，墓主头朝西，其年代集中在西周中晚期至战国早期；另一类是西戎墓葬，随葬品为双耳罐、铲足鬲、陶罐和陶壶，墓葬形制既有竖穴土坑墓又有洞室墓，葬式为屈肢葬，墓主头朝西，年代集中在春秋晚期至战国晚期。

甘谷毛家坪遗址发现于20世纪40年代，80年代北京大学考古系和甘肃省文物工作队在此发掘出了属于西周到春秋时期的秦文化遗存。②毛家坪遗址是甘肃境内首次发现的西周时期秦文化遗迹，它的发掘让更多研究秦文化的专家学者将目光投向陇右地区，从而拉开了秦早期文化研究的序幕。

毛家坪遗址秦墓有两个突出特征：一是蜷曲特甚的屈肢葬式，二是墓主头向西的葬俗。由随葬陶器的组合及形态可判断其年代早至西周时期。这一阶段毛家坪遗址出土器物多为灰陶，器形以鬲、罐、豆等为主，其中最具特色的是喇叭口罐。

自2012年起，早期秦文化联合考古队在遗址勘探出墓葬800余座，2014年发掘了三座规模较大的有陪葬车马的中型秦墓，多件青铜礼器出土。有学者推测，该遗址很可能是春秋早期秦武公所设的“冀县”遗址，是中国最早设立的县之一，开创了郡县制度之先河。因此，毛家坪遗址也对我国古代行政区划制度的研究有着重要意义。

毛家坪遗址出土有一件相当重要的兵器——“子车”戈。戈通长19.7 cm，

---

① 早期秦文化与西戎文化联合考古队：《甘肃清水李崖遗址周代墓葬发掘简报》，载秦始皇帝陵博物院编《国际视野下的秦始皇帝陵及秦俑学研究学术研讨会论文集》，西安地图出版社，2021，第31–32页。

② 徐卫民、裴蓓：《早期秦文化的考古发现与研究评述》，《秦汉研究》2017年第11期，第231–243页。

援长11.5 cm，阑长11.3 cm，内长8 cm，宽3.3 cm。戈三角锋，斜直援，长胡，阑侧三穿，长方形直内，中有一长穿。胡部有铭文两行十四字："秦公乍（作）子车用（严）䜌武（灵）戮畏不廷"①（见图1）。"䜌"字从美从戎，董珊读为"龚"，"严䜌武灵"即恭敬地祭祀军事之神，以祈求战争的胜利。

《史记》《左传》等史书记载，子车氏为秦穆公重要近臣，并与秦穆公有生死之约。公元前621年，秦穆公去世，子车氏三良殉葬，国人悲痛万分，赋《黄鸟》之诗以哀悼，传唱至今。甘谷毛家坪遗址出土"子车戈"，戈上铭文"戮畏不廷"在一定程度上反映了穆公时期秦对诸戎的征服。

"子车戈"出土墓葬的年代为春秋中期，是毛家坪遗址中级别最高的墓。墓主为成年男性，墓中随葬品有五鼎四簋，从墓的规格和年代来看，可以推断墓主人很可能是子车氏家族的族长，是秦穆公派驻当地的一个行政长官。

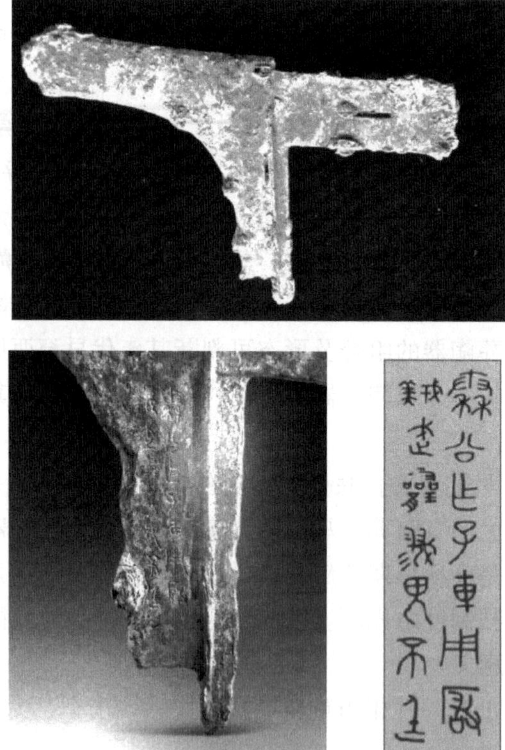

图1　子车戈及铭文

（图片来源：《西垂有声——天水地区秦文化与西戎文化考古成果展》展览大纲）

---

① 梁云、张志丹：《甘谷毛家坪出土秦"子车"戈探讨》，《中原文物》2021年第3期，第104-107页。

早在西周时期，毛家坪遗址就有秦人居住生活，春秋中期进入繁盛时期，战国时期依然有秦人生活的痕迹。毛家坪遗址的重要性就在于它确定了目前考古发现中秦人在天水生活的时间上限，为研究秦文化的起源提供了更为可靠的时间依据，对研究秦早期文化具有指导意义。

（三）张家川县马家塬西戎贵族遗址

马家塬西戎贵族墓地处于张家川回族自治县西北部。2006年首次发现，截至2018年底，发现大中小墓葬77座、祭祀坑3座、出土保存程度不同的马车遗迹68辆。墓地出土了装饰华丽的车辆、复杂的人体装饰和服饰以及一批珍贵文物，被评为“2006年度全国十大考古新发现”。

马家塬西戎贵族墓出土了包含北方草原文化、秦文化、中原文化、西方文化等多种文化因素的大量遗存。其中来自秦和中原地区的文化因素有铜壶、铜鼎、铜戈、茧形壶、陶釜以及绳纹灰陶罐等。墓葬中殉牲较为普遍，随葬品多有武器、马具；注重身体装饰和服饰，腰带饰普遍出现；等级较高的墓葬中随葬金银制品也较为常见；带有动物纹的装饰品、工具、武器等方面是受到欧亚草原文化传统的影响。金银器上的掐丝、镶嵌等工艺可能来源于中亚地区。铁鋄金银饰品上的忍冬纹、巨喙鸟、变体鸟纹、镂空带有剪纸效果的带饰、动物相斗纹以及成列行进的动物与俄罗斯阿尔泰地区的巴扎雷克文化有密切关系。蜻蜓眼可能是西方的舶来品。夹砂红褐陶单耳罐、铜（陶）铲足鬲以及偏洞室墓都是土著西戎文化遗存。

马家塬遗址出土车马主体仍是中原文明的单辀车结构，但在很多方面又具有独特的西戎风尚。车舆装饰华丽精美，车子髹漆，装饰有镂空的铜饰片，或虎、豹、豺、狼等动物形金银饰片，具有浓烈的草原风格（见图2）。

图2　马家塬遗址M16随葬车舆

（图片来源：王辉、赵吴成等：《张家川马家塬战国墓地2008—2009年发掘简报》，《文物》2010年第10期）

该墓地的考古发现反映了战国晚期至秦代西戎文化的面貌，为研究西戎文化、秦戎关系、早期中西方文化交流、中国古代车辆的发展演变以及古代工艺技术提供了重要的实物资料。

（四）清水县刘坪遗址

刘坪遗址位于清水县西北25 km的白驼镇白驼河北岸、刘坪村南1 km的阳面山坡上，面积约1.2×10^5 m^2。遗憾的是，该遗址遭到严重盗掘，经抢救性发掘出土一批金银饰品及车马饰件，现藏于清水县博物馆。其风格与马家塬西戎贵族墓地出土文物类似，显然刘坪遗址也是一处规格较高的东周西戎贵族墓地。

刘坪遗址出土了大量动物主题的金饰，其中有一件带有典型北方草原文化风格的虎噬羊纹金带饰（见图3）。虎噬羊纹这一母体纹饰源自欧亚草原游牧文化，它融合了欧亚草原东部的北方系青铜文化，欧亚草原中部和西部的斯基泰、塞克、巴泽雷克等文化，兼有秦文化和甘青地区传统文化等因素。①

图3　虎噬羊纹金带饰

（图片来源：清水县博物馆提供）

（五）秦安县王洼墓地

王洼墓地位于秦安县五营乡王家洼村北部，墓葬被严重盗掘。2009年甘肃省文物考古研究所对墓地进行了抢救性发掘，出土器物有铜器、陶器等，多为车马器，其次为容器、装饰品。发掘的3座墓葬均为竖穴偏洞室墓，墓主人为仰身屈肢葬，头朝东。墓道内随葬马车1～2辆，随葬马头骨数量不等。王洼墓

① 柳扬：《马家塬出土金银铜饰动物造型的欧亚草原游牧文化因素》，载甘肃省文物考古研究所、北京大学考古文博学院、中国国家博物馆考古院、陕西省考古研究院、西北大学文化遗产学院、复旦大学文物与博物馆学系编《秦与戎：秦文化与西戎文化十年考古成果展》，文物出版社，2021，第24页。

地与马家塬墓地距离较近，出土车饰与随葬品也与马家塬墓地相似，但墓葬等级远低于马家塬墓地。

综上所述，目前天水地区发掘的秦早期文化遗址年代上限为西周早中期，以清水县的李崖遗址、甘谷县毛家坪遗址为代表；最晚的遗址年代为战国晚期，以张家川县马家塬遗址、清水县刘坪遗址、秦安县王洼遗址为代表。从所出文物来看，其不仅具有典型秦文化风格，还兼具西戎文化以及北方草原文化等元素，如此多元一体的文化面貌也为我们研究探讨秦早期文化提供了新的思路和方向。

二、天水市博物馆馆藏先秦文物

天水市博物馆馆藏文物3万余件，其中以青铜器为主的先秦文化遗物也为我们研究天水地区早期秦文化提供了丰富的物质资料。

（一）秦州区出土先秦青铜器

1993年12月，秦州区天水电视台的建筑工地在施工过程中发现了一座墓葬，经天水市博物馆专业人员勘察后，发现墓葬周围散落着陶片，由于破坏较为严重，墓葬形制无法清楚探查。天水市公安局将收缴的6件青铜器移交天水市博物馆，分别为鼎4件，盘、匜各1件。鼎形制、纹饰相同，大小相次。其均为短折沿，双附耳，鼓腹，圜底略平，颈部、腹部饰窃曲纹、环带纹一周，足上部饰兽面纹，双耳饰重环纹。鼎通高19 cm左右，口径21 cm左右。盘为短折沿，双附耳，浅直腹，圈足较高。腹部饰重环纹一周，通高6.7 cm，口径19 cm。匜宽流，曲口，鋬作夔龙，口衔匜沿，做探水状。器口流下饰环纹、重环纹，腹饰有瓦纹，四足为人腿形足，长18.3 cm，宽9.6 cm，高8.3 cm。这组青铜器体现出明显的秦式风格（见图4、图5）。

4-1

4–2

4–3

4–4

图4 秦州区出土4鼎

（图片来源：天水市博物馆提供）

5–1

5-2

图5　秦州区出土盘与匜

（图片来源：天水市博物馆提供）

结合《周礼》对于西周祭祀制度的记载可知，鼎的数量一般为单数。现存的鼎只剩4件，其余的鼎在施工时被挖出的混乱情况中流失，可谓遗憾。但就抢救下来的青铜器形制来看，墓主人的身份应该是大夫一级。这说明至少在天水市区及附近仍有相当数量的秦人族群活动，有可能与邽县的设置有一定关系。

（二）西戎车马饰片及构件

2011年天水市博物馆接收了一批社会捐赠的青铜、金银饰片和鋄金银铁器。经专业修复后，这批金属器与张家川县马家塬遗址、清水县刘坪遗址、秦安县王洼墓地出土的西戎文化车马饰片风格非常相似。

馆藏青铜车饰片多达近千件，按其外形特征可分为三角形、圆形、方形等几何形饰片，以及一部分异形饰片。纹饰有镂空卷云纹、卷草纹、草叶纹等。结合马家塬出土车马复原图（见图6），这批青铜饰片是车舆饰、车轮饰、车毂饰和车辀饰。除了大量的青铜饰片外，还有30余件鋄金银铁质车构件。

鋄金银工艺又称錯金银，是我国工艺制作技术史上的灿烂瑰宝，其烦琐复杂程度与錾刻不相上下，多用于贵重器物装饰，深受贵族喜爱。"鋄"有马头配饰之意，最初可能以制作马具为主。①

① 芦敏：《张家川马家塬战国墓地出土车马金银铁饰件制作工艺初探》，《遗产与保护研究》2018年第9期，第151-154页。

图6　马家塬出土车复原图及各部件示意图（部件照片为天水市博物馆藏车马饰件）

（图片来源：马家塬车复原图为张家川县博物馆提供，车辆部件图由天水市博物馆提供，笔者制作示意图）

除青铜车饰片及錽金银铁质车构件之外，天水市博物馆还藏有一些金银动物形饰片，包括大角羊、虎、蛇等动物形象（见图7）。杨建华先生认为马家塬墓地的大角羊图像受中亚传入的欧亚草原文化因素影响。[①]还有学者认为，这种造型的大角羊形象金银饰片，受波斯文化因素影响。李零和林梅村先生近年出版的考察专著系统分析介绍了波斯阿契美尼德王朝的考古遗存，并发表了大量清晰的彩色文物照片，这极大地丰富了国内对以阿契美尼德王朝时期几座都城为中心的波斯文化的认知，也使我们有条件将国内材料与波斯文化做对比研究。[②]以上专家的研究成果，为探讨动物形象的金银饰片之文化来源提供了不同的思路。

图7　天水市博物馆馆藏战国大角羊银饰片

（图片来源：天水市博物馆提供）

---

① 杨建华:《张家川墓葬草原因素寻踪——天山通道的开启》,《西域研究》2010年第4期,第51-56页。

② 潘玲、马婷:《马家塬墓地波斯文化因素分析》,《草原文物》2023年第2期,第91-106页。

三、结语

秦早期文化是指秦人称霸中原前，从西戎文化、北方游牧文化和中原文化中吸取长处，兼容并蓄而形成的一种带有鲜明地域特色的地方文化。这种文化的形成，体现了秦人开放包容、善于学习的精神特质。天水作为秦人开疆拓土、成就霸业的初始之地，蕴含着相当丰富的秦文化遗址、墓葬及出土文物，它不仅承载着丰富的历史文化遗存和深厚的文化底蕴，还通过其独特的文化内涵和影响力为中华文化的传承和发展做出了重要贡献。

贾坤工作单位：天水师范学院

秦文化在现代社会中的传承与创新
——以甘肃礼县先秦文化发展为例

高　莉

一、引言

秦文化在中国历史上占据举足轻重的地位，如同《史记·秦本纪》所载："秦之先，帝颛顼之苗裔。"它不仅奠定了中国首个大一统王朝的基础，更开创了中华文明新纪元，其影响深远，至今仍清晰可见。甘肃省礼县，作为秦文化的发祥地之一，其独特的历史积淀与文化韵味，成为探索秦文化脉络与精髓的重要窗口。随着时代的变迁，如何在现代社会中有效传承与创新秦文化，特别是礼县先秦文化的独特魅力，成为提升地方文化软实力、促进地方经济社会发展的关键议题。本文旨在深入分析以礼县先秦文化为代表的秦文化的历史价值与现代意义，探讨其在现代社会中的传承策略与创新路径，以期为秦文化的可持续发展贡献理论与实践智慧。①

二、礼县先秦文化的现状与挑战

（一）礼县先秦文化保护现状

甘肃礼县以其深厚的先秦文化与丰富的三国文化遗产，展现了多元文化底蕴的独特魅力，尤其是先秦文化的保护与发展工作，取得了显著成就，不仅有效保护了如大堡子山秦西垂陵园等重要遗址，还通过建设甘肃秦文化博物馆等措施，有力促进了秦文化的传承与发展。针对大堡子山秦西垂陵园等具有重大历史价值的遗址，礼县实施了严格的保护策略，并持续开展考古发掘与学术研究，不断揭示秦文化的独特魅力与深远影响。甘肃秦文化博物馆的建立，更是

① 冉富强：《对礼县秦文化建设的一点建议》，https://mp.weixin.qq.com/s/MngOu21WCKMx-ABf4KjIDDA，访问日期：2015年7月23日。

成为展示秦文化精髓的重要平台。[①]馆内丰富的藏品与多样化的展览，不仅生动再现了秦人的辉煌历史与文明进程，还通过学术交流与合作，极大地促进了秦文化的传承与发展；同时，礼县还注重对受损文物的精细修复与科学保养，通过大堡子山遗址秦公墓园的保护项目对遗址内墓葬、车马坑等遗迹的保护加固，以及对出土文物的修复与保护，确保这些珍贵的历史文化遗产得以长久保存，从而为后世的研究工作奠定基础。

图1　甘肃秦文化博物馆正面图

（图片来源：甘肃秦文化博物馆）

图2　甘肃秦文化博物馆侧面图

（图片来源：甘肃秦文化博物馆）

（二）礼县秦文化传播中的优秀案例

甘肃礼县在秦文化传播上展现出卓越成效，通过一系列创新举措深化了公众对秦文化的认知，激发了公众的兴趣。从秦文化进校园的互动体验，到秦文

---

① 甘肃发布：《礼县：让秦文化成为最具辨识度的标识》，https://mp.weixin.qq.com/s/77pf29QwqvNk9fVt84bXeQ，访问日期：2022年9月14日。

化博物馆的科技展示与研学课程；从三国文化产业园的文旅融合与文创产品开发，到多元化传播策略下的新媒体推广与国际文化交流；再到秦公簋与大堡子山遗址的学术研究与公众科普，以及“秦小龙”“秦小虎”等IP形象的创意设计，礼县全方位、多层次地推动了秦文化的传承与创新，不仅丰富了文化体验，也提升了秦文化的国际影响力，展现了礼县在秦文化传播方面的深厚底蕴与无限活力。[①]

（三）礼县先秦文化发展过程中面临的挑战和困难

礼县先秦文化的发展过程中，尽管取得了一定成效，但仍面临多重挑战和困难。首要挑战在于如何在快速城市化的进程中，平衡现代建设与文化遗产保护，避免对珍贵历史遗迹造成破坏。其次，秦文化的传承与创新成为另一大难题，如何在保留传统文化精髓的同时，赋予其现代活力，以适应社会发展的需求。此外，资金短缺、专业人才匮乏，以及秦文化与当地其他文化资源融合不足，也严重制约了礼县秦文化的进一步发展。特别是礼县秦文化的国际知名度有待提升，如何增强其在国内外的影响力，吸引更多关注，成为亟待解决的问题。

三、礼县先秦文化发展特点和价值

（一）礼县先秦文化发展特点

1.文化发源地与历史积淀

礼县作为秦人、秦国、秦文化的发祥地，拥有深厚的历史积淀。这里见证了秦文化的起源、发展和壮大，是探索秦文化历史脉络的关键所在。根据《史记·秦本纪》等历史文献，以及近年来的考古发现，礼县古称“西”，这一名称与秦先祖的活动紧密相关。从尧帝时代的“和仲测日”到秦始皇一统天下，礼县在秦文化的发展历程中始终占据举足轻重的地位。

2.丰富的考古发现

礼县境内发现了大量先秦时期的文化遗址，如大堡子山秦西垂陵园、四角坪遗址、西山遗址等。这些遗址的发掘为研究秦早期历史提供了宝贵的实物资料。例如，大堡子山遗址出土的大量青铜器、玉器上往往刻有铭文，这些铭文对于解读秦人的历史、文化、政治制度等具有不可替代的价值。这些文物不仅展示了秦人高超的工艺水平和独特的艺术风格，更为研究秦早期历史、文化、

① 大堡子山国家考古遗址公园创建办:《礼县“秦小龙”IP形象全新亮相 多维度传播秦文化》,https://mp.weixin.qq.com/s/vB-MElbKbIMPnCakFVoDcA,访问日期:2024年4月8日。

社会结构等提供了直观而有力的证据。

3. 文化元素的多样性

礼县作为秦文化的发祥地，其先秦文化的多样性得到了多方面资料的证实。根据《史记·秦本纪》等历史文献，秦先祖在礼县地区进行了测日祭日、制定历法和二十四节气等重要活动。同时，通过对礼县境内先秦遗址的发掘和研究，揭示了秦人在礼县地区的多样化生活和文化活动；这些活动不仅体现了秦文化的精神内涵，还对后世的农业生产和日常生活产生了深远影响。

4. 文化连续性与传承性

从秦先祖在礼县的活动到秦国东进关中平原，再到秦始皇一统天下，秦文化元素通过如祭祀仪式、历法制定等方式得以世代相传；同时，礼县地区的民俗文化、节日庆典等，也融入了秦文化的精髓，展现了其在现代社会中的生命力与活力，进一步证明了礼县先秦文化的连续性与传承性。

（二）礼县先秦文化价值

1. 历史及文化价值

礼县先秦文化遗址的发掘和研究对于推动秦史研究具有重要意义。例如，大堡子山秦西垂陵园的发现就填补了秦早期历史研究的一大空白，使得秦人从起源到崛起的历史脉络更加清晰。我们可以更深入地了解秦文化的起源、发展和演变过程，从而更全面地认识秦文化在中国历史和文化中的地位和作用，增强对中华文化的认同感和归属感；同时，礼县先秦文化的传承和发展也有助于弘扬中华优秀传统文化，推动社会主义文化繁荣兴盛。

2. 旅游开发价值

礼县作为秦文化的发源地，其丰富的先秦文化遗址和深厚的历史文化底蕴不仅具有极高的历史文化价值，还为当地旅游产业的开发提供了得天独厚的条件。大堡子山秦西垂陵园、四角坪遗址等遗址的发掘和研究，填补了秦早期历史研究的空白，使我们能够更深入地了解秦文化的起源、发展和演变。秦文化博物馆作为集中展示秦文化的重要场所，通过丰富的展品和生动的解说，让游客近距离感受秦文化的魅力；同时，围绕先秦文化遗址开发旅游产品和线路，带动文化创意产业、餐饮业、住宿业等相关产业的发展，为当地创造更多的就业机会和经济效益。[①]

① 大堡子山国家考古遗址公园创建办：《秦文化最“出彩”的标识地——礼县》，https://mp.weixin.qq.com/s/CUisjQWObJKmBy7QOFitPQ，访问日期：2023年11月28日。

四、秦文化在现代社会的传承与创新策略

（一）深化教育普及与认知提升

一方面是教育体系融入。将礼县先秦文化深度融入甘肃地区教育体系。开发适合各年龄段的特色教材与教学资源，组织学生定期参观礼县秦文化遗址，如大堡子山秦西垂陵园、甘肃秦文化博物馆，亲身体验秦文化魅力，增强历史认同感和文化自信；另一方面，社会教育普及。利用线上线下平台举办秦文化专题讲座、展览、互动体验及知识竞赛，拓宽公众认知。特别是利用新媒体，如短视频、直播，广泛传播秦文化知识，提升社会整体兴趣与参与度。

（二）文物保护与活化并重

在秦文化传播中，礼县应坚持文物保护与活化利用并重，确保秦文化遗址与文物安全，同时提供新颖的展示和丰富的体验。一方面积极争取国家级及省级基金支持，对大堡子山秦西垂陵园等核心秦文化遗址实施保护升级。加强考古发掘与学术研究，深化对秦文化内涵的理解。同时，建立专业文物修复中心，培养修复人才，精细修复受损文物，并优化文物保存环境，确保文物的长期安全与完整。另一方面，通过创新文物展示形式，开发多样化的体验项目，让古老的秦文化以更加生动、直观的方式呈现给公众。这些举措旨在焕发秦文化的新活力，为公众提供丰富多样的文化体验，使秦文化在现代社会中焕发新的生机与魅力。

（三）推动文创产业发展

一是深挖文化内涵。聚焦礼县先秦文化，提炼独特元素与故事，融合现代审美，创造代表性文化符号。特别关注青铜器、玉器的艺术特色，为设计注入灵感。二是实现创新产品设计。设计秦文化主题文创产品，如先秦纹饰手机壳、笔记本、家居装饰等，兼顾创意与实用，满足多元需求。增强产品互动性，提升用户体验。三是注重品牌建设与营销。打造“礼县先秦文创”品牌，线上线下结合推广，提升品牌知名度。利用电商平台拓宽销售渠道，实现文创产品电商化。①

（四）促进非遗与秦文化融合发展

探索秦腔剧目创新，结合礼县先秦文化故事，创作秦腔新剧目，通过舞台表演展现秦文化的深厚底蕴。在秦腔演出中融入秦代服饰、道具等元素，增强

---

① 靳淑敏：《挖掘秦文化，留住“根”和“魂”——访甘肃秦文化研究会名誉会长赵文博》，https://mp.weixin.qq.com/s/ActzWjkzEoFzOaSj3Qxtew，访问日期：2024年4月3日。

观众的历史沉浸感。另外，实现非遗技艺融合。将甘肃地区的剪纸、刺绣、皮影等非物质文化遗产与秦文化相结合，开发具有秦文化特色的非遗产品。同时，举办非遗技艺培训班、展示会等活动，促进非遗技艺的传承与创新。

（五）科技赋能文化传承

一是运用VR/AR技术，创建礼县秦文化沉浸式体验区，让公众身临其境感受秦文化韵味，增强文化体验深度。二是积极探索秦文化数字产品。如秦文化主题的动画、影视作品等，以生动有趣的形式传播秦文化。三是开发秦文化主题的手机游戏，让玩家在娱乐中了解礼县先秦文化。通过科技手段，以更生动、互动的方式传播秦文化，拓宽文化传播渠道，增强文化影响力。

（六）文旅产业融合发展

通过特色线路开发，依托秦文化资源，设计秦文化主题旅游线路，串联遗址、博物馆等，提供深度文化体验。开展节庆活动策划：举办秦文化节，如秦乐舞表演、古风市集等，吸引游客参与，提升文化知名度。通过产品整合营销，整合秦文化特色商品、旅游线路及活动，形成文旅套餐，多渠道推广，促进消费。

（七）深化国际交流与合作

一是强化国际联动。通过与海外文化交流机构建立合作关系，策划并举办秦文化国际展览及高端学术论坛，提升秦文化的全球知名度。二是实施项目合作。依托国家市场监管总局对口帮扶的契机，积极对接国际组织，共同研发秦文化主题文创商品及特色旅游线路，融合礼县外贸及跨境电商优势，实现文化产品与市场需求的对接。三是促进产销一体。依托现有平台，探索构建秦文化产品国际营销网络，将文化传播与商品销售紧密结合，拓宽文化传播渠道，增强国际影响力。

高莉工作单位：中共陇南市委党校

振兴秦文化，打造国潮文化新宠

赵炎强

一、引言

在全球文化交融的今天，国潮文化以其独特的魅力风靡全球，敦煌、汉唐等文化的国潮化探索取得了显著成效。然而，作为中华文明重要组成部分的秦文化，在国潮化的道路上却显得相对沉寂。本文旨在填补这一空白，通过深入分析秦文化的丰富内涵与独特价值，以及当前面临的挑战，借鉴其他文化的成功经验，探索秦文化如何与现代审美、科技手段相结合，实现创造性转化与创新性发展，从而在国潮文化的浪潮中脱颖而出，不仅促进秦文化的传承与创新，更助力提升国家在全球文化舞台上的影响力。

二、秦文化的内涵和价值

在中国历史的长河中，秦文化犹如一颗熠熠生辉的珍宝，蕴藏着丰富的意蕴与非凡的意义。

（一）秦文化的历史内涵

秦文化起源于先秦时期的秦国，在历经数百年的演进中，秦人不仅铸就了显赫的军事业绩，成就了一统天下的壮举，而且在此期间推行了一系列划时代的制度革新。诸如度量衡的统一、文字的规范化、车轨的标准化等，这些深远举措为后世中国封建社会的构建奠定了基石，影响深远且持久。此外，秦文化还孵化出了璀璨的文化瑰宝，诸如兵马俑群、石刻艺术、青铜器精品等珍贵遗存，它们栩栩如生地映射出秦朝的盛世风貌。[①]

① 蒲向明：《陇南先秦时期代表性考古发现及其文化意义》，https://mp.weixin.qq.com/s/9E7bxDdAEcwDek5UUcbYmQ，访问日期：2024年7月29日。

（二）秦文化的内涵

1.政治文化

在秦朝时期，通过推行中央集权的政治体制，成功构建了统一的国家管理体系。这一政治架构为中国封建社会的政治版图奠定了关键基石，并深刻塑造了中国历史的发展轨迹。

2.法律文化

秦朝制定了严格法律制度，以法治国。它构成了中国古代法律体系中的一个核心要素，对后来法律制度的演进起到了持久的推动作用。

3.军事文化

秦国凭借其雄厚的军事实力，在兼并六国后，继续北伐匈奴、南征百越，彰显了其强大的武力和进取精神。

4.艺术文化

秦朝在雕塑、绘画、书法等艺术领域展现出独特风貌。其雕塑作品恢宏壮观，绘画作品色彩斑斓，书法作品则笔力遒劲，均蕴含着极高的艺术造诣。

（三）秦文化的价值与意义

1.历史与政治价值

秦文化作为中国历史上的重要篇章，见证了中国古代社会的变迁，而且秦朝在实现统一的过程中，开创了帝王体制及郡县管理等政治架构，为后世封建王朝提供了基本的政治框架和治理模式。秦文化中的法家思想，强调法治与集权，对后世法律体系的构建和完善产生了深远影响，展现了早期国家治理的智慧与探索。

2.文化与艺术价值

秦文化与中原文化、西北文化和少数民族文化等多种元素交融，形成了独特的文化风格。其艺术作品，例如秦始皇陵兵马俑，以其精细入微的雕刻工艺和庞大的规模，展现了秦朝在雕塑艺术和青铜铸造方面的高超水平；与此同时，秦代的文学作品如《吕氏春秋》等，以及法家、道家等哲学思想，都对中国后世的文化发展产生了重要影响。[①]

3.精神与价值导向

秦文化中蕴含的开拓进取精神，驱使秦人不断扩张领土，最终完成了对六国的统一。其创新精神在推行郡县制、统一度量衡和书同文等制度上体现得淋

① 郭克俭、黄路：《从“小众雅玩”到“国潮新宠”》，https://mp.weixin.qq.com/s/NwJk1Ik-otD-wv0UxQ9Zd0Q，访问日期：2024年7月28日。

漓尽致，这些制度创新极大地增强了国家的治理能力和文化认同感。团结精神则体现在秦人面对外敌时的一致对外和内部的紧密协作上，如共同抵御匈奴、南征百越等。奋斗精神则贯穿秦人的整个发展历程，无论是战争还是建设，都充满了不屈不挠的斗志。

4.经济与发展价值

秦统一六国后，实施了一系列促进经济发展的措施，如统一度量衡，统一货币，修建驰道、直道等交通网络，这些举措不仅促进了当时的经济交流与资源整合，也为后世经济的整体融合和市场的统一化奠定了基础。秦文化中的重农抑商政策，虽然有其时代局限性，但也反映了古代中国对农业基础的重视，对后世农业社会的发展产生了深远影响。

5.科技与知识价值

秦朝在科技方面取得了显著成就，如《秦律》中关于工程、医疗、农业等方面的记载，是中国古代科技知识的重要参考来源。秦人对于时间管理的重视，如推行的“颛顼历”，对后来历法体系的演进同样起到了关键的推动作用。这些科技成就和知识积累，不仅体现了秦文化在科学技术领域的探索与创新，也为后世提供了宝贵的科技资源和知识财富。

6.民族交融与国际交流价值

秦文化是在历经多民族文化的交融与整合后诞生的，它汇聚了多样的文化元素，展现出一种开放包容的文化特性。这种多元一体的文化格局，不仅增强了秦国的国力，也为后世中华民族大家庭的形成和发展树立了典范。同时，在秦朝时期，已初见“丝绸之路”的雏形。与西域乃至更远地区的文明有了初步接触和交流，为后来的中外文化交流奠定了基础。秦文化中的瓷器、丝绸等产品，后来成为中国文化传播到世界各地的重要载体，促进了世界文化的多样性和相互借鉴。

三、秦文化在国潮文化中的融合发展案例

秦文化的蓬勃发展，与当下风头正劲的国潮文化相融合，焕发出了新的生命力与活力。这一结合既助推了秦文化的传承与发展，为其注入了创新元素，同时也极大地丰富了国潮文化的底蕴，增强了其在市场上的竞争力。

（一）文创产品开发，传统与现代的巧妙结合

秦文化元素在国潮文创产品中的广泛应用，是秦文化与国潮文化融合的重要体现。陕西新画幅旅游传媒有限公司推出的“传国玉玺便签砖”，巧妙地将秦朝的玉玺元素与现代便签纸相结合，既保留了玉玺的庄重与威严，又赋予了

便签纸新的文化价值。而“秦大卫帆布包”则以秦朝武士为设计灵感，将历史人物形象与现代时尚元素相融合，打造出了既实用又具有观赏性的文创产品。[①]此外，以礼县出土的秦朝文物为灵感开发的秦小虎、金鸷鸟等文创形象，也被广泛应用于钥匙扣、冰箱贴、手机壳等生活用品中，让秦文化以更加亲民的方式走进人们的日常生活。

（二）联名合作创新，品牌与文化的双赢

乔丹质燥与陕西历史博物馆合作的“燥令秦潮”系列，是秦文化与国潮品牌联名合作的典范。该系列以秦文化为灵感源泉，将秦朝的建筑风貌、服饰特色、兵器造型等元素融入现代服饰和配饰设计中。例如，在鞋履设计中，采用了兵马俑的骑兵形象作为灵感来源，装饰以秦时期的虎符宝石，色彩上则运用了秦朝最为高贵的紫色和战车的古铜色质感，呈现出古今交融的美感。这种合作模式不仅提升了品牌的知名度和文化价值，也促进了秦文化的普及和传承，实现了品牌与文化的双赢。[②]

（三）数字技术应用，沉浸式体验秦文化

数字技术的发展为秦文化的传播带来了全新的可能性。秦始皇帝陵博物院利用AI修复技术，让兵马俑的影像更加清晰逼真，使观众能够更直观地感受到秦文化的魅力；同时，博物院还推出了VR/AR体验项目，让观众通过虚拟现实技术身临其境地参观秦朝宫殿、观赏兵马俑阵列，甚至参与秦朝的历史事件。这种沉浸式的体验方式，不仅增强了观众对秦文化的感知和理解，也提升了秦文化在年轻群体中的吸引力和影响力。

（四）影视动漫创作，创新与传统并重

在国潮文化的推动下，秦文化也成为影视动漫创作的重要题材。动漫作品《秦侠》以秦朝为背景，讲述了主角穿越到秦朝后发生的一系列冒险故事。该作品以新颖的视角和生动的叙事方式，展现了秦文化的博大精深和独特魅力。同时，作品还巧妙地融入现代元素和幽默风格，这使得秦文化的故事更加贴近年轻观众的审美和兴趣。创新与传统并重的创作方式不仅丰富了秦文化的传播形式，也为国潮文化的发展广开思路。[③]

---

① 向晓璇：《文化传承视域下的“国潮”品牌形象设计及推广应用研究》，硕士学位论文，广西师范大学设计学院，2021。

② 郜捷：《关于开发陕西秦文化旅游资源的思考》，《西安财经学院学报》2010年第2期，第99-102页.

③ 品牌观察：《这个文化IP，自带千军万马的气势》，https://mp.weixin.qq.com/s/B9CFyJuq-ikjt3u_n8r1DbQ，访问日期：2024年7月29日。

四、振兴秦文化，打造国潮文化新宠的策略

秦文化，历史悠久，意蕴深厚，于当代社会焕发新生。当下，我们须积极探寻激活秦文化活力、塑造国潮新风尚的创新路径，让这份古老的文化瑰宝在现代社会中绽放异彩。

（一）深化文化挖掘，创新文创产品

1.文化元素精细化提炼

组织专家团队对秦文化进行深入研究，梳理出核心文化元素列表，如兵马俑的服饰、青铜器的纹饰、秦篆的字体等。举办秦文化元素设计大赛，鼓励设计师和公众参与，挖掘更多创新元素。

2.跨界融合设计

与知名设计师合作，推出秦文化与现代设计结合的系列产品，如将秦朝图案融入现代服饰设计。与科技公司合作，开发秦文化主题的智能产品，如智能手表表盘采用秦篆字体设计。

3.互动体验产品开发

开发AR应用，让用户通过手机扫描秦朝文物图片即可看到其三维模型和详细信息。创建VR体验馆，提供秦朝宫廷生活、战争场景等虚拟现实体验。

（二）拓宽合作渠道，构建多元生态

1.品牌联名合作。与国际知名品牌洽谈合作，推出联名服装、配饰，推出秦文化限量版产品。与科技公司合作，推出秦文化主题的电子产品，如与华为、小米合作推出秦文化定制手机，甚至定制电动汽车等。

2.文化旅游融合

与陕西等地的旅游景区合作，开发秦文化主题旅游线路，包括秦陵兵马俑深度游、秦朝历史文化讲座等。制作秦文化主题的旅游纪念品，如秦朝风格的明信片、钥匙扣，以及更加实用的餐桌桌布等。

3.电商平台与社交媒体营销

在淘宝、天猫、拼多多、京东等电商平台，以及小红书、抖音等内容电商平台，开设秦文化专卖店，销售文创产品。利用抖音、微博等社交媒体平台，开展秦文化话题挑战、直播带货等活动。

（三）科技赋能传播，提升文化影响力

1.数字修复与展示

引入先进的AI图像修复技术，对秦朝文物进行精细化数字修复，恢复其原有色彩与细节，提升观赏价值。构建秦朝文物的高精度3D数字化模型库，不

仅用于博物馆的实体展览，增强现实体验，还通过官方网站、移动应用等平台提供360度旋转、细节缩放等互动功能，让全球观众都能近距离感受秦文物的魅力。

2.打造沉浸式秦文化体验空间

在博物馆或文化中心内，设立秦文化主题的VR体验专区，利用VR技术重现秦朝宫殿、战场、市集等场景，为参观者提供沉浸式的历史文化探索之旅。开发秦文化题材的VR游戏，结合历史故事与互动剧情，让玩家在游戏中扮演不同角色，亲身体验秦朝的政治、军事、社会生活，寓教于乐，加深文化理解。

3.数据驱动的产品设计与营销策略

建立完善的用户行为数据分析系统，收集并分析用户在文创产品浏览、购买过程中的行为数据，识别用户偏好趋势，为产品设计与迭代提供科学依据。同时，通过定制化内容推送、话题营销活动等，吸引更多目标受众关注并参与秦文化的传播。

（四）人才培养与宣传推广并重

1.构建秦文化教育与人才培养机制

首先，与高等教育机构合作，设立专门的秦文化研究与文创设计课程，邀请该领域的资深学者与行业专家担任讲师，通过理论教学与实践项目相结合的方式，系统培养具备深厚秦文化底蕴与创新设计能力的专业人才；同时，面向在职设计师群体，定期举办秦文化创意设计研修班，通过工作坊、案例分析、实地考察等形式，强化他们对秦文化元素的理解与应用能力，提升设计作品的文化内涵与创新性。

2.实施全方位多渠道宣传策略

为了扩大秦文化的影响力，我们将制作一系列高质量的秦文化主题宣传片与纪录片，内容涵盖秦朝历史、文化特色、艺术成就等，通过在电视频道黄金时段播出及主流视频网络平台推送，吸引广泛关注。此外，积极寻求与具有影响力的网络红人、文化博主合作，通过直播带货、产品评测、文化故事分享等形式，让秦文化文创产品以更接地气的方式触达年轻消费群体。同时，利用社交媒体平台的精准投放功能，针对对历史文化感兴趣的用户群体进行定向推广，进一步提升秦文化文创产品的知名度与市场占有率。

（五）紧密结合现代生活，推动文化融入

1.生活化文创产品

设计并生产一系列以秦文化为灵感的餐具套装、精美茶具以及富含历史文化元素的家居装饰物件，旨在将秦文化的艺术美感融入大众的日常生活之中。同时，探索开发富有秦文化特色的化妆品系列及独特香氛产品，如采用秦代图案设计的包装、融入古代香料配方的香水等，以此方式将秦文化的精髓巧妙融入个人护理与美容的日常体验中，实现传统文化的现代生活转化。

2.秦文化主题手游

设计秦文化主题手游，紧跟国潮文化热潮，借鉴敦煌文化、汉唐文化及《黑神话：悟空》等成功案例，融合策略与角色扮演元素，让玩家在游戏中体验秦朝历史与文化。游戏应巧妙结合秦文化艺术元素与现代设计理念，打造独特视觉与音效体验，并开发相关文创产品，满足玩家多元需求。同时，采用线上线下联动与跨界合作等多元化营销策略，扩大游戏影响力，将秦文化的魅力推向更广阔的市场。

（六）加强传承保护，构建品牌体系

1.文化传承与保护

加大对秦文化遗迹的保护力度，修缮受损的文物，同时筹建秦文化专题博物馆。为了夯实文化教育的根基，推行“秦文化入校园”项目，引领学生实地探访秦文化遗址与博物馆，并举办秦文化知识挑战赛，以趣味方式激发学生对传统文化的兴趣与认识。

2.品牌建设与推广

构建秦文化特色商标体系，塑造统一且鲜明的品牌标识。积极参与国内外文化展览盛会，展出蕴含秦文化精髓的创意产品，以提升品牌的公众认知度。携手国际知名品牌，共同研发合作系列商品，拓宽海外市场布局，推动秦文化走向世界。

赵炎强工作单位：陇南市电子商务发展局